유저 인터뷰 교과서

유저 인터뷰 교과서

UX 리서치를 위한 사용자 면담의 기술

오쿠이즈미 나오코, 야마사키 마코토,
미사와 나오카, 후루타 가즈요시, 이토 히데아키

유엑스 리뷰

최근 시장은 급속한 변화를 겪으면서 글로벌화와 산업 간 융합 등에 따라 더욱 복잡해졌습니다. 그로 인해 기업에 요구되는 바와 기업 본연의 자세도 급속히 변화했습니다. 이제 기업은 지금까지 제공해온 것들을 더욱 갈고닦아야 할 뿐만 아니라 환경 변화에 대응하여 새로운 가치를 창출해야 합니다.

요즘 '이노베이션'이라는 말이 자주 들립니다. 이노베이션이란 지금까지의 제약을 부수는 아이디어를 내고, 이를 적절히 실현함으로써 새로운 비즈니스나 사용자의 행동과 경험을 만들어내는 것을 말합니다. 그 과정에서 사용자를 이해하는 것이 중요합니다. 사용자를 이해하면 몇 가지 확실한 효과를 얻을 수 있기 때문입니다.

제약에 얽매이지 않고 사고할 수 있다

어떠한 분야에 정통한 사람은 경험에서 배운 것을 토대로 효율적으로 생각할 수 있습니다. 또한 빠르게 판단 내리고 문제를 예측해 회피하면서 전진할 수 있습니다. 단, 이렇게 경험을 통해 배운 것을 기반으로 판단하면 무난하고 확실한 답을 내게 됩니다. 그렇기에 경험이 풍부한 사람일수록 무의식적으로 선택의 폭을 좁히기 쉬우며, 그러한 숙련자의 지혜가 오히려 제약이 되는 경우도 많습니다.

사고의 제약을 풀고, 해답의 탐색 공간을 넓히는 작업을 '발산'이라고 합니다. 사용자를 접하고, 현실의 다양성과 의외성을 경험하면 제약에서 벗어나 발산을 촉진할 수 있습니다. 특히 처음 보는 사람이나 처음 듣는 이야기에서 받는 자극은 매우 강렬합니다. 충분히 안다고 생각했던 일도 목적을 가지고 다시 검토하면 그동안 간과했던 사실을 깨닫게 되고, 그러한 깨달음과 이해가 새로운 발상으로 이어집니다.

사용자의 니즈를 이해할 수 있다

사용자의 기대나 제약을 이해하지 못한 채 그들이 받아들일 수 있는 아이디어를 내기는 어렵습니다. 물론 경쟁에서 살아남으려면 타사의 동향과 포지셔닝을 의식하고, 동일한 평가 기준으로 봤을 때 타사를 이길 수 있는 상품을 고안해내야 할지도 모릅니다. 그러나 그 평가 기준이 사용자의 평가 기준과 반드시 같다고 할 수는 없습니다.

인터뷰를 하다 보면 '그래서 우리 제품을 선택했구나!', '그런 이유로 고생하는 줄은 생각도 하지 못했어!' 하며 놀라운 발견을 하는 경우가 많습니다.

사용자 평가를 확인하며 프로젝트를 진행할 수 있다

제품이나 서비스를 검토하는 과정에서 사용자에게 아이디어나 계획을 알리고 그에 대한 반응을 볼 수도 있습니다. 긍정적인 반응을 보이면 자신 있게 앞으로 나아갈 수 있고, 반응이 좋지 않으면 어떤 점이 좋지 않은지, 어떻게 해야 하는지를 알아보고 수정할 수 있습니다.

제품이나 서비스가 가치를 창출하려면 사용자가 이를 받아들이고 평가해야 합니다. 따라서 사용자를 접하는 일은 이를 실현하는 데 필수적인 활동이라고 할 수 있습니다.

사용자를 이해하는 방법으로는 인터뷰, 설문조사, 온라인상에서의 행동 분석, 생활 공간에서의 행동 관찰 등이 있는데, 특히 인터뷰는 활용 범위가 넓어 많은 프로젝트에서 이용됩니다.

인터뷰의 근본은 '사람과 대화하기'이며, 이는 누구나 일상적으로 하는 행위입니다. 그래서 인터뷰는 누구나 할 수 있는 간단한 방법으로 여겨지는 경우가 많습니다. 실제로 누구나 손쉽게 시작할 수 있다는 점이 인터뷰의 장점 중 하나입니다. 하지만 일상적인 대화와 달리 인터뷰에는 목적이 존재합니다. 그 목적을 달성하려면 준비와 마음가짐을 포함해 고려해야 할 점이 많습니다.

이 책에서는 '인터뷰를 해보자!' 하는 독자들이 알아야 할 기초적인 지식을 중심으로 이야기를 나누고자 합니다. 인터뷰 기술을 한 단계 높이고자 하는 독자들도 익숙하기 때문에 오히려 저지르기 쉬운 실수를 예방하는 방법과 마음가짐을 익히는 데 도움이 될 것입니다.

이 책을 선택한 독자 중에는 프로젝트 전체를 보며 어느 타이밍에 인터뷰해야 할지를 생각하는 직책의 사람, 인터뷰를 통해 얻은 데이터를 바탕으로 디자인이나 개발의 방향성을 결정하는 사람, 디자인이나 개발 담당자로서 품질을 높이고자 사용자의 의견을 들으려는 사람도 있을 것입니다. 그런 분들도 참고할 수 있도록 인터뷰 전후에 해야 하는 작업에 관해서도 다루고자 합니다.

필자들은 그동안 1,000명이 넘는 사용자와 대화를 나누며 많은 것을 느끼고, 제작 현장에 그들의 목소리를 전달해왔습니다. 이러한 경험이 독자 여러분의 일에 조금이나마 도움이 되기를, 나아가 독자들이 창출한 결과물을 접한 사용자가 더욱 큰 기쁨을 얻는 결과로 이어지기를 간절히 바랍니다.

'독자 여러분의 의견과 감상을 바탕으로 수정해나가도록 하자. 그것이야말로 인간 중심 디자인을 권장하는 필자들이 지향하는 책 만들기다!'라는 마음으로 2015년 봄에 이 책을 처음 썼습니다. 다양한 곳에서 세미나와 강습회를 열어 독자들의 의견을 모으고 슬슬 개정판을 준비하는 와중에 코로나19 사태와 직면했습니다.

코로나19로 인해 예정되어 있었던 인터뷰가 중지되거나 연기되고, 추후 일정이 정해지지 않아 발을 동동거리는 사람이 많았습니다. 하필 연말에 소동이 시작되어 프로젝트 중지 여부를 판단하기 어려웠고, 벌벌거리면서 조사를 강행한 적도 있습니다.

그러다 해가 넘어갈 무렵 도쿄올림픽 및 패럴림픽의 1년 연기가 결정되었습니다. 이때 필자들은 위드 코로나 시대가 길어질 것이라는 사실을 받아들이고, 사회에 원격근무제도가 퍼져나가는 것을 피부로 느끼며 온라인 조사를 실시하고자 하나하나 준비를 해나갔습니다. 그리고 체제를 정돈하고 꼼꼼하게 리허설을 준비해 마침내 온라인 조사를 실현하기에 이르렀습니다. 횟수를 거듭할수록 노하우가 쌓였습니다. 하지만 코로나19 상황도 시시각각 바뀌어 이에 계속해서 대응해야 하는 상황이 1년 이상 이어졌고, 지금도 여전히 계속되고 있습니다.

이제는 온라인으로 인터뷰하거나, 그 모습을 원격 근무 중에 견학할 수 있도록 준비하며 조사 계획을 세우는 일이 당연해지고 있습니다. 이러한 체제하에서 유저 인터뷰^{user interview}를 실시하는 방법과 주의점을 추가하고, 이 주제에 관한 독자들의 의문과 요구에 대한 답을 담아 이 책을 완성했습니다.

Chapter 1에는 목적 파악과 인터뷰 가이드 만드는 방법에 중점을 두고 최신 정보를 담았습니다. 책 마지막 부록에 조사 계획서와 인터뷰 가이드 예시를 실었으니 함께 참고하기 바랍니다.

Chapter 2 전반부에는 리크루팅 절차와 주의점, 스크리너 작성 시 유의점 등을 정리했습니다. 후반부에는 기존 방식대로 직접 만나 인터뷰를 진행할 때의 감염 예방책과 온라인 인터뷰에서 중요한 기재의 선정 방법, 세팅을 중심으로 노하우를 채워 넣었습니다.

Chapter 3에는 온라인 인터뷰에서 더욱 조심해야 할 대인 커뮤니케이션의 주의점을 추가했습니다. 인터뷰의 성패를 가르는 라포르^{rapport} 만들기, 방향 잡기, 깊이 파기의 세 가지 기둥을 굵고 안정된 기술로 승화시키기 위한 기술 이야기도 넉넉히 보강했습니다. 그리고 한 단계 높은 향상을 목표로 하는 중상급자를 위해 메타 인지와 공감력 높이기의 중요성과 되돌아보기의 의의에 관한 해설을 신설했습니다.

Chapter 4에서는 인터뷰를 통해 모은 데이터를 분석하고 고찰하는 절차와 정리 방법을 보완했습니다.

더불어 부록에는 신규 서비스를 개발하며 필요에 따라 이 책에서 소개한 세 가지 유형의 인터뷰를 활용하는 모습을 보여주는 예시를 소개했습니다. 인터뷰 조사를 포함한 프로젝트의 모습을 그려보는 데 도움이 되기를 바랍니다.

용어 가이드

말은 문맥에 따라, 읽는 사람의 입장이나 상황에 따라 다르게 해석될
수 있습니다. 그리고 같은 사물임에도 다른 명칭을 사용하는 일도 있
습니다. 그로 인한 혼란을 피하고자 이 책에서의 용어 사용법을 정리
했습니다.

관찰자

인터뷰 상황을 별실에서 창문 너머로 (혹은 인터넷 경유로) 관찰할 수 있
도록 준비하는 것이 일반적입니다. 그러한 시설과 설비를 마련할 수
없거나, 사용자의 자택이나 사무실을 방문해 인터뷰를 진행할 때는 동
석할 수 있도록 준비하는 것이 좋습니다. 어떤 경우이든 사용자의 생
생한 의견을 듣기 위해 인터뷰를 보러 오는 사람을 '관찰자', 혹은 '견
학자'라고 표기했습니다.

온라인 회의 시스템을 이용한 온라인 인터뷰와 같은 경우에는 관찰자
를 '참가자'라고도 하는데, 이 책에서 '참가자'는 '사용자'와 같은 의미
이므로 주의하기 바랍니다.

모더레이터

인터뷰를 진행하는 사람을 일반적으로 '인터뷰어'라고 합니다. 인터뷰에 응하는 사람을 가리키는 '인터뷰이'와 한 쌍으로 사용됩니다. 하지만 이 단어들은 글씨로 읽든 소리로 듣든 너무 비슷해 판별하기 어렵다는 단점이 있습니다. 따라서 이 책에서는 인터뷰에서 질문하는 사람을 '모더레이터', 혹은 '질문자'라고 표기했습니다.

단, 대화 예시에서는 의도적으로 '자신'이라고 표현하여 독자가 자신이 대화하는 것처럼 상상할 수 있게 고안했습니다.

온라인 인터뷰

줌^{Zoom}, 마이크로소프트 팀즈$^{Microsoft\ Teams}$, 시스코 웹엑스$^{Cisco\ Webex}$와 같은 온라인 회의 시스템을 이용하여 사용자와 화면 너머로 대면하면서 실시하는 인터뷰를 '온라인 인터뷰'라고 표기했습니다.

사용자

'유저 인터뷰'는 사용자(유저)의 협조를 얻어 실시하는 사용자에 관한 인터뷰이므로, 인터뷰에 응하는 사람은 언제나 '사용자'입니다. 사용자에는 현재 사용자인 '현재(顯在) 사용자', 장래 사용자인 '잠재 사용자', 그리고 제품이나 서비스를 직접 이용하는 사용자에게 어떠한 영향을 받는 '간접적 사용자'가 포함됩니다.

제품이나 서비스를 만들어 제공하는 입장에서 사용자는 당연히 손님,

즉 '고객'에 해당합니다. 단순히 인터뷰상의 역할에 따라 '인터뷰이'라고 하는 편이 이해하기 쉬울 수도 있으나, 앞서 말한 대로 '인터뷰어'나 '인터뷰'와 비슷해 헷갈릴 수 있으므로 '인터뷰이' 호칭은 봉인하고, '사용자', 혹은 '고객'이라고 표기했습니다.

단 대화 예시에서는 인터뷰를 실시하는 '자신'과 짝이 되는 말로 '상대'라고 표현했습니다. 문맥에 따라 인터뷰에 참가하는 사람이라는 의미로 '참가자'라는 용어를 사용하기도 했는데, 모두 '사용자'를 지칭한다는 점을 염두에 두기 바랍니다.

의뢰인

유저 인터뷰는 만들기 과정에서 실시합니다. 어떤 제품이나 서비스, 기능을 만들게 될지는 조사 결과에 따라 달라지는데, 만드는 작업을 담당하는 사람이 결과를 기다린다는 구도는 변함이 없습니다. 그 결과를 기다리는 사람을 '의뢰인'이라고 표기했습니다. 조사를 의뢰한다는 점에서 '고객'이라고 표기하기도 했는데, 이 책에서는 사용자를 나타내는 용어로써 취급하므로 혼동하지 않도록 주의하기 바랍니다.

차례

➥ 시작하며

1. 인터뷰의 장점과 효과   22

2. 인터뷰에 임하는 자세   35

➦ Chapter 1. 계획

Chapter 2. 준비

→ Chapter 3. 실시

Chapter 4. 고찰

시작하며

야마사키 마코토, 미사와 나오카

1. 인터뷰의 장점과 효과

| 인터뷰 조사의 장점

인터뷰 조사는 고객을 조사하는 대표적인 방법이다. 이 책에서 소개하는 것은 반구조화semi-structured 인터뷰라고 하며, 미리 준비한 질문과 인터뷰 중에 필요해진 질문을 적절히 조절해나가는 인터뷰를 말한다. 매우 이용하기 쉽고 폭넓은 문제와 목적에 대응할 수 있는 방법이다.

먼저 이 방법의 장점인 다음 세 가지를 설문조사를 중심으로 비교하며 설명하도록 하겠다.

- 유연성
- 효율성과 확실성
- 시간과 장소 공유

설문조사는 미리 준비한 질문에 대한 답변만 얻을 수 있다. 그러므로 조사할 화제를 잘 이해하고 확인이 필요한 질문, 문제 해결로 이어지는 좋은 질문을 준비해야 한다. 그런데 그런 질문을 준비하기란 결코 쉽지 않다. 예를 들어 '전통공예의 길에 뜻을 둔 젊은 작가들을 지원하고 싶다. 지원이 필요한 과제는 무엇인가?'와 같은 문제를 다룬다고 하자. 사전 조사를 아무리 해도 과제가 명확해지지 않는다. 개인마다 상황도 다를 것 같다. 그래서 현재 상황을 조사해 파악해보려 했지만 무엇을 조사해야 할지 정리가 되지 않는다. 뿐만 아니라 초보자가 준비한 틀에 박힌 질문에 답하는 방법으로는 작가들의 세계나 생각을 이해할 수 있을 것 같지가 않다. 만약 설문조사를 통해 작가들에게 '무엇이 과제라고 생각하시나요?'라고 질문한다 해도 질문을 받은 사람은 아무것도 이해하지 못한 상대방이 알아들을 수 있게끔 상황을 서술하기 어려울 것이다. '귀찮으니 무난하게 적당히 써두자' 싶을 수도 있다.

그런 경우에는 먼저 대략적으로 알려달라고 한 후에 더 자세히 듣고 싶은 점을 파고들며 서서히 이해해나가야 한다. 인터뷰는 이처럼 유연하게 대응할 수 있는 방법이다. "작품을 제작할 때 어떤 일을 하시는지 대략적으로 알려주세요"로 시작해 모르는 부분이 있으면 "방금 '구장 (蒟醬)'이라고 하셨는데, 그게 뭔가요?", "그 많은 공정을 거쳐 제작한 작품이 마지막 단계에서 실패하는 일도 있나요? 그런 경우에는 어떻게 하나요?" 등과 같이 서서히 이해하며 과제를 탐색할 수 있다.

게다가 인터뷰는 설문조사와 달리 질문하지 않은 것에 대한 정보를 얻을 수도 있다. 일에 관한 이야기를 나누다 보면 상대방이 "다른 이야기지만, 사실은 조금 난처한 상황이어서요. 그게⋯⋯" 하고 다른 말을 꺼내기도 한다. 예정했던 내용이 아니더라도 참고가 될 만한 화제로 이야기가 흘러갔다면 "그렇군요. 그래서 어떻게 됐나요?" 하며 따라가면 된다. 상대방이 이야기에 열을 올려 자신이 준비한 질문을 몇 개 물어보지 못했다 해도 크게 문제될 것이 없다. 그 화제가 일단락되고 나서 "아까 나왔던 이야기인데요, △△에 관해서는 어땠나요?"라고 물으면 그만이다. 또는 이야기를 듣다가 '아, 이분은 이 주제에 관해 잘 모르는구나' 싶으면 그 주제에 관한 질문은 건너뛰고 다른 주제에 시간을 할애하면 된다.

이처럼 상대방이나 이야기의 흐름에 따라 유연하게 진행할 수 있다는 것이 인터뷰의 장점이다.

인터뷰는 전화로도 가능하다. 최근에는 인터넷 화상 통화를 통한 인터뷰도 일반적이다. 온라인 회의용 서비스를 이용하면 서로의 얼굴을 보며 대화를 나눌 수 있다. 온라인 인터뷰는 장소를 확보하거나 이동할 필요가 없어 시간을 조정하기 쉽다. 참가자로 참여하는 사람들 중에 이러한 방식에 익숙해진 사람이 많아졌다. 실시할 장소나 수단을 유연하게 선택할 수 있다는 것도 인터뷰의 장점이다.

- 유연성
- 효율성과 확실성
- 시간과 장소 공유

효율성과 확실성

인터뷰를 통해 다양한 말을 얻을 수 있다. 말은 이해하거나 공유하기 쉬운 데이터다.

인터뷰 중에 이해의 정확도를 높일 수도 있다. 상대방이 애매한 발언을 했다면 "○○라고 하셨는데, 예를 들면 어떤 일일까요?"처럼 구체적인 예시를 요구하거나 "○○라고 이해했는데, 맞나요?" 하고 자신이 제대로 이해했는지 확인할 수 있다. 상대방이 대답은 했지만, 무엇인가 더 생각하는 바가 있는 듯하면 "그 외에도 뭔가 생각하시는 바가 있을까요?"라고 물어보면 된다. 그러면 힌트가 되는 정보를 빠뜨리고 질문하는 일이 없어진다.

인터뷰는 질문을 주고받다 발생한 문제에도 대응할 수 있다. 응답자가 어떤 질문의 의미를 오해했다고 가정하자. 상대의 대답을 들으면서 '아, 질문을 오해하셨구나. ××가 아니라 ○○에 관해 말해주셨으면 했는데' 싶다면 이야기가 일단락되었을 때 "그렇군요, 감사합니다. 그럼 ○○에 관해서는 어떤가요?" 하고 시치미를 떼고 질문을 바꾸거나 반복해 질문함으로써 필요한 정보를 놓치는 일이 없도록 할 수 있다.

한편 설문조사는 일단 조사표를 배포(온라인 설문조사의 경우 공개)하고 나면 오해가 없도록 질문을 수정하거나 설명을 덧붙일 수 없다. 나중에야 잘못된 답변이 적힌 조사표를 보고 상대방에 오해했다는 사실을 깨닫게 (혹은 눈치채지 못한 채 분석하게) 된다.

시간과 장소 공유

인터뷰는 보통 처음 보는 상대와 서로 신상을 밝히고 직접 만나 이야기를 나눈다. 다소 긴장되기도 하고, 즐겁기도 하다. 온라인으로 인터뷰를 진행하는 경우에도 마찬가지인데, 시간과 가상으로나마 장소를 공유한다는 점에서 비슷한 느낌을 받는다. 그렇게 나눈 대화는 설문조사를 통해 대량으로 얻는 텍스트 데이터와 전달되는 무게감이 다르다. 더불어 비교적 소수를 대상으로 하기 때문에 개별 데이터가 전체에 묻히는 일도 없다. 데이터는 익명으로 다루어도 이야기해준 사람에게 받은 인상과 결합하여 취급하게 된다.

많은 사람이 이야기를 들을 때 공감하는 것이 중요하다고 말하는데, 실제로 인터뷰를 하다 보면 상대방이 느끼는 바가 생생하게 전해지는 (예를 들면 괴로운 이야기를 듣고 있으면 위가 아파오는) 듯하다. 눈앞에 있는 사람이 하는 이야기를 집중해서 들으며 고개를 끄덕이다 보면, 처음 보는 사람이라 해도 남의 일처럼 느껴지지 않는다고나 할까? 자연스럽게 상대방 입장이 되어 이해하게 된다. 상대방도 마찬가지다. 면전에서 정중하게 이야기를 들어주는 사람을 상대로 대답을 얼버무리거나 대충 대답할 수 있는 사람은 그리 많지 않을 것이다.

❘ 인터뷰의 효과

이러한 점 때문에 인터뷰는 다음과 같은 상황에서 효과를 발휘한다.

- 고객을 더욱 잘 이해하기
- 고객의 발상을 받아들이기
- 고객 관점에서 생각하기
- 심리적인 효과와 팀 빌딩

고객을 더욱 잘 이해할 수 있다

유연한 질문을 통해 더 자세하고 복잡한 정보를 얻을 수 있다. 또 대답하는 모습을 관찰함으로써 말에는 나타나지 않거나, 때로는 상대방 본인도 명확하게 의식하지 못한 생각과 마음을 알아챌 수도 있다. 사전 계획 단계에서는 예상치 못한 의외의 사실이나 감정에 대해서도 알 수 있다.

어떻게 말을 했는지도 정보가 된다. '자신 없는 듯이', '매우 기쁜 듯이' 등 언어 정보에 감정과 확신하는 정도 등의 뉘앙스가 더해진다. 글 자로만 이루어진 답변에 국한되지 않고, 정보에 관한 정보(메타 정보)를 얻을 수 있다는 것 역시 인터뷰의 장점이다.

예를 들면 어떤 화제에 대해 묻지 않아도 이야기를 꺼낸 사람은 질문을 받고 나서 "흐음, 그런 일도 있죠" 하고 동의한 사람보다 그 화제에 더 큰 관심을 보일 수 있다. 혹은 당연히 의식하고 있을 텐데 스스로 말하지 않는 사람은 그 문제가 너무 중대해 말하기를 꺼리고 있는지도 모른다. 이러한 풍부한 단서를 통해 상대의 경험이나 생각에 관해 많은 것을 알 수 있다. 이는 설문조사를 통해 'Yes라고 응답한 사람은 약 67%다'와 같은 총체적인 정보를 얻는 것과는 이해할 수 있는 내용이 크게 다르다.

때로는 말을 잘하지 못하는 사람도 있고, 생각한 바를 일목요연하게 정리해서 이야기하는 것이 서툰 사람도 있다. 인터뷰에서는 질문을 하며 상대방의 생각을 조금씩 분명히 하거나 불명확한 표현을 다른 말로 바꿔 확인하는 기술 등을 구사하여 생각을 공유할 수 있다. 이처럼 '질문하고 대답하는' 관계가 아니라 인터뷰하는 사람도 상대방과 함께 생각하고 상대방의 이야기를 지원하는 접근 방식을 '액티브 인터뷰active interview'라고 한다.

고객 관점에서 생각할 수 있다

고객의 마음도 이해는 하지만 회사나 자기 입장도 있으니 진심으로 고객 입장에서 생각하는 것이 어려운 현실도 이해한다. 회사는 고객의 가치를 추구하기보다 눈앞의 일을 정해진 날에 맞춰 끝내는 것이 우선이라고 생각하기 쉽다. 제품 개발이 분업화되어 고객에 대해 생각할 기회가 없거나, 고객을 위해 타협하지 않는 일이 좋은 평가를 받기 어려운 현장도 많을 것이다.

인터뷰를 통해 고객의 이야기를 듣고 더 깊이 이해하다 보면 상대방의 이야기 밖에 있는 사실과 기대도 보이기 시작한다. 특히 고객의 현장 이야기를 들으면 두뇌는 자극을 받기도 하는데, 이는 아이디어를 떠올리기 가장 좋은 환경이다. 자연스럽게 '그렇다면 분명 이러한 문제를 느끼지 않을까?', '그렇다면 이런 기능이 있으면 도움이 될 수도 있겠어' 등과 같은 발상이 떠오른다.

인터뷰를 마친 후에도 머릿속에 상대방의 존재감이 남아 있고, 상대방이 말하지 않았던 감정과 미확인 사실에 관해서도 '이 사람이라면 이렇게 생각하지 않을까?'처럼 추론할 수 있다. 이렇게 얻을 수 있는 아이디어와 가설은 고객의 현실에 입각했다는 점에서 매우 강력하다(나중에 침착하게 정말 그런지 음미할 필요가 있지만 말이다). 자신이 아이디어를

생각해내려고 노력하기에 앞서 무엇이 요구되는지를 자연스럽게 알
수 있다.

인터뷰는 상대방의 마음과 이야기에 주의를 기울이면서 유연하게 이
야기를 듣는 방법이다. 따라서 자신이 '듣고 싶은 것'이 아니라, 상대방
이 '이야기하고 싶은 것'을 살피며 다가가는 모양새가 된다. 모양새를
갖추고 들어감으로써 자세에 변화가 생기고, '고객 관점에서 생각해야
한다'라는 마음의 준비를 하지 않아도 자연스럽게 고객 관점에서 생각
하게 된다.

고객의 발상을 받아들일 수 있다

인터뷰 자리에서 고객의 아이디어를 듣는 일도 제법 있다. 예를 들면
사용자가 특정 제품을 어떻게 사용하는지에 관한 이야기를 하는 도중
에 "지금 이런 일로 불편해서 이런 것이 있으면 좋겠어요", "이 제품은
이 부분이 이렇게 되면 제대로 사용될 수 있을 것 같아요"와 같이 고객
이 직접 사용자의 요구를 만족시키는 아이디어를 제시하는 경우도 있
다. 설문조사에 응답하는 경우와 달리 시간을 내 직접 만나기 때문에
분명 참여자가 관여한다는 느낌도 강하게 받을 것이다. '질문자를 위
해 뭔가 도움이 되는 말을 해줘야겠다'라는 생각이 들 수도 있다.

발상은 언제 튀어나올지 모른다. 분명 '이런 아이디어는 말해도 소용
없지 않을까?' 하고 조심스러워하는 사람도 있을 것이다. 그런 사람에
게서 아이디어를 이끌어내려면 표정을 보고 적절한 타이밍에 "의견이
있으신가요? 뭐든지 편하게 말씀해주세요" 하고 물어야 한다. 인터뷰

에서는 그것이 가능하다. 제품이 될 만한 아이디어를 얻지 못할 수도 있지만 분명 좋은 힌트를 얻을 수 있을 것이다.

심리적인 효과와 팀 빌딩

고객의 의견을 구하고자 제품이나 서비스에 관한 자신의 아이디어를 이야기했는데, 상대방이 전혀 이해하지 못하거나 "그래서 뭐가 좋은 거죠?"와 같이 오히려 역으로 질문하면 매우 충격적일 것이다. 반대로 "그거 좋네요. 그런 게 있으면 꼭 살 것 같아요. 빨리 만들어주세요"와 같은 말을 들으면 자신의 마음이 통했다는 기쁨에 의욕이 높아질 것이다. 인터뷰를 진행하면 객관적인 데이터를 얻을 수 있을 뿐만 아니라 상대로부터 직접 기쁜 말, 엄격한 말을 들을 수도 있다. 이때 '힘내자!', 혹은 '내가 엉성했는지도 몰라'와 같이 느끼는 심리적인 효과가 크다.

인터뷰가 특히 뛰어난 점은 고객과 대화하고 그 목소리에 귀를 기울임으로써 고객으로부터 도망칠 수 없게 된다는 점이다. 실제 사용자, 혹은 앞으로 자신들의 제품이나 서비스를 이용할 사람이 일부러 시간을 내 다양한 것을 가르쳐주고, 그 사람이 안고 있는 현실의 과제를 이해하면 '아, 나는 이 사람을 위해 디자인(혹은 설계, 기획)을 하고 있구나' 싶을 것이다. 이때 이 사람의 과제를 해결하지 않으면, 기대에 부응하지 않으면 안 된다는 책임감과 사명감이 생긴다.

제조사나 서비스를 운영하는 기업에서 일하는 사람이라면, 상대방의 발언에서 그 기업에 기대를 품고 있음이 느껴질 수도 있다. 사람들의 기대를 받는 기업에서 일하는 사람으로서 이 사람에게 무엇을 제공할 수 있을까 생각하지 않을 수 없다. 타인을 생각하며 그를 위해 하는 일과, 회사에 틀어박혀 조직과 자신을 위해 하는 일은 긴장감부터가 다르다. 이는 글로 표현할 수 있는 데이터가 아니라 인터뷰를 하는 사람의 마음에 남는 보이지 않는 성과물이다.

이러한 효과는 팀 빌딩에도 도움이 된다. 인터뷰는 누구나 할 수 있다. 여러 멤버가 참가할 수도 있고, 고객과 대화하는 자리를 공유하면서 사명감이 높아진 바람직한 상태에서 자신들이 목표로 하는 물건이나 일에 대한 '마음'을 서로 이야기할 수도 있다. 팀으로 고객을 방문하는 경우에는 이동하거나 식사 등을 하며 많은 시간을 함께 보낸다. 그 과정에서 일어나는 해프닝이나 즐거운 사건을 공유하는 것도 동료로서의 의식 함양으로 이어진다.

또 '고객이 이렇게 말했다'라는 '말'을 손에 넣으면 여러 가지로 강력한 힘을 발휘한다. 고객의 말은 다른 관계자와 '고객의 진실'을 이야기할 때 참으로 편리하다. "고객들이 이렇게 말하는 것 같아"와 같은 말이 확산되는 경우도 있다. 게다가 고객의 말을 예시로 제시하면 대부분의 관계자는 '이 사람은 고객을 잘 아는구나'라고 생각해 의견을 잘 들어준다. 물론 한 명의 고객이 언급한 단편적인 말로 고객 전체를 설명하는 것은 위험하다. 편향되어 사용하지 않도록 주의해야 한다.

| 인터뷰의 제약과 회피책

인터뷰에는 제약도 있다. 우선 많은 샘플 수를 얻으려면 긴 시간과 노력이 소요된다. 쉽게 수만 건의 데이터를 얻을 수 있는 설문조사와 비교하면 샘플 수가 적을 가능성이 크므로 시장 전체를 예측하기에는 힘이 떨어진다는 점을 알아두어야 한다.

많은 사람을 인터뷰하는 경우에는 각각의 대화 내용을 상세하게 분석하기 어려워 인터뷰가 가진 가치도 상실되기 쉽다. 게다가 인터뷰 대상 조건이 까다로운 경우에는 조건에 맞는 사람을 찾았다 해도 그 사람들이 지리적으로 분산되어 있을 수도 있다. 그러면 직접 만나 인터뷰하기 위해서는 이동 비용도 많이 든다. 멀리 떨어진 곳에 사는 사람과 인터뷰를 해야 하는 경우에는 전화나 온라인 회의 서비스 등을 이용하는 방법도 고려할 필요가 있다.

인터뷰 담당자에게는 특별한 기술도 요구된다. 인터뷰는 기본적으로 '대화'이기에 누구나 할 수 있다. 그러나 대화를 하다 보면 때때로 애매한 대화가 오가거나 오해가 생길 수도 있고, 왠지 모르게 선뜻 이야기하기 꺼려지는 것들이 있을 수도 있다. 게다가 성격과 가지고 있는 지식이 제각각인 처음 보는 사람들과 대화하게 된다. 중요한 의사결정에 참고가 되는 신뢰할 수 있는 데이터를 얻으려면 무를 수 없는 실전에서 실수하지 않는 대화 기술이 필요하다. 이야기하기 쉬운 분위기를 만드는 라포르 형성 등 이야기를 들을 때 필요한 기술은 Chapter 3에서 자세히 설명하도록 하겠다.

목적에 따라서는 서로 신분을 밝히는 것이 문제가 될 수도 있다. 예를 들어 경쟁사 제품 사용자에게 그 제품의 이점이나 문제를 물을 때 자사명을 알려주면 아무래도 상대방은 앞에 앉아 있는 사람을 배려해 제품의 단점을 대놓고 말하지 못할 수도 있다. 신분을 숨기거나 거짓으로 조사하는 것은 윤리적으로 문제가 있다. 이런 경우에는 사외 리서처를 고용하는 방법이 있다.

인터뷰의 제약을 다른 방법이나 정보와 조합해 해결하는 것도 검토하자. 예를 들어 샘플 수가 한정된다는 제약을 보완하기 위해 인터뷰에서 얻은 사실이 많은 사람에게 해당되는지 설문조사를 통해 확인할 수 있다. 이처럼 방법들을 조합하는 것을 '삼각법triangulation'이라고 한다.

온라인 인터뷰는 특별한 장소를 준비할 필요가 없고, 서로 이동하지 않아도 되고, 기록하기도 쉽고, 동석하는 사람이 존재감을 숨길 수 있는 등 대면 인터뷰가 가진 제약을 완화하는 이점이 있다. 최근 온라인 회의와 재택근무 확산에 따른 영향으로 PC와 카메라 등을 겸비한 사람이 많아져 온라인으로도 원활하게 인터뷰를 실시하는 경우가 늘고 있다.

2. 인터뷰에 임하는 자세

| 인터뷰 대상에게 경의를 표한다

인터뷰에서 가장 중요한 점은 상대방에게 경의를 표하고 성의 있게 대응하는 것이다. 인터뷰는 대답해주는 사람의 존재 없이는 성립되지 않는다. 자신을 위해 귀중한 시간과 지식을 제공해주고 있는 상대방에게 감사한 마음을 갖고 정중히 대하는 것은 그 무엇보다 중요하다.

경의는 마음만이 아닌 말과 행동으로 표현해야 한다. 예를 들어 인터뷰 중에 상대방을 배려하여 알기 쉬운 말로 질문해야 하고, 상처 주는 행동을 해서는 안 된다. 알기 쉬운 말로 질문한다는 것은 질문에서 오해할 만한 포인트를 미리 체크하고 그 요인을 제거하는 것이다. 전문용어나 생소한 단어 사용을 피하고, 듣고 오해 없이 이해할 수 있는 질문인지, 화제 전개가 자연스러운지 미리 생각해둘 필요가 있다.

협조해주셔서
감사합니다.

그리고 상대가 편하게 말할 수 있는 분위기를 만들고, 이야기에 다가 가면서 집중해 듣는 것도 중요하다. 예를 들어 두서없이 이야기를 해 무슨 말을 하려는 건지 알 수 없는 사람도 있다. 하지만 더욱 집중해 이야기를 듣다 보면 점차 의도를 파악할 수 있다. 고개를 끄덕이고, 맞 장구를 치며 관심을 보이고, 때로는 "○○라는 의미인가요?" 하고 도 움의 손길을 내밀며 인터뷰를 진행해야 한다. 혼자 고생시키는 것이 아니라 상대방을 배려하며 함께 이해에 깊이를 더해야 한다.

도중에 "아, 죄송해요. 중요한 질문을 하나 빠뜨렸어요"와 같이 말해야 하는 상황이 생기면 그 인터뷰는 진중함이 없는, 즉 상대를 존중하지 않는 인터뷰가 될 수도 있다. 대단히 실례되는 일이다. 인터뷰 내용은 사전에 잘 기억해두어야 한다. 이는 상대를 한 사람으로서 소중히 생 각한다면 (다시 말해 상대를 단순한 데이터로 취급하지 않는다면) 자연스럽게 할 수 있는 일이다.

과학적인 자세로 임한다

인터뷰와 분석에는 자의적인 속임수가 섞여서는 안 된다. 인터뷰는 어 떤 지식이나 생각(고객 현황에 대한 인식, 아이디어 등)이 옳음을 호소하기 위한 재료 모으기가 아니다. "제가 고객에게 직접 의견을 들었으니 제 말이 맞아요"와 같이 비논리적으로 주장하는 것도 잘못된 일이다. 우리는 사람이기에 아이디어도, 이해도 잘못되었을 수 있다. 그렇다는 전제하에 성실하게 질문하고, 신중하게 생각하고, 올바른 답을 구해야 한다.

다양한 관계자가 대등하게 검증하거나 음미할 수 있도록 자신이 얻은 데이터를 공개해야 한다. 또 실제로 얻은 말과 이로부터 '분명 이런 말을 하고 싶었을 것'이라고 해석한 내용은 나누어서 다루어야 하고, 고객이 자발적으로 이야기한 것과 질문자가 화제를 꺼내 "아, 그런 일도 있어요"라고 동조한 것은 의미가 다르므로 반드시 구별해야 한다.

이를 과학적이고 논리적인 자세라고 말할 수 있다. 자신이 '옳다'고 굳게 믿는다는 사실은 '옳다'는 이유가 되지 않는다. 옳은 것이라면 여러 증거를 들며 논리적으로(즉, 누구에게나 공유 가능한 방법으로) 설명할 수 있을 것이다. 옳음을 추구한다면 데이터를 제시하고 다양한 사람이 각자 해석하거나 검증할 수 있는 상황을 만드는 것이 정당한 접근 방식이다. 인터뷰를 할 때는 당신이 어떤 아이디어를 가지고 있다 해도 '이

건 무조건 옳아'라는 자세를 버리고, '자신은 있지만 이는 의심할 수 있는 가설이자 여러 가설 중 하나일 뿐이야'라고 생각해야 한다. 더불어 가설 검증에 관한 정보를 관계자와 공유해야 한다. 자신의 해석에만 의존하지 않고 사실에 근거하여 다 함께 생각할 수 있다.

| 말의 관한 정밀도를 높인다

인터뷰에서는 말을 사용한다. 말은 누구나 사용하지만, 올바르게 다루기는 꽤 어렵다. 말은 대화의 문맥(상황이나 흐름)으로 평가해야 비로소 이해가 된다. 예를 들어 "나는 돈가스야"라고 발언했다고 하자. 사람이 돈가스라고? 그럴 리가 없다. 하지만 그 발언이 회사 동료와 식당에서 무엇을 주문할지 이야기하던 중에 나온 것이라면 그 사람이 미친 것도, 농담을 한 것도 아님을 알 수 있다. 우리는 말의 본래 의미를 이해하며 상황에 따라 적절히 해석해야 한다.

다만 같은 자리에 있어도 대화에 참여한 사람들이 각기 다른 사고 흐름을 가지고 있다면 잘못 듣거나 다르게 이해했을 경우 오해가 생길 수 있다. 인간의 뇌는 여러 가지를 병렬로 처리하는 것으로 알려져 있지만, 의식적인 처리 용량에는 제약이 있다. 그 사람만의 가설이 있거나 어떤 생각에 사로잡혀 있다면 발언을 적절히 이해하지 못하고, 그중에서 자신에게 유리한 정보만 선택적으로 파악하거나 발언의 의미를 마음대로 해석해 잘못된 이해를 구축할 수 있다.

편안한 일상 대화에서도 오해가 생기는데, 처음 보는 상대에게 한정된 시간 내에 많은 질문을 하는 인터뷰에서 오해가 생기는 사태를 막기란 쉽지 않다. 게다가 얻은 정보는 나중에 제삼자에게(즉, 대화의 흐름 밖에 있는 사람에게) 적절히 전달해야 한다. 도중에 해석의 편중이 혼입되면 제멋대로 흘러간 해석을 더 이상 바로잡을 수 없을지도 모른다.

이 책을 참고하여 말의 사용법, 받아들이는 법의 정밀도를 갈고닦도록 하자.

흥미를 갖고 인터뷰를 즐긴다

가능하면 인터뷰에 참가한 상대방도 인터뷰가 즐거워야 한다. 상대를 웃기려고 재미있는 이야기를 해야 한다는 말이 아니다. 누군가가 자기 이야기를 제대로 들어주는 것은 긍정적인 경험이다. 당신도 누군가가 당신의 이야기에 관심을 가지고 차분히 들어주고, 적절한 질문으로 이야기를 이끌며 공감을 표현해준다면 기분이 좋을 것이다. 기분 좋은 리듬감으로 질문을 이어가거나 딱 맞는 요약을 돌려주면 '그래, 맞아. 내가 중요하다고 생각하는 것을 잘 이해해주었어!' 하고 기뻐할지도 모른다.

기분 좋게 이야기할 수 있도록 밝은 분위기에서 질문자도 즐기며 인터뷰를 진행해야 한다. 인터뷰의 화제나 상대방에게 관심을 가지고 이야기를 듣는 것이 진심으로 즐겁다고 느끼면 상대방에게도 그 마음이 고스란히 전달된다.

진행이 잘되었던 인터뷰에서 장시간 이야기를 들은 후에 "감사합니다" 하고 인사를 건네면 상대방이 "저야말로 재미있었어요", "이야기하는 동안 머릿속이 정리되어 도움이 됐어요"라고 말하기도 한다. 그럴 때면 다시 한 번 '인터뷰는 즐겁구나' 하는 생각에 뿌듯함을 느낄 수 있다.

| 논리, 감정, 신체 전부를 사용한다

인터뷰는 자신이 가진 안테나를 상대방의 마음을 향해 펼치고, 상대가 내보내는 다양한 신호를 놓치지 않고 받아내는 작업이다. 이때 논리(말), 감정(관심과 공감)뿐 아니라 신체도 중요한 요소다. 사람은 자신도 모르는 사이에 감정과 인지에 영향을 받는다. 인터뷰에서는 질문하는 타이밍이 0.5초 늦어지면 그새 상대의 머릿속에 관심사가 바뀌어 알아낼 수 있었을지도 모르는 것을 두 번 다시 들을 수 없게 되는 일도 있다. 그런 상황에서 신체가 긴장하면 사고와 말의 고착, 순발력 부족으로 이어진다. 몸이 편한 상태가 아니면 마음에도 제약이 걸리고, 상대방의 세세한 말투와 표정 변화도 알아챌 수 없다.

또한 신체 상태에 따라 자신의 표정이나 목소리도 미묘하게 변하고 질문 방법도 달라진다. 컨디션이 나쁘면 상대를 끌어들이는 힘, 말하게 하는 힘도 약해진다. 그렇기에 신체 컨디션을 조절하는 것은 매우 중요하다.

인터뷰 전에 어깨와 등, 발목, 고관절을 푸는 체조를 해보자. 분명 감도 높은 인터뷰를 할 수 있을 것이다. 더불어 기회가 되면 연극이나 상담 관련 워크숍에 참여하여 감정과 신체가 어떻게 소통에 영향을 미치는지 경험하고 이해도를 높이는 것도 추천한다.

| 인터뷰 그 앞을 생각한다

인터뷰가 잘 진행되어 모든 참가자에게서 예정대로 데이터를 얻었다면 그것으로 충분할까? 인터뷰를 실시하는 것은 고객의 행동이나 생각을 이해함으로써 제품과 서비스를 보다 좋게 만들고 싶다는 목적이 있기 때문이다. 그 목적을 달성하기 위해 어떻게 인터뷰해야 할지 생각해보자. 경우에 따라서는 인터뷰가 좋은 방법인지 재검토해야 할 수도 있다. 오히려 고객과 솔직하게 이야기를 나누거나 반대로 실험 같은 방법으로 특정 상황에서 사람들의 행동을 자세하게 관찰하는 편이 좋은 제품이나 서비스를 고안하는 데 더욱 효과적일 수도 있다.

나아가 인터뷰 결과를 받고 다음 일을 진행하는 사람의 역할이나 작업을 의식하여 그 사람들이 어떤 정보를 어떤 형식으로 (포인트만 정리된 결과, 있는 그대로의 데이터, 전체를 한눈에 내려다본 다이어그램 등) 받으면 발상을 자극받거나 빠르게 의사결정을 할 수 있는지를 생각해보자. 그리고 인터뷰에 참여하는 사람들이 어떤 경험을 할지, 그것이 어떤 영향을 미칠지도 생각해보자.

특히 제품이나 서비스를 제공하는 기업에 소속된 사람이 스스로 회사명을 밝히고 인터뷰를 실시하는 경우에는 인터뷰 참가자는 '고객', 상대에게 당신은 '주식회사 ○○의 사람'이다. 당신이 실시하는 인터뷰가 상대에게는 '주식회사 ○○'의 브랜드 경험의 일부가 된다. 적절하게 수행한다면 당신의 회사가 고객의 의견을 수렴하여 고객에게 도움이 되는 제품을 개발하고자 한다는 좋은 인상을 심어줄 수도 있다. 반면 실패한다면 상대방은 '저 회사 사람은 남의 말을 제대로 듣지 않더라' 등 부정적으로 인식하고, 경우에 따라서는 SNS에 글을 올려 나쁜 기업 이미지를 확산할 수도 있다.

앞서 이야기했듯 인터뷰 대상에게 경의를 표하는 것, 배려를 잊지 않는 것은 성공적인 데이터 수집보다 중요하다.

| 창조적으로 생각한다

인터뷰는 기법이라 해도 어떤 정해진 방식이 있는 것은 아니다. 매번 어떤 인터뷰를 할지 생각하고 만들어내야 한다.

질문의 단어 하나, 흐름의 장치 하나로 상대방으로부터 끌어낼 수 있는 것이 달라진다. 말로만 질문하는 것이 아니라 미리 디자인된 워크시트에 기입해달라고 하거나, 무언가를 가져오라고 해서 그것을 보여주며 이야기해달라고 할 수도 있다. 스탬프나 실, 컬러풀한 펜을 사용하여 무엇인가를 표현해달라고 하는 경우도 있다. 아이디어 발상을 요구하는 것도 재미있을 것이다. 이렇게 되면 고객 참여형 워크숍처럼 느껴질 수도 있는데, 그래도 괜찮다. 마주 앉아 이야기할 필요도 없고, 이야기를 듣다 보면 큰 재미를 느낄 수도 있다.

인터뷰는 참가자의 경험과 두뇌 사용법을 설계하는 일종의 경험 디자인experience design이다. 서로의 두뇌를 자극하는 방법을 자유롭게, 창조적으로 생각하자. 그로부터 창의적인 발견과 해결책이 나온다.

3. 인터뷰의 유형

인터뷰는 무엇인가를 만드는 프로젝트의 다양한 장면에서 사용된다. 예를 들면 새로운 비즈니스 기회를 발견하고 싶거나, 자신이 생각한 소프트웨어가 고객에게 받아들여질지 확인하고 싶거나, 서비스의 콘셉트가 고객에게 어떻게 받아들여질지 알고 싶을 때 인터뷰라는 수단을 선택할 수 있다. 하지만 각 장면에서 이루어지는 인터뷰 내용은 크게 다르다.

이 책에서는 인터뷰를 목적에 따라 크게 세 가지 유형으로 분류한다.

기회 탐색형: 고객에게 공감하면서 그 사람이 처한 상황이나 행동 및 감정, 가치관을 이해하고 기회 영역을 발견한다.

태스크 분석형: 제품이 제공해야 할 기능 및 특징, 또는 서비스의 세부 사항을 검토하기 위해 고객의 활동을 분석하고 그로부터 관심사를 이해한다.

가설 검증형: 고객의 특징과 의견, 제품과 서비스의 콘셉트, 기능 및 특징, 조작성 등 다양한 수준의 가설에 대해 그것이 옳은지 확인하고 변경해야 할 점을 특정한다.

| 기회 탐색형

기회 탐색형 인터뷰는 상대를 한 인간으로서 전체적으로 파악하여 새로운 제품이나 서비스의 기획에 대한 힌트를 얻는 것이 목적이다. 궁극적인 목표는 행동과 감정을 포함하여 완전히 그 사람이 될 수 있는 정보를 얻는 것이다. 결과를 정리하는 형식으로는 고객 여정 지도 customer journey map, 페르소나persona, 현상 시나리오 등이 대표적이다. 얻은 공감이 아이디어로 연결될 수 있도록 상세한 분석이나 문서화를 생략하고 깨달음의 포인트만 정리해 바로 아이디어 발상 작업으로 넘어가기도 한다.

주목할 정보

인터뷰를 진행할 때는 다음과 같은 정보에 주목해야 한다.

- 그 사람이 소중하게 생각하고 있는 것은 무엇인가.
- 불편한 점, 개선하고 싶은 점은 무엇인가.
- 앞으로 어떻게 되고 싶은가, 어떻게 하고 싶은가.
- 어떤 물건이나 일은 그 사람에게 어떤 의미가 있는가.

이는 상대가 평소에 생각하지 않은 화제이기에 갑자기 물으면 대답하기 어려워할 수도 있다. 어색한 표면적인 답은 활용도가 크지 않으므로 제대로 된 답변을 얻으려면 질문의 내용과 흐름을 깊이 고민하여 준비해야 한다.

태스크 분석형

태스크 분석이란 어떤 제품이나 서비스의 사용자, 혹은 예상 고객이 어떤 활동을 하게 해야 하는지를 검토할 때 하는 분석이다. 시스템 개발에서 새로운 제품이나 서비스와 관련해 관계자들이 어떤 것을 신경 쓰는지에 관한 정보를 수집하는 '요구 획득requirement gathering' 활동에 포함된다.

인터뷰나 관찰을 하는 경우에는 제품이나 서비스가 지원하고자 하는 활동에 포함되는 하위 활동(생각하기, 조작하기, 이동하기, 조사하기, 커뮤니케이션 취하기 등) 목록과 그 흐름, 규칙(조건 분기, 예외 상황에서의 대응 등)과 관련된 다른 활동을 파악한다. 활동에는 물리적 및 외적인 활동(문서 작성 등)도, 인지적 및 내적인 활동(떠올리기, 확인하기 등)도 포함된다. 태스크 분석을 통해 고려해야 할 활동 목록을 얻으면 제품이나 서비스가 충족해야 할 기능 및 특징을 정의하는 데 도움이 된다.

주목할 정보

태스크 분석을 할 때는 만드는 제품이나 서비스의 방향성이 정해져 있으므로, 보다 상세하게 사용자의 활동을 조사해야 한다. 고객의 현재 활동을 살펴본다는 점에서는 기회 탐색형에도 포함되지만, 더욱 포괄적으로 조사해나가야 한다. 얻은 정보는 콘텍스추얼 디자인contextual design 방법에 따라 워크 모델work model 형식으로 정리하거나 서비스 디자인service design에서 멘탈 모델mental model 형식으로 표현한다.

| 가설 검증형

프로젝트가 진행되면 만드는 제품이나 서비스의 형태가 명확해진다. 그러나 한편으로 정말 이렇게 진행해도 좋을지 망설이게 될 수도 있다. 여러 가지 정보를 바탕으로 검토했다 해도, 만든다는 창조적인 행위에서는 항상 '확인되지 않은 것'을 만들어낸다. 적절한 타이밍에 확인하며 진행하지 않으면 중간에 생긴 작은 착오가 나중에 큰 재작업 비용으로 이어질 수도 있다.

주목할 정보

명확한 질문을 함으로써 다음과 같은 검증을 해야 한다.

- **고객의 성격과 인품**: 고객의 속성에 관한 예상이 틀리지 않았는가.

- **니즈**: 고객에게 자신들이 해결하고자 하는 과제가 있는가. 그것은 고객에게 무시할 수 없을 정도로 중요한 과제인가.

- **기능 및 특징**: 고객의 요구를 충족시키기 위해 자신들이 생각한 기능이나 특징(디자인이나 조작성)은 정말 고객에게 받아들여지고 실제로 도움이 되는가.

이후에 인터뷰 기술을 설명할 텐데, 인터뷰 유형별로 다른 태도와 기법이 요구되기도 한다. 그때 지금까지 살펴본 세 가지 유형을 떠올리며 읽어보기 바란다. 그리고 부록 '인터뷰 활용 예시(318쪽)'에 세 가지 유형의 인터뷰가 신규 서비스를 개발하는 과정에 어떻게 쓰이고 행해지는지 감각을 익힐 수 있도록 예를 들어 두었다. 참고하기 바란다.

Chapter 1.
계획

야마사키 마코토, 미사와 나오카

'계획'할 때의 체크 포인트

인터뷰 계획하기

□ 무엇을 위해 이 조사를 행하는지 목적을 설정한다.

□ 어떤 사람에게, 몇 명에게 인터뷰할지 결정한다.

□ 인터뷰 계획서를 정리하여 관계자와 공유한다.

질문과 흐름 설계하기

□ 관점별로 화제를 나누며 질문을 설계한다.

□ 구체적인 질문을 생각하고, 인터뷰 가이드를 정리한다.

유형별 인터뷰

□ 기회 탐색에서는 구체적인 경험을 물으며 가치관과 니즈에 관한 힌트를
  얻는다.

□ 태스크 분석에서는 이루어지는 활동을 분석적이고 논리적으로 묻는다.

□ 가설 검증에서는 유도를 피하고, 충분히 생각하여 평가하도록 한다.

1. 인터뷰 계획하기

좋은 인터뷰의 조건은 무엇일까? 이 책에서는 '만들기 위한 인터뷰'를 다룬다. 제품, 또는 서비스 '만들기'란, 사람들의 새로운 생활이나 일하는 방법, 그 경험을 형성하거나 어떠한 좋은 변화를 가져오는 것이다. 이 책에서는 무엇인가를 만드는 프로젝트를 진행하는 데 유용한 정보나 경험을 제공하는 인터뷰를 좋은 인터뷰로 본다. 인터뷰를 계획할 때는 만드는 프로세스에서 검토하거나 의사결정해야 할 점을 내다보고 적절한 목적 설정과 질문 설계를 한다.

| 목적을 설정한다

먼저 인터뷰 목적을 정한다. 프로젝트(여기서는 인터뷰를 포함한 무엇인가를 만드는 일 전체를 가리킨다) 상황과 고객 현황, 가설 등을 점검하여 프로젝트를 진행하는 데 필요한 정보를 선정한다.

조사를 하고자 할 때는 그 상위 목적으로써 조사 결과 보고를 받은 후 "알겠습니다. 그럼 이렇게 합시다!"와 같이 제품이나 서비스에 관해 어떠한 의사결정을 하겠다는 그림을 그리고 있을 것이다. 조사 목적이란 제품이나 서비스 개발에 필요한 어떤 의사결정을 적절히 하기 위해 무엇인가를 분명히 하는 것이다. 여러 질문을 적절히 조합해 조사하고, 이를 바탕으로 고찰하여, 그다음에 무엇을 얻고자 하는가가 목적이다. 예를 들면 '청년층의 편의점 이용 빈도 파악하기'를 목적으로 여길 것이 아니라, 편의점 이용 빈도, 구매 상품, 상품 선택 방법, 계산 과정, 구매 목적 이외에 알게 된 점 등을 조사함으로써 '청년층이 실제 매장에서 어떤 경험을 하기를 바라는지 이해하고, 새로운 매장 디자인 을 고안하기 위한 힌트를 얻는다'는 목적을 달성하는 것이다. 이처럼 '○○을 검토하거나 선정하기 위해(프로젝트에 제공하는 가치), △△을 이 해한다(얻는 정보)'와 같이 두 단계로 생각하는 것이 좋다.

목적을 정의함으로써 구체적인 인터뷰 내용을 일관성 있게 설계할 수 있다. 목적이 정해지지 않으면 누구에게 무엇을 질문해야 하는지를 결 정할 수 없다. 더불어 한정된 시간 내에 끝낼 수 있도록 질문 수를 조 정할 때도 목적을 고려하여 각 질문의 중요도를 평가해야 한다.

결과물의 내용과 형식도 확인해두어야 한다. 구체적인 발언을 그대로 기록하는 것을 중요시하는 경우도 있고, 결과보다 그에 근거하여 무엇을 고안할 수 있는가가 목적인 경우도 있다. 더불어 형식은 간단한 메모면 충분한지, 프레젠테이션을 해야 하는지, 보고서를 작성해야 하는지 등을 정해두어야 한다.

프로젝트 현황과 암묵적인 전제 이해하기

목적을 정하려면 먼저 프로젝트 현황을 이해하고 지금 무엇이 필요한지를 명확히 할 필요가 있다. 우선 다음과 같은 정보를 파악해야 한다.

- **팀과 주변 이해관계자, 일정**
- **만드는 것**(비즈니스 목표, 제공하는 가치, 구체적인 내용 등)
- **예상하는 고객의 속성과 상황**(활동 내용, 의견 등)
- **시장과 경합**(관련 기술 및 기술 표준, 관련 제품, 관련 비즈니스 등)

이러한 정보를 조사하면서 프로젝트 멤버(혼자 하는 경우에는 자신)가 아는 것, 생각하는 것도 써 본다. 제대로 된 정보는 물론 근거는 제시할 수 없지만 믿는 것, 그다지 자신은 없지만 '○○일 수도 있다'라고 생각하는 것, 퍼뜩 떠오른 아이디어 등도 쭉쭉 써본다. 이것저것 써나가다 보면 생각에 깊이가 더해져 새로운 아이디어가 나올 수도 있고, 확인해두어야 할 정보를 깨달을 수도 있다.

당연하다고 생각했던 암묵적인 전제도 자기 밖으로 한 번 꺼내본다. 그런 다음 전제에 어떠한 편향이 없는지, 근거가 의심쩍은 신념이 없는지 등을 모두와 함께 검토해본다. 지금까지의 지식과 생각을 의심할 여지가 있는 '착각', 검증해야 할 '가설'로서 재검토하는 것이다. 이 작업은 자신들이 가진 사고의 틀을 깨닫고 이를 인터뷰 전에 뒤흔들어주는 유연성 체조 같은 것이다. 이로써 인터뷰를 통해 조사하는 관점을 넓히고 뻔한 결과를 얻는 인터뷰가 되지 않도록 준비할 수 있다.

실제로 어떤 결과를 얻을지는 해봐야 알겠지만, 먼저 대략적인 의도를 공유하도록 한다.

관계자를 끌어들인다

인터뷰는 기존에 알지 못하던 정보를 프로젝트에 도입하고 다양한 각도에서 검토하고자 하는 것이다. 다양성을 적절하게 받아들이려면, 자신들의 편향된 생각에 따라 조사 계획을 세워 시야가 좁아지는 함정에 빠지지 않도록 해야 한다. 이때 계획 단계부터 다양한 사람이 참여하도록 하면 효과적이다.

인터뷰 계획 작업은 반드시 제품이나 서비스 책임자와 문제의식을 공유하며 진행하도록 하자. 그 제품이나 서비스에 대해 심사숙고하는 사람(프로젝트 리더 등), 프로젝트 방향성에 따라 영향을 받는 사람(디자이너, 개발자 등), 적절한 정보나 의견을 줄 수 있는 사람(그 분야에 정통한 사람, 업계 단체의 대표자 등)에게 의견을 구하도록 하자. 제품, 또는 서비스를 개발할 때는 상황이 항상 변하므로 자신들이 파악하지 못한 정보가 있을 수도 있다.

그리고 프로젝트 책임자가 관여하지 않은 상태에서 계획을 짜면 나중에 "잘못 이해했다. 이런 조사 결과는 사용할 수 없다"라며 거들떠보지 않을 가능성도 있다. 조사 계획 단계에 책임자가 관여하면 조사 목표 설정도 원활하게 이루어지고, 의뢰인도 조사 결과를 기대할 수 있다. 많은 관계자에게 조사 결과를 보고할수록 조사 가치는 더욱 높아진다.

자사 제품이나 서비스에 관해 인터뷰할 때 고객에게 개별적인 질문이나 클레임을 받는 경우도 있다. 이때 누구에게 보고해야 하는지를 미리 확인해두면 편리하다.

인터뷰 당일에는 고객에게 다양한 것을 배울 수 있다. 이 얼마나 귀중한 기회인가. 가능하면 다양한 역할을 맡은 관계자와 함께 고객의 이야기를 듣거나 이를 어떻게 해석할지 논의할 수 있으면 긍정적인 효과를 얻을 수 있으므로 견학을 오도록 제안해보자. 견학이 어려운 경우 긴밀하게 정보를 공유할 수 있도록 유의하여 간접적으로라도 관여할 수 있도록 하면 인터뷰에서 얻은 정보가 조직에 더욱 유용하게 흡수될 것이다.

인터뷰하고 싶다는 마음에는 고객과 대화함으로써 프로젝트 방향성에 자신감을 느끼고 싶다(안심하고 싶다), 아이디어를 자극하는 이질적인 경험을 하고 싶다는 생각도 있을 수 있다. 그런 것이 정말 필요한지, 단순히 관심이 있어서인지는 판단하기 어렵지만, 사람이 하는 일에는 이러한 심리적 성과도 매우 중요하다. 팀원들과 상의하며 앞으로 나아갈 수 있도록 창의적으로 인터뷰를 검토하자.

목적 설정 시 주의할 점

목적을 설정할 때 확인해두어야 할 점이 있다. 먼저 '조사하기에만 열중하다 시야가 좁아지지는 않았는가'다. 프로젝트 전체의 목적, 현재 상황, 후속 활동을 바탕으로 팀을 활성화할 힌트를 얻을 수 있는 질문을 설정하도록 하자.

쉽게 상상할 수 있는 것, 다른 자료나 웹에서 검색하면 분명하게 나오는 사실은 조사해도 아무런 쓸모가 없다. 무엇을 알고, 무엇을 모르는지를 알고자 한다면 사전에 관련 정보(학문과 지식이 풍부한 사람에게 청취한 결과나 웹상의 관련 기술, 고객 사례, 타사 제품과 그 고객, 고객 상황에 관한 조사 데이터, 영업과 지원 등 고객과 접하는 분야에서 얻을 수 있는 의견 등)를 확인해두어야 한다. '이 인터뷰가 정말 필요한지' 너무 깊이 생각해서는 인터뷰를 할 수 없는데, 한편으로 정말 필요한지 확신이 서지 않은 상태에서 인터뷰하는 것은 시간을 내 참석한 사람들에게 실례되는 일이다. 사전 조사는 파고들수록 시간이 걸리므로 잘 아는 사람에게도 물어보며 신속하게 핵심 정보를 찾아내 활용해야 한다.

사전 조사를 통해 이해가 깊어지면 선정한 질문에 집중할 수 있어 조사 설계의 질을 높일 수 있다. 다만 사전 조사를 통해 얻은 정보를 신뢰할 수 있는지 깊이 생각해보아야 한다. 특히 다른 목적으로 이루어진 설문과 인터뷰 조사 결과는 목적이나 대상이 다르거나 조사 시기가 오래되어 현재 목적에 딱 들어맞지 않는 경우도 많으므로 신중하게 파악해야 한다.

설정한 목적은 폭넓은 관계자에게 공유함으로써 조사를 통해 얻을 인풋을 기다리지 않고, 예상이나 의도에만 의지하여 개별적으로 제품을 검토하는 사태를 막을 수 있다.

참가자의 속성을 정한다

인터뷰에 응하는 사람은 묻고 싶은 상황이나 물건, 활동에 대해 잘 아는 사람, 혹은 생각하는 바가 있거나, 경험이 많거나, 무엇이 불편한지 등 여러 가지를 생각하는 사람이어야 한다. 그렇지 않으면 잘 모르는 상태에서 추측으로 대답하게 되고, 생각하던 것과 크게 다르지 않은 정보밖에 얻지 못할 수도 있다. 한편 참가자의 기준이 너무 엄격하면 적절한 대상을 찾기 어려우므로 어느 정도의 확률로 해당되는 사람을 조건으로 설정해야 한다.

적절한 기준 설정은 인터뷰에 긍정적으로 협조하도록 하고, 거짓 없는 답변을 얻기 위해서도 필요하다. 인터뷰 참가를 부탁할 때는 왜 그 사람이 참가했으면 하는지, 그 사람에게 이야기를 들음으로써 무엇을 배울 수 있다고 생각하는지를 상대방에게 설명해야 한다. 이때 상대가 자신이 참가하는 것이 합당하다고 생각되면 스스럼없이 협조해주겠지만, '왜 나에게 이런 것을 묻는 거지?', '다른 조사 데이터를 보거나 스스로 생각하면 알 수 있지 않을까?' 하는 생각이 들게끔 설명한다면 참가를 유도하기 어려워진다.

목적에 따라서는 대상인 사용자나 어떤 제품 이용에 관한 것을 직접 조사하지 않고, 일부러 별도의 어떤 유사성을 가진 사람들과 행위를 조사함으로써, 대상을 새로운 시선으로 재검토할 수 있는 힌트를 얻기도 한다.

원래는 인터뷰를 할지, 설문조사를 할지, 워크숍에서 고객과 함께 생각할지 등 방법을 검토하는 것도 이쯤에서 실시한다. '만들기' 위해 사용할 수 있는 조사 방법은 인터뷰만이 아니다. 예를 들어 다양한 사람의 의견을 수렴해야 한다면 인터뷰는 시간이 많이 걸리므로 적절하지 않다. 인터뷰를 염두에 두고 준비를 했다 해도 다른 방법으로 조사하는 것이 적절하지 않을지도 검토해볼 필요가 있다. 인터뷰로 조사하기 어려운 내용이 있는 경우 여러 조사 방법과 다른 정보원을 조합하는 것도 좋은 방법이다.

참가자의 조건을 정한다

참가자를 선택할 때 생각하는 조건으로 다음 두 가지를 꼽을 수 있다.

- **기본적인 속성**(연령, 성별, 직업 등)
- **대상 제품이나 활동과의 관계**(특정 제품이나 서비스를 이용하고 있는지 여부, 그 빈도나 사용법, 과제 등)

조사 목적에서 직접 이러한 조건을 좁힐 수 있는 경우도 있다. '고령의 주부가 주방 수납에 대해 신경 쓰는 것'을 알고 싶다면 60대 이상이면서 요리를 일상적으로 하는(주방에 대한 경험과 의견이 있을 것 같고 돈을 들일 이유도 있는) 사람을 대상으로 하는 것이 좋다.

아무에게나 물어본다고 되는 것이 아니다. 특정 화제에 관해 가장 신경 쓰고 있는 사람(접촉이 많다, 애정이 깊다, 비판적인 요구를 가지고 있다, 지금까지 많은 돈을 썼다, 이용에 관해 어려움이 예상된다 등), 회사 측이 신경 쓰고 있는 사람(주요 고객층, 더 구매했으면 하는 사람들, 타사와의 경쟁에서 점점 빼앗기고 있는 고객층, 신규로 나타나 기업 측이 잘 파악하지 못한 사람들 등)을 기준으로 인터뷰해야 할 대상을 고려한다. 조준이 빗나가버리면 조사 결과가 상위 목적에 맞지 않아 도움이 되지 않거나, 상대의 지식이나 생각이 얕아 참고할 수 있는 답을 얻을 수 없다.

동시에 상대방의 속성에 따라 행동이나 의견이 다를 가능성도 고려하여 행동이나 의견이 달라지는 요인이 될 만한 조건을 생각해 충분한 폭을 가진 대상자를 확보해야 한다. 그 조건이 성별인지, 나이인지, 연봉인지, 사는 지역인지는 목적에 따라 달라진다.

참가자 수를 정한다

대상자를 찾을 때는 설문을 통해 속성을 확인하고 조건에 맞는 사람을 골라 참가를 의뢰하게 된다. 대상자로서 드물 수밖에 없는 속성의 사람(예를 들면 산에서 조난당했다가 살아 돌아온 사람)이나 참가가 어려운 사람(예를 들면 도둑질 상습자)이 필요한 경우에는 대상자를 찾는 단계에서 시간이 걸리기 쉬우며 계획이 불확실해지고 만다. 사실 이런 사람에게서 이야기를 들을 수 있으면 가장 좋겠지만, 사전에 완화할 수 있는 조건을 몇 단계로 설정하고, 그 조건과 일치하는지를 판정하기 위해 확인해야 할 속성을 특정한다. 조건을 만족시키는 사람 중에서도 몇 개의 그룹을 만들어 결과에 차이가 있는지 비교하고자 할 때는 그룹 수에 따라 필요한 참가자 수가 늘어난다.

인터뷰 1회에 소요되는 시간은 질문 수에 따라서도 달라진다. 질문 수가 많고 조사 시간이 길어지면 조건을 충족하더라도 선뜻 참가하겠다고 나서는 사람이 나타날 확률이 낮아진다. 분석과 고찰, 보고 자료 정리에 걸리는 시간 등을 고려하며 허용된 시간(예산) 내에서 참가자의 수와 질문 분량을 조정할 필요가 있다.

| 계획서를 작성한다

조사의 목적과 개요가 정해지면 인터뷰 계획서를 만든다. 계획서에 포함해야 하는 항목은 다음과 같다.

- 목적
- 방법(조사 대상자의 속성과 수, 장소, 사례 등)
- 인터뷰의 주요 화제
- 얻을 수 있는 성과의 개요
- 일정

준비 단계에서는 앞으로 진행할 인터뷰에 대해 이 항목들을 빠르게 정해야 한다. 계획서는 인터뷰 개요를 직접 확인하거나 관계자에게 보내 확인하는 데 사용할 수 있으며, 팀 내에서 공통 인식을 갖추기 위해서도 사용할 수 있다. 부록 '인터뷰 조사 계획서(331쪽)'에 계획서 샘플을 소개했으니 참고하기 바란다.

계획서는 관계자의 확인을 거쳐 내용을 수정하도록 한다. '꼭 이런 관점에서도 물어봐주었으면 한다'라는 요구를 할 수도 있는데, 이때 전체의 목적이나 현실적 제약을 고려하여 어떻게 대응할지 판단해야 한다. 또 설계를 진행하다 처음에 설정한 목적이 적절하지 않다는 사실을 깨닫거나 조사 대상(참가자의 기준)의 폭을 넓히거나 좁혀야 한다는 사실을 깨닫는 경우가 있을 수도 있다. 이럴 때는 프로젝트 책임자에게 솔직하게 보고하고 상의하며 적절하게 수정해나가야 한다.

계획이 거의 확정되면 리크루팅recruiting(인터뷰 참가자 모집, 참가 요청) 작업에 들어갈 수 있다. 그 절차와 주의점은 다음 챕터에서 다루었으니 참고하기 바란다. 리크루팅은 일정한 시간이 소요되기 때문에 다른 작업을 동시에 진행해야 한다. 예를 들어 질문 리스트가 완성되고 난 뒤 리크루팅을 시작하려고 하면 일정이 늦어질 수도 있으므로 대략적인 것이 정해졌다면 참가자 모집 및 선정과 병행하며 질문 설계를 다듬어 나가는 것이 좋다.

2. 질문과 흐름 설계하기

질문과 흐름 설계 단계에서는 군더더기 없이 확실하게 목적을 달성할 수 있고, 동시에 상대에게 인지적 부하가 낮은(알기 쉽고, 생각하기 쉬운) 인터뷰의 기본을 설계할 수 있다.

인터뷰 설계는 매우 중요하다. 실전에서는 애드리브로 질문을 바꾸며 예상외 화제에도 대응하지만, 조사의 골격이 되는 기본 구조가 제대로 되어 있지 않으면 화제가 산만해져 재미는 있어도 결국 아무것도 남지 않을 수도 있다. 제대로 된 설계가 있어야 유연하면서도 의미 있는 인터뷰가 가능하다. 인터뷰의 기본적인 흐름과 질문은 인터뷰 가이드로 문서화해두는 것이 좋다.

| 질문을 설계한다

반구조화 인터뷰에서 이루어지는 질문에는 미리 준비된 것과 즉석에서 만들어지는 것이 있다.

사전에 설계하는 질문

- **목적에있어 열쇠가 되는 주요 질문**(목표로 하는 성과에 직결된다.)
- **주요 질문을 보조하는 주변 질문**(대답의 이유를 묻는 질문 등)

- 비교 및 정량화를 하기 위한 표준화된 질문

즉석에서 만들어내는 질문

- 상대나 대화의 흐름에 따라 조정된 질문
- 깊이 파고들거나 화제를 넓히기 위한 탐색적인 질문
- 질문자의 이해를 확인하는 보강 질문
- 상대에 대한 관심을 나타내거나 지식이나 경험에서 상대의 우위를 확인하여 서로의 관계를 구축하기 위한 질문

사전에 준비해둘 것은 전체 구성과 주요 질문, 그리고 대화를 원활하게 이끌기 위한 예비 질문이다.

상대의 기본적인 속성을 확인한다

인터뷰 첫머리에 본 주제로 들어가기 전에 상대의 속성을 확인하는 것은 몇 가지 의미에서 매우 유익하다. 구체적으로는 주제나 조사 목적에 따라 다르지만, 다음과 같은 사항에 대해 질문한다.

- **일에 대해**: 업종과 업무, 기업의 규모나 전략, 조직 내에서의 역할과 입장
- **생활에 대해**: 가족 구성, 취미, 휴일 보내는 법
- **제품이나 서비스 이용에 대해**: 사용하는 제품이나 버전, 이용 기간과 빈도, 이용 목적

연령이나 거주 지역에 따라 어떤 주제에 관한 행동이나 의식이 다를 수 있다. 예를 들어 아파트 단지에 사는 초등학생 남자아이, 언덕이 많은 거리를 거닐며 아이를 어린이집까지 데려다주는 엄마, 주말마다 동호회에서 야구를 즐기는 50대 회사원이 자전거에 요구하는 바는 각각 다를 것이다. 어떤 사람에게서 얻은 발언인지 구별할 수 있도록 반응에 영향을 미칠 수 있을 것으로 예상되는 개인 속성과 기본적인 행동을 모든 참가자에게 확인하는 것이 바람직하다.

어떤 배경을 가진 사람에게서 들은 내용인지를 분명히 해두어야 분석 단계에서 사람에 따른 차이나 공통성을 생각하기 쉬워진다. 이를 위해 그 사람의 기본적인 속성을 알아보는 질문을 덧붙일 필요가 있다. 어떤 이에게서 다른 사람들과는 완전히 다른 의견을 얻었을 때 그것이 단지 사람마다 의견이 다른(어떤 아이디어를 좋게 평가하는 사람도 있고, 그렇지 않은 사람도 있다) 것인지, 어떤 속성을 가진 사람들은 비슷한 의견

을 가지고 있는 것인지, 어떤 아이디어가 똑같이 평가될 가능성이 있는 것인지를 알 수 있다.

참가자의 속성은 리크루팅 단계에서 어느 정도 알고 있겠지만, 인터뷰 중에도 확인할 수 있다. 인터뷰 중에도 확인하는 이유는 정보에 오류가 없는지 확인하고 더 자세한 내용을 알기 위해서다. 설문조사 질문을 할 때 노린 대로 대답해주지 않는 경우도 많다. 예를 들면 리크루팅에서 '혼자 산다'라고 답했는데 당일에 자세하게 물어보면 실은 2세대 주택에 살고 있어 많은 시간을 가족들과 함께 보내는 사람도 있다(어떤 착오로 인해 조건에 해당하는 참가자가 아닐 수도 있다. 이런 경우 대처 방법은 칼럼 '예상과 다른 사람이라는 사실을 알았을 때 대처하는 방법[182쪽]'을 참고하기 바란다). 또한 참가자를 특정하여 일정을 조정할 때 개별적으로 연락을 취하는데, 리크루팅 문항 중에서도 특히 중요한 점은 이때 다시 확인하는 것이 좋다.

이 화제를 첫머리에 다루는 것은 오류를 발견하고 대응하기 위함으로, 리크루팅 정보를 제대로 인식하고 있음을 전해 안심시키려는 의도도 있다. 동시에 본인에 관한 대답하기 쉬운 질문이므로 상대방은 편하게 대답할 수 있으며, 인터뷰의 아이스 브레이크로도 적당하다.

전체를 알기 쉬운 묶음으로 나눈다

인터뷰를 진행할 때는 상대의 두뇌를 얼마나 원활하게 사용할 수 있도록 할지를 생각하고, 화제의 흐름과 질문의 내용 및 문언(세세한 말투)을 설계해야 한다. 기본이 되는 포인트는 다음 두 가지다.

- 전체를 알기 쉬운 묶음으로 나눈다.
- 묻기 쉽고 대답하기 쉬운 자연스러운 흐름을 만든다.

먼저 큰 화제의 단락을 설정한다. 예를 들면 '선물을 고르기 쉬운 가게'에 관한 인터뷰를 진행할 때는 다음과 같은 화제를 생각할 수 있다.

- **선물을 구매하는 상황**: 선물을 사는 상황, 선물할 상대의 개요, 전달하는 상황, 선물에 담은 마음 등

- **선물을 선택할 때의 행동과 사고**: 상황마다 들이는 금액과 선택에 걸리는 시간, 고려하는 것 등

- **선물 선택에서의 요구나 기대**: 선물을 선택할 때 좋은 점, 불편한 점, 매장에 바라는 점 등

화제는 아이디어 발상의 진행 방법과 보고서의 구성을 염두에 두고 검토하자. 위의 예에서는 '고객의 대부분은 이런 때에(상황), 이러한 선택을 하고(행동이나 사고), 이런 점에 불만을 느끼고 있다(요구나 기대). 그러므로 매장의 개선안으로서는……'과 같은 식을 염두에 두었다.

이처럼 보고의 흐름을 상상하며 필요한 내용을 조사해야 한다. '어떤 화제로 이야기를 들으면 아이디어로 연결되는 정보를 얻을 수 있을 것 같은가?', '어떤 화제를 모으면 빠짐없이 현황을 이해할 수 있어 개선 포인트가 명확해지는가?'를 생각하고, 발상이나 문제 해결의 국면을 내다보고 설계하는 것이다. 우선 화제별로 구체적인 질문을 준비한다. 화제와 그 순서를 인터뷰 초반에 전달하면 상대방도 안심이 되고, 인

터뷰 전체가 차분해질 가능성이 크다.

"먼저 당신이 어떤 때에 선물을 구매하는지, 그 경우를 예로 들어주세요. 다음에는 경우별로 어떤 식으로 선물을 고르는지 질문하겠습니다. 그런 후에는 어떤 심정으로 선물을 구매하는지 조금 더 자세히 여쭤보고 싶습니다."

나중에 자세한 내용을 이야기할 시간이 마련되어 있다고 전함으로써 처음부터 개별적인 경우를 상세히 이야기해 시간과 화제 관리가 어려워지는 문제를 피할 수 있다. 인터뷰 중에도 화제마다 매듭을 지어 "그럼 다음에는 ○○에 관해 질문하겠습니다"와 같이 명확하게 말해두는 것이 좋다.

관점을 설정한다

'만족도'나 '아이디어에 대한 평가', '일하는 방법' 등을 조사하고 싶은 경우도 많을 것이다. 이들은 각각 여러 관점에서 파악할 수 있는 복합적인 개념이다. 그러므로 인터뷰에서 이들을 관점별로 나누어 각각 물어보면 구체적이고 상세한 정보를 얻을 수 있다. 이러한 화제의 분할 및 구조화는 상품 기획 및 디자이너와 함께 문제를 분리해 파악하는데도 유효하다. 요컨대 다음과 같은 분할 방법을 자주 사용한다.

- **문제:** 현황, 이상적인 상태(목표나 경쟁사의 포지션 등), 그 사이의 갭

- **사용성:** 효과(유효성), 효율, 만족도

- **알기 쉬운 정도**: 정보의 발견 용이성, 정보와 문맥이나 의도와의 연관성, 글의 구조나 레이아웃의 알기 쉬운 정도, 용어의 알기 쉬운 정도, 행위 결과의 확인 용이성

- **아이디어 평가**: 풀고자 하는 문제가 상대방에게 존재하는지 여부, 고객에게 그 문제가 중요한지와 빈도, 아이디어로 문제가 해결되는 정도(또는 초래되는 상황의 매력), 예상되는 부작용의 영향(새로운 방식에 익숙해지는 비용, 다른 관계자에게 미치는 영향 등)

- **일**: 관계된 인물과 조직, 공간, 도구와 정보 및 문서, 활동과 그 흐름(하나의 부서나 개인, 여러 부서나 개인의 협조), 가치관과 규칙

- **경험과 생각**: 현재, 과거(지금까지), 미래(향후 계획/미래 전망)

단, 틀을 제시할 때 질문자 쪽에서 생각한 것은 편의상의 구별이나 용어이며, 상대나 그 문맥(기업 및 업계나 일의 내용)에 따라 개념의 구별이나 호칭이 다르다는 점을 유의할 필요가 있다. 인터뷰를 진행할 때는 질문자 쪽에서 준비한 용어에 구애받지 않고, 상대방에게 친숙한 용어를 파악하며 유연하게 조정해야 한다.

한 명의 개인이라도 다양한 사회적 역할을 하고 있어 하나의 주제에 여러 가지 관점을 파악할 수도 있다. 예를 들어 한 명의 여성으로서 파악할 것인지, 자녀를 둔 부모로서 파악할 것인지, 부하를 둔 기업인으로서 파악할 것인지에 따라 '야근'에 대한 질문에 답변이 달라질 수 있다. 그러한 상황이 예상될 때는 질문자가 "먼저 기업인 입장에서 생각해주세요"와 같이 관점을 설정해 질문해야 한다. 그 후 각각의 관점에

서 대답을 들으면 질문자도 이해하기 쉽고, 상대도 대답하기 쉽다고 생각할 것이다.

주제별로 주요 질문과 보조하는 주변 질문을 쓴다

자신들이 알고 싶은 사항에 관한 질문만 나열하면 되는 것이 아니다. 예를 들어 당신이 반려동물에 대해 조사하여 많은 사람이 반려동물의 의료비가 너무 많이 드는 것을 신경 쓰고 있다는 사실을 파악했다고 하자. 그런데 그 조사 결과를 들은 상대방이 "조사 대상자는 반려동물을 좋아하는 사람인가? 반려동물을 사랑하는 사람이라면 그런 건 신경 쓰지 않을 것 같은데" 하고 트집을 잡을 수도 있다. 이때 참고가 되는 데이터를 아무것도 가지고 있지 않으면 당신의 조사 결과는 설득력이 부족해 무시당하고 말 것이다.

질문을 제대로 설계하면 "사실 저도 그럴 수 있다고 생각해서 각 대상자에게 반려동물에 관한 다른 행동에 대해 물어보았어요. 그랬더니 침대에서 반려동물과 함께 자는 사람이 오히려 의료비를 비싸게 여기는 경향을 보였어요"라고 답하며 자신이 발견한 사실의 설득력을 높일 수 있다. 주요 질문에 대한 답변이 사람마다 다를 것을 예측하고 배경을 보다 구체적으로 묻는 질문을 배치하여 이해를 확실히 하는 설계다.

이렇게 명확하게 밝히고 싶은 점을 알아보는 주요 질문과 그 배경을 확인하거나 상황을 더욱 자세히 이해하기 위해 기반을 다지는 질문을 갖추어나가자. 기반 다지기 질문에는 그 밖에도 다음과 같은 것들이 있다.

- 복잡한 질문의 경우, 그 의도를 제대로 이해하고 있는지 확인하기 위해 다른 방법으로 다시 한 번 물어본다.

- 정확하게 대답하지 않았을 수도 있으므로 구체적인 행동 내용을 말할 수 있는지 확인한다(예를 들어 "최근에 미국을 여행했다"라는 응답에 언제, 어디를 둘러봤는지 물어보는 등).

- 가설이 틀린 경우, 어떻게 수정해야 하는지 힌트를 얻기 위해 참고가 되는 점을 물어본다.

조사해야 할 항목을 너무 늘리면 여러 가지 문제가 발생할 수도 있다. 우선 인터뷰하는 측은 이것도 물어야 하고, 저것도 물어야 해서 바빠지기 쉽다. 또한 상대의 표정과 세세한 말투도 살펴야 하고, 들으면서 확실히 이해해야 하고, 추가 질문을 보충하기도 해야 해서 본질적인 해답을 얻을 여유가 없어진다. 대답하는 측도 '아, 이 사람은 물어봐야 할 것이 많아 초초하구나'라고 느끼기 때문에 주제와 관련 있지만 언뜻 보면 사소한 것은 말하지 않게 된다.

역설적이지만 조사에서 풍부한 정보를 얻고자 한다면 질문 수는 필요 최소한으로 정해야 한다. 중요한 질문을 판별하고 그것을 보강하는 질문을 갖추었다면 나머지는 당일의 즉석 대응을 고려해 시간적 여유를 충분히 남기도록 하자.

비교 및 정량화하기 위한 표준화된 질문을 쓴다

발언이나 정성적인 데이터는 우리에게 다양한 깨달음을 준다. 예를 들어 가설로 제시한 상품 콘셉트를 높이 평가한 사람이 몇 명 있었는지와 같은 정량적인 결과를 제시하면 결론을 보다 명확하게 나타낼 수 있다.

이러한 핵심적인 숫자를 얻으려면 다른 질문들처럼 상대에게 자유롭게 대답해달라고 하는 것이 아니라(예를 들면 "이 상품에 대해 어떻게 생각하시나요?"), 정량화하기 쉽도록 결정한 질문(예를 들면 "당신이 이 상품을 산다면 얼마까지 낼 수 있나요?" 등)을 모든 참가자에게 같은 타이밍(어떤 화제에 관해 물은 직후 등)에 던져야 한다.

또한 조건이 같도록 질문 문장과 설명을 돕는 예시 내용도 통일해서 물어야 한다. 편한 대로 분석한 것이 아님을 보여줄 수 있도록 답변을 자의적으로 나누지 말고, 대상자 본인의 말로 정량적인 평가를 받을 수 있게 해야 한다. 정량적인 평가를 요구할 때는 질문지를 사용하는 것도 효과적이다. 이에 대해서는 다음 챕터에서 더욱 자세히 알아보도록 하자.

| 인터뷰 가이드를 만든다

질문과 그 순서를 화제 묶음별로 쓴 문서를 '인터뷰 가이드'라고 한다. 인터뷰 가이드 샘플은 부록 '인터뷰 가이드(335쪽)'를 참고하기 바란다.

인터뷰 가이드는 질문 내용을 표준적인 순서에 따라 실제로 하는 말로 써나간다. '질문할 항목을 조목별로 적어두면 되지 않나?'라고 생각하는 사람이 있을 수도 있다. 하지만 그것을 보면서 현장에서 적절한 질문을 알기 쉬운 표현으로 신속하게 만드는 작업을 반복하기는 결코 쉽지 않다. 이때는 대화의 흐름을 상상하며 글로 쓰고, 이를 객관적으로 음미하며 더욱 다듬어나가야 한다.

자기소개와 인터뷰 목적 설명, 용어의 정의, 화제의 구분 설명 등도 미리 생각하고 써두면 효율적이고 실수도 방지할 수 있어 인터뷰를 원활하게 진행할 수 있다. 화제별로 할애될 시간도 어림잡아 예상해두면 시간 관리가 쉽다. 제품이나 서비스 관계자는 이를 읽으면 인터뷰 흐름을 잘 알 수 있고, 추가 질문 등을 생각하기도 쉬워진다.

묻기 좋고 대답하기 쉬운 자연스러운 흐름

서로 다른 주제들 사이에서 질문이 왔다 갔다 하지 않도록 큰 주제의 흐름을 먼저 정하고, 주제별로 질문을 나열해야 한다. 상대방이 대답하기 쉬운 질문부터 시작해 점차 깊이 있는 질문으로 옮겨가는 것이 좋다. 예를 들어 "당신은 정신적으로 건강한 식생활을 하고 있나요?"보다는 "오늘 아침은 드셨나요? 누군가와 함께 드셨나요? 아니면 혼자 드셨나요?"로 시작하는 것이 바람직하다.

대답하기 쉬운 질문이란, 질문이 단순하고 본인이 잘 알고 있는 것(현재 일, 속성, 소지품 등), 프라이버시를 침범하지 않으면서 짧은 말로 대답할 수 있는 것이다. 하기 힘든 질문, 즉 주변 사항을 떠올리지 않으면 대답하기 어려운 질문, 개인의 경제적 상황이나 고민 및 신조에 관한 질문, 복잡하여 정리해서 답변을 해야 하는 질문 등은 인터뷰가 어느 정도 진행되고 관련 사항을 몇 가지 이야기해 답하기 쉬운 상황이 되었을 즈음에 던지는 것이 좋다.

보다 세세한 질문의 묶음이나 순서가 되면 일률적으로 결정하기 어려운 부분도 있다. 예를 들어 일의 흐름에 관해 조사할 경우, 사용하는 도구를 대충 들은 후에 각각의 도구에 대한 상세한 내용을 모아 묻는 것이 좋을지, 도구를 하나하나 열거하며 개별적으로 자세한 내용을 이야기하도록 하는 것이 좋을지 말이다. 이는 포함된 질문의 양과 복잡한 정도, 상호 비교의 필요성 등에 따라 달라진다. 개별적으로 하는 질문과 나중에 모아서 하는 질문을 나눌 수도 있다.

또 어떤 제품에 관한 평가를 하는 경우에는 전반적인 평가를 얻은 후에 보다 상세한 평가(기능별 평가 등)에 대해 질문하는 것이 좋을지, 아니면 반대로 하는 것이 좋을지 고민된다. 여기에도 정해진 답은 없다. 앞서 한 질문이나 그 답변이 나중에 하는 답변에도 영향을 미친다는 점(질문의 초기 효과와 순서 효과)을 이해하고 목적이나 질문의 내용을 고려하여 결정하면 된다.

상대방이 떠올리거나 평가하는 작업을 도와준다

인터뷰는 힘들다. 상대방의 대답을 이해하면서 앞으로의 전개를 생각하고, 다음에 물어야 할 질문을 짠 후 타이밍을 살펴 내보내야 한다. 그러는 동시에 메모도 해야 하고, 상대방의 이야기에 호응도 해주어야 한다. 하지만 힘든 것은 당신만이 아니다. 대답하는 사람도 마찬가지다. 상대를 처음 보는 것이기에 가뜩이나 긴장되는데 계속해서 쏟아지는 질문에 답해야 하니 말이다.

예를 들어 "친한 친구와는 어떻게 커뮤니케이션을 하나요?"라고 묻는다면 상대방은 대답하기 직전까지 어떤 생각을 할까?

- '친하다는 게 어느 정도 친하다는 말일까? 평소에 만나지 않는 친구에 관해서도 대답해야 하나?'

- '여러 부류의 친구가 있는데 그중 누구에 대해 말해야 하지? 생각하기 귀찮은데 그냥 회사 친구와의 커뮤니케이션에 대해 말할까?'

- '스마트폰으로 메시지를 주고받는 것도 포함되나? 아니야. 대단한 내용이 아니니 커뮤니케이션이라고 할 정도는 아닌 것 같아. 자주 하지는 않지만 전화 통화에 대해 말하는 것이 좋을까?'

예를 들어 회사 친구보다 더 친분이 깊은 대학 시절 친구가 있다 하더라도 그 사람의 화제는 언급되지 않을 수도 있다. 무슨 일이 생겼을 때 그 사람과 문자 메시지를 주고받으며 몇 번이나 도움을 받은 경험이 있다 해도 그런 이야기는 듣지 못할 수도 있다.

앞선 질문에 대답한 후에도 이렇게 생각하고 있을지도 모른다.

- '회사 친구에 관해 이야기하고 있지만, 같이 일하기만 하는 회사 동료를 친구라고 할 수 있을까? 음, 귀찮으니 그렇게 깊이 파고들지 말자.'

- '질문이 모호해서 무엇을 알고 싶은 건지 잘 모르겠어. 이 사람은 내 답변을 제대로 분석할 수 있을까? 진지하게 대답하는 게 과연 소용이 있을까?'

상대방은 대답해야 할 거리를 고르거나 생략해서 이야기하고 있을지도 모른다. 이래서는 상대방에게 얻어낼 수 있는 정보가 한정되는 데다 정확한 답변이라고도 말할 수 없다. 하지만 질문 자체는 매우 흔한 일반적인 질문이다. 그렇다면 무엇이 문제인 걸까?

예를 들어, 이 질문이 다음과 같이 진행된다면 어떨까?

- "당신이 '절친'이라고 생각하는 사람을 3명 떠올려주세요. (종이와 펜을 건네며) 여기에 각각의 이름을 적어주세요. 별명이나 이니셜도 괜찮습니다."

- "각각 어떤 사람인지 간단히 알려주세요. 당신이 '절친'을 어떤 관계라고 생각하는지 알고 싶어요."

- "각각 직접 만나는 빈도가 얼마나 되나요? 그 밖에 어떤 방법으로 대화를 하나요? 여기 쓰여 있는 전화, 문자 메시지, SNS, 우편, 기타에 대해 먼저 빈도를 알려주세요."

3명으로 한정했지만 상대방이 조금 더 구체적으로 생각하고 자신 있게 대답할 수 있지 않을까? 말은 흐름(문맥)에 의해 전달되거나 전달되지 않거나 오해를 사기도 한다. 질문이 논리적으로 적절했다 해도 묻고 싶은 것을 확실히 전달하기 위한 말 선택이 충분하지 않거나 상대가 자연스럽게 생각하는 흐름이 제공되지 않는다면, 얻고자 하는 정보를 얻을 수 없다. 또 질문자가 묻고 싶은 것을 그대로 묻는 것이 아니라 상대방이 구체적으로 생각하기 쉽도록 몇 단계로 나누어 핵심에 접근하는 것도 필요하다. 이처럼 질문을 단독으로 생각하지 않고, 여러 개 분해된 질문으로 이루어진 대화의 흐름으로서 준비하는 것이 바람직하다.

질문을 받고 순간 떠오른 답이 아니라 제대로 생각한 후에 나온 답이 중요하다. 따라서 중요한 질문을 하기 전에는 관련된 문제에 대해 생각하게 하여 상대방이 머리를 충분히 예열해두도록 하는 것이 좋다. 예를 들어 제품 및 서비스의 평가를 요구할 때는 제품을 이용할 때에 관한 질문을 하여 구체적으로 상황을 떠올리게 하고, 제품을 설명하여 이용에 수반하는 긍정적인 측면, 부정적인 측면을 폭넓게 의식하게 해 머릿속에 소재를 충분히 나열한 후에 실시해야 한다.

사람의 기억에는 상황 의존성(그 상황에 몸을 두는 편이 떠올리기 쉽다)이 있기에 항상 사용하는 '실물'을 보여주면서 이야기를 듣는, 혹은 가져오게 하는 장치가 유효하다. 기기나 소프트웨어의 조작에 관한 질문이라면 그것을 준비해두고 만지도록 하면서 대답하게 하는 것이 좋다. 스마트폰 애플리케이션(이하 '앱')에 관한 질문이라면 본인의 스마트폰을 조작하게 하면 사실적인 상황을 알 수 있다. 예컨대 '스마트폰으로 촬영한 사진을 사용하여 문서나 연하장을 작성하는 것'에 관한 이야기를 듣고 싶다면 본인이 작성한 것을 가져오도록 하여 그것을 함께 보면서 구체적으로 어떻게 만들었는지, 어떤 점을 고민했는지 물어보는 것이 좋다. 그러면 분명 자랑을 포함해 재미있는 이야기를 들을 수 있을 것이다.

귀로 듣고 쉽게 이해할 수 있는 질문으로 쓰여 있는지 체크한다

우선 어려운 말투는 피하자. 예를 들어 가르침을 청할 때 사용하는 "가르쳐주십시오"라든지, 무엇인가를 설명하는 서론으로 "설명해 드리도록 하겠습니다" 등은 일상적인 상황에서 쓰기에는 너무 딱딱하다. 이러한 말투를 쓰면 그 자리 분위기도 딱딱해져 '라포르' 형성에도 영향을 미친다. (이에 대해서는 Chapter 3에서 더욱 자세히 설명하도록 하겠다.) "가르쳐주세요", "설명해 드릴게요" 하고 그대로 솔직하게 표현하는 데 유념하자. 그래야 상대방도 이해하기 쉽고 보다 편하게 대답할 수 있을 것이다.

가장 어려운 용어는 전문 용어나 개발 용어다. 상품 개발 현장에 있는 당신에게는 그다지 어렵지 않겠지만 평범한 생활을 하는 사람들에게는 무척이나 난해한 말이다. 당신에게는 일상 용어이므로 무심코 사용할 수 있지만, 사전 문구까지 고려해 질문을 설계해두면 상대방이 당황하는 일은 없을 것이다.

무심코 튀어나올 만한 전문 용어는 인터뷰 가이드 한쪽에 '금지 용어'라고 써두는 것이 좋다. 가능하면 전문 용어를 사용하지 않고 궁금한 점을 질문할 수 있도록 바꿔 말하는 훈련을 해야 한다. 예를 들면 '테더링'이라는 용어를 사용하지 않아도 "컴퓨터나 태블릿을 스마트폰에 연결하여 인터넷을 사용한 적이 있나요?"와 같이 물을 수 있다. 질문 효율화 등 사정이 있어 무조건 전문 용어를 사용해 묻고 싶다면 그 의미를 간단하게 설명하거나 "'테더링'에 대해 여쭤볼게요. 테더링이 무엇인지 알고 계시나요?"라고 질문한 다음 "간단히 설명해주시겠어요?" 하고 제대로 알고 있는지 확인해보는 것이 바람직하다.

더불어 말을 잘못 들어 생기는 시간 낭비, 상대방이 느끼는 어색함도 피해야 한다. 우선 문법적으로 갖추어져 있고 올바른 말이어야 한다. 동음이의어 등 오해를 낳을 수도 있는 표현은 피하고 질문 문장이 너무 길어지지 않도록 하는 것도 중요하다. 구체적으로 어떻게 질문할 것인지 적어보고 그것을 소리 내 읽어보는 것도 하나의 대책이 될 수 있다. 소리로 들어봄으로써 텍스트로 보았을 때는 깨닫지 못했던 점을 알게 될 수도 있다.

구체적인 예를 준비한다

상대방이 대답이 막힐 때를 대비해 구체적인 예를 몇 가지 준비해두는 것도 좋은 방법이다. 이 '몇 가지'가 중요한 점인데, 하나만 있으면 '아, 그건 나에게도 해당하는 것이니 대충 대답해버리자'라고 생각할 수도 있다. '꼭 이런 관점에서 생각해보길 바란다'라는 목적이 있는 경우에는 구체적인 예를 사용해 아무렇지도 않게 전달할 수 있다. 만약 신체 관리에 관한 화제에서 단련하는 측면은 물론 다듬는 측면에 대해서도 생각해보길 바란다면 구체적인 예로 조깅, 스트레칭 등을 언급할 수 있다. 구체적인 예로 드는 내용이 상대방에게 편향을 줄 수 있기 때문에 즉흥적으로 제시할 것이 아니라 미리 준비해두어야 한다.

덧붙여 만약 질문자 쪽에서 예상하는 답변이 있으면, 그것은 예로 들지 않아야 한다. 나중에 "당신이 든 예에 유도되어 대답했을 뿐이다"라는 지적이 뒤따를 수도 있기 때문이다.

시간 배분과 우선순위를 정한다

인터뷰를 하다 보면 예상하지 못한 재미있는 에피소드가 튀어나올 수도 있다. 그것이 목적에 유용한 내용이라면 파고들어야 한다. 하지만 그 주제에 시간을 할애하면 당연히 다른 질문에 쓸 시간이 줄어들게 된다.

인터뷰 가이드에 화제별 시간 배분과 각 질문의 우선순위를 적어두자. 그러면 '나머지 질문에 쓸 수 있는 시간이 ○○분 정도이니 지금 시간을 좀 더 써도 괜찮겠다', '다음 질문은 중요도가 낮으니 최악의 경우 건너뛰어도 문제없어'와 같은 판단을 하기 쉬워진다. 우선순위가 낮은 질문은 시간이 남았을 때 하는 예비 질문이라고 생각할 수도 있다.

모두에게 반드시 해야 하는 질문이 있다면 인터뷰 마지막에 묻는 방법을 검토하자. 예를 들어 가설 검증형 인터뷰에서 가설에 대한 주관적인 평가를 받고 싶은 경우 등이다. 질문이 남아 있다 해도 '남은 시간이 10분'인 시점에서 지금까지 하던 이야기를 끝내고 주관적인 평가로 넘어가기로 정한 후 인터뷰 가이드에 적어둔다. 세션이나 질문별 시간 배분을 적는 것만으로는 부족하다. 머릿속으로 남은 시간을 계산해야 하고, 틀릴 경우 안타까운 일이 발생할 수도 있다.

'남은 시간 10분만 의식하자'라고 생각하면 마음이 한결 편해질 것이다. 의뢰를 받아 인터뷰하는 경우에는 시간 배분이나 우선순위에 관한 사전 조정이 특히나 중요하다. 반구조화 인터뷰는 임기응변이 특징인데, 이는 준비된 질문을 전부 망라할 수 없다는 말이기도 하다. 이 장단점을 확실하게 공유하고, '절대로 빼놓을 수 없는' 질문은 사전에 확인해두자.

인터뷰에 주어진 시간은 눈 깜짝할 사이에 끝나버린다. 그러므로 흥미 중심으로 물어보고 싶은 질문을 늘어놓을 것이 아니라 프로젝트 목적에 필수적인 질문을 확실하게 하는 것이 중요하다. 그러기 위해서는 '그 질문을 하면 조사의 성과물(특히 프레젠테이션)에 어떠한 내용을 적을 수 있을까'를 생각해야 한다. 반대로 말하면 결론을 도출하고 이를 설명할 수 있는 정보가 모이면 충분하다. 매우 흥미 있는 화제, 꼭 물어보고 싶은 질문이라도 프로젝트에서 요구하는 의사결정에 영향을 미치지 않는다면 과감하게 잘라버려야 한다. 그러면 그 시간을 다른 질문으로 돌릴 수 있다. 인터뷰 계획 단계부터 이러한 의식을 가지고 정밀도 높은 계획을 만들어야 한다.

리허설과 여백

인터뷰 가이드가 완성되면 모든 질문을 소리 내 읽어보자. 스스로 질문이 와닿지 않으면 상대도 대답하기 쉬울 리 없다. 중간에 무심코 '그런데'를 자주 끼워버리면 흐름이 좋지 않다는 증거다. 또 다른 질문이지만 너무 비슷해 같은 질문을 두 번 하는 듯이 느껴지는 부분이 있다면 전체 구성이 제대로 되어 있지 않을 가능성이 크다.

동료 등 가까운 사람에게 부탁하여 인터뷰 예행연습을 해보기를 강력히 추천한다. 이때 인터뷰 목적이나 계획에 대해 모르는 사람이 좋다. 묻는 의미를 알 수 없는 질문은 없는지, 대답하기 어려운 부분은 없는지 등 조언을 구해보자.

인터뷰 가이드에 답변을 적을 수 있는 공간을 만들어두는 것도 좋다. 질문을 보며 메모할 수 있고, 나중에 메모를 보면 내용을 쉽게 파악할 수 있어 매우 효율적이다.

3. 유형별 인터뷰

앞서 '인터뷰의 유형(44쪽)'에서 언급한 세 가지 유형을 자세히 생각해 보자. 질문과 흐름을 생각하게 된 뿐만 아니라 답변을 받는 자신의 태도나 기분도 계획하게 된다. 인터뷰하는 사람은 세세한 뉘앙스를 알아차리면서 상대방의 발언을 정확하게 받아내는 측정기이자 상대방의 사고와 발언을 촉구하는 무드 메이커다. 측정기의 검출 정밀도, 만들어내는 무드의 질이 인터뷰의 성과를 좌우한다. 목적에 따라 측정기의 감도를 적절하게 세팅하고, 경우에 따라 무드를 연출할 것이 요구된다. 자신이 목적에 맞는 적절한 자세로 인터뷰에 임함으로써 알 수 있는 것, 상대방에게서 끌어낼 수 있는 것이 달라진다.

덧붙여, 부록 '인터뷰 활용 예시(318쪽)'에 세 가지 유형의 인터뷰 조사가 하나의 프로젝트 안에서 어떻게 사용되는지 감각을 익힐 수 있는 가공의 사례를 소개했으니 참고하기 바란다.

| 기회 탐색 인터뷰를 설계한다

다른 사람의 이야기를 듣는 것은 이야기를 읽는 것과 비슷하다. 이야기의 주인공에게 감정을 이입해 함께 경험하고 설렘과 괴로움을 공유한다. 한편 이야기를 읽는 방법은 독자에게 맡긴다. 상상을 부풀리면서 자유롭게 해석한다. 그 속에서 주인공의 생각과 삶의 방식을 통해 깨달음과 힌트를 얻을 수 있다. 기회 탐색 인터뷰에서는 상대방의 이야기를 잘 경청하고, 더 창의적인 해석을 덧붙이며 경험과 가치관을 이해하고, 어떤 니즈가 있는지, 제품과 서비스로서 어떤 것이 요구되고 있는지를 생각한다.

이야기를 읽을 때 가장 먼저 구체적인 배경(경위나 상황)을 이해하지 못하면 등장인물에 공감하기 어렵다. 인터뷰를 진행할 때도 마찬가지다. 따라서 우선은 상대방의 생활이나 일하는 모습(하루, 또는 일주일의 행동, 일련의 일의 전체 모습)을 한 번 쭉 살펴보거나 어떤 물건과 그 사람과의 관계에 대한 에피소드, 특정한 활동(예를 들면 식사) 모습을 이야기하게 하는 것이 좋다. 이때 행동이나 에피소드를 이해하면서 그 배후에 있는 이유나 의식을 이야기꾼과 함께 살펴야 한다.

일반론이 아닌 자기 자신의 경험이나 과제(문제나 기대)를 말할 수 있도록 질문을 준비하는 것도 매우 중요하다. 예를 들어 "다른 사람과 약속한 시간을 지키는 편인가요?"라고 묻기보다 "가장 최근에 다른 사람과의 약속에 늦었을 때를 떠올려보세요. 먼저, 누구와의 약속이었나요?"
라고 운을 떼는 편이 특정 경험에 대한 이야기를 들을 확률이 높다.

구체적인 내용을 살피다 보면 상대에 대해 어렴풋이 알게 된다. 그 과
정은 매우 중요하며, 어느 정도의 시간이 필요하다. 상대방이 자신의
가치관을 명확하게 드러내지 못할 수도 있고, 갑자기 "당신에게 음악
이란 무엇인가요?" 하고 직구 같은 질문을 던질 수도 있다. 대답해준
다 해도 배경을 알지 못하면 질문자도 그 대답의 의미를 제대로 이해
하지 못할 것이다. 직구 질문도 화제와 관련된 대화를 나눈 후라면 얼
마든지 해도 좋다. 때로는 그 과정에서 강력한 힌트를 얻을 수도 있다.

기회 탐색에서의 이상적인 자세

그리고 원하는 것, 되고 싶은 모습 등에 대해 상대의 아이디어를 구하는 질문도 효과적이다. "만약 무언가를 개선할 수 있거나 여러 가지 제약을 풀 수 있다면 어떻게 하겠는가?"처럼 말이다. 분명 상대방은 창의적인 힌트를 줄 것이다.

기업 입장에서 '기회'란 시장 및 사업 기회다. 이는(기업이 성실하게 한다면) 고객에게도 생활과 일을 보다 좋은 것으로 바꾸는 기회가 될 것이다. 기회 탐색 인터뷰를 한다는 것은 '만들고' '제공하는' 측과 '구매하고' '사용하는' 측 사이에 선을 긋는 것이 아니라, 역할을 넘어 서로 섞이면서 보다 이상적인 미래를 함께 생각한다는 것이다. 충실한 시간을 만들어 상대의 참가를 끌어낼 수 있는 질문을 고안하자.

인터뷰하는 자세

가치관을 끌어내는 인터뷰에서는 이야기를 듣는 측이 편안하게, 솔직하게 무엇이든 이야기할 수 있도록 만들어주는 것이 매우 중요하다. 가치를 말할 때는 '이럴 수도 있겠다, 저럴 수도 있겠다' 하며 정리가 잘 되지 않는 경우가 많다. 이때 모순을 잡아내기보다 관용적으로 받아주는 자신을 연출하자. 어렵지 않다. 밝고 약간 높은 목소리로 상대의 말에 호응해주며 고개를 끄덕이는 등 상대에게 관심이 있다는 사실을 끊임없이 전달하면 된다.

때로는 심정이나 고민을 털어놓거나, 과거를 회상하거나, 장래의 일을 생각하며 이야기하는 경우도 있다. 그럴 때는 대답을 서둘러선 안 된다. 상대방이 차분히 생각하고 말할 수 있는 분위기를 만들어주어야 한다. 또한 공감의 힘을 살리기 위해 소박한 질문이나 자신의 경험을 말하며 이야기를 주고받는 것이 좋다. 이때 상대의 행동에 주목해 그 사람의 사람다움을 파악해야 한다.

| 태스크 분석 인터뷰를 설계한다

질문의 사고방식

작업 흐름에 따라 진행되고 있는 활동(태스크)을 질문한다. 각각의 태스크에 대해 다음과 같은 내용을 확인한다.

- **작업 이름, 내용, 목표**
- **작업 담당자, 기타 관계자, 서로의 대화**
- **이용하는 정보와 도구, 작업하는 장소의 모습**
- **예외 사태(조건 분기), 조심할 포인트**
- **작업의 중요도와 빈도**

단순히 무엇을 할 것인가 뿐만 아니라 언제, 어디서 할 것인가, 어떤 도구를 사용할 것인가, 누구와 관련이 있는가, 어떤 점을 주의해야 하는가 등을 다각도로 파악해야 한다. 여기서 참고가 되는 것은 콘텍스추얼 디자인 접근 방식이다. 콘텍스추얼 디자인에서는 사람이 처한 상황을 다섯 가지 관점, 즉 플로우(여러 사람 사이에서의 대화), 시퀀스(작업의 흐름), 인공물(도구나 정보), 문화(인간관계나 사람에 따라 다른 관심사), 물리(공간이나 설비) 관점에서 파악한다.

업무에 관해 조사할 경우 대상으로 하는 업무에 관한 자료를 참고하여 작업의 일반적인 흐름이나 (전문가나 선진적인 사람이 선택한) 이상적인 방식을 이해할 수 있다면, 이를 인터뷰 대상자가 하고 있는 태스크군에 대한 생각의 기반으로 삼을 수 있다. 또 그 활동을 지원하는 소프트웨어나 관리 기법이 존재한다면 그 내용을 살펴봄으로써 어떠한 태스크가 존재할 것 같은지를 파악할 수 있다. 이런 사전 조사를 통해 개요와 용어를 이해하면 원활한 질문 설계와 실시가 가능해진다. 물론 그것만으로 충분하지는 않다. 그러한 정보를 단서로 삼아 조금 더 구체적인 작업 방식, 일반론이 아닌 사람마다 다른 삶의 상황을 이해할 수 있도록 인터뷰를 진행해야 한다.

대상으로 하는 작업에 포함되는 활동뿐 아니라 관련하여 이루어지는 다른 활동도 조사해둘 필요가 있다. 그러한 활동을 도입함으로써 실제로 형성된 활동의 윤곽이 보다 분명해진다. 활동 전체가 보이면 활동 전체를 정리하여 알기 쉽게 하거나, 다른 활동과 원활하게 연결되는 활동 흐름을 검토할 수 있다. 활동에 관한 사람들의 평가와 감정을 고려하는 것도 중요하다.

태스크 분석에서의 이상적인 자세

인터뷰하는 자세

인터뷰 내용은 기본적으로 사실을 기반으로 한, 논리적이고 상세한 것이어야 한다. 상대방에게도 분석적이고 논리적인 사고를 요구한다. 대충 두루뭉술하게 이해하는 것이 아니라 '이 경우에는 이렇게, 다른 경우에는 저렇게' 경우에 따라 나누는 일이 존재함을 의식한다. 정보를 주는 상대에게는 기억이 애매한 부분도 가능한 한 집중해서 생각해내 보고해주도록 부탁한다. 집중해서 효율적으로 정보를 얻어야 하므로 질문은 깔끔하게 척척 진행하는 것이 좋다.

태스크별로 다양한 각도에서 질문해나가므로 이야기가 두서없거나 도

중에 분기되는 경우에는 특히 질문이 누락되지 않도록 주의해야 한다. 표 형식의 메모지를 앞에 두고 인터뷰를 진행하거나, 작업 흐름을 도표로 그린 뒤 상대에게 보여주며 인터뷰를 진행하는 등 자신이 편한 방법을 고안하자.

동시에 귀찮고 딱딱해지기 쉬운 인터뷰를 얼마나 부드럽게 만들고, 상대가 지치지 않도록 할 것인가 하는 점도 고민해야 한다. "알겠습니다", "감사합니다" 등의 피드백을 전하거나 상대가 사고하는 데 도움이 되도록 중간중간 이야기를 정리하며 인터뷰를 진행하는 것이 좋다.

▎가설 검증 인터뷰를 설계한다

질문의 사고방식

인터뷰를 통해 가설을 검증할 경우, 제품이나 서비스가 사람들의 취향이나 가치관, 사용법, 요구하는 성능이나 품질을 충족하는지, 받아들일 수 있는지를 조사하는 일이 많다. 이와 관련하여 '우리 서비스를 찾아주는 것은 이런 사람들일 것이다(고객에 대한 가설)', '이런 속성의 사람들은 이런 행동을 할 것이다(고객의 행동에 대한 가설)', '사람들은 그런 상황에서는 이렇게 느낄 것이다(고객의 인지에 대한 가설)'를 확인하기도 한다.

인터뷰를 설계하기 전에 당연히 검증해야 할 가설을 특정해야 한다. 가설이 모호하여 명확하게 언어화되지 않거나 검증할 수 없을 정도로 세분화되지 않은 경우에는 제품이나 서비스 책임자에게 반드시 물어보아야 한다(필요한 경우에는 함께 생각한다). 가설은 마음대로 생각하지 말자. 기껏 고생해서 조사를 실시했는데 책임자로부터 "아니, 그런 가설은 세우지 않았는데요"라는 말을 들으면 그간의 노력이 전부 수포로 돌아가니 말이다.

제품을 평가받을 때 "이거 어떻습니까?" 하고 대충 질문하기만 해서는 제품의 어떤 점에 대해 어떤 평가 관점에서 말하도록 할지 통제할 수 없고, 좋은 품질의 정보를 모을 수 없다. 관점별로 화제를 나눈 뒤 각각에 대해 자세히 물어야 한다. 예를 들어 물통의 경우 휴대성, 보온성, 패션성 등 몇 가지 관점을 생각할 수 있다.

검증을 할 때는 '그냥 마음에 든다'가 아니라 '어떠한 관점에서 좋다고 평가되는가, 즉 어느 부분이 충분하고, 어느 부분이 개선되기를 바라는가'를 이해할 수 있도록 해야 한다. 이를 위해 유효한 관점별 정보를 얻을 수 있도록 질문을 준비한다. 관점에는 앞서 예로 든 평가축(의미축)도 있고, 구매할 때, 음료를 넣을 때, 휴대할 때, 마실 때, 씻을 때 등의 스테이지(시간축), 전체, 뚜껑, 마개 부분, 안쪽 등의 부품(공간축), 또 어떤 상황을 상정할지(복합)도 생각할 수 있다. 프로젝트에 따라, 제품이나 서비스의 목적에 따라 적절한 관점을 설정하면 된다.

질문을 할 때는 가설이 '그 사람에게' 해당하는지, 받아들일 수 있는지를 묻는 것이 기본이다. '세간의 일반적인 평가는 이렇겠지', '이러한 기능이 필요한 사람이 많겠지' 하고 생각하는 사람도 많으므로 "일반론이 아닌, 당신 자신에게 어떤가 하는 관점에서 대답해주세요"라고 요청하여 개인적인 의견을 받아야 한다. 예를 들어 10년 이상 심한 꽃가루 알레르기에 시달리고 있는 사람과 꽃가루로 고생한 적이 없는 사람은 공기청정기에 대해 다르게 답할 것이다. 어떤 사람에 의한 평가인지도 알아야 하므로 인터뷰 대상의 속성과 경험, 활동 내용과 빈도 등도 조사하는 것이 좋다.

직접 가설을 제시하고 의견을 구하면 상대가 질문자의 의도를 읽고 이야기를 맞추는 듯한 답변을 내놓기 쉽다. 이를 피하기 위해서는 '만약 가설이 맞다면 이러한 행동이나 니즈가 존재할 것'이라는 어떤 가설이 성립하기 위한 상황 증거를 특정하고, 이러한 문제를 확인해보아야 한다. 예를 들어 '소음이 적은 공기청정기가 요구되고 있다'라는 가설을 검증할 때 공기청정기를 사용하는 사람에게 "당신은 공기청정기를 어디에 두나요?", "왜 그곳에 두나요?", "공기청정기 작동 모드를 바꾸나요?", "왜 바꾸나요?"라고 질문해도 앞서 말한 가설을 상대가 알아챌 수 없을 것이다. 이러한 질문을 하는 사이에 만약 상대가 작동 시 소음이 신경 쓰여 소음을 줄이려고 고생 중이라는 사실이 확인되면 가설이 옳다고 밝혀진다.

또 이러한 행동 및 인지의 모습을 확인함으로써 경험의 근거를 이해할 수 있다. 만약 가설이 틀렸다면 니즈가 없어 받아들여지지 않는가(소음은 신경 쓰이지만 대처 방법이 있다 등), 실현 방법에 문제가 있는가(소음은 줄일 수 있어도 전력이 없으면 사용할 수 없다 등) 등이 분명해져 이후에 방향

수정을 하기 위한 힌트를 얻을 수도 있다.

충분히 생각하고 의견을 진술할 수 있도록 사고 흐름을 만들어주는 것
도 중요하다. 갑자기 "이에 대해 어떻게 생각하나요?"라고 물으면 상
대방은 자신의 생활이나 일의 배경을 폭넓게 떠올리지 않고 눈앞에 떠
오르는 어떤 일면을 포착해 좋다, 혹은 나쁘다는 판단을 할 수 있다. 이
러한 문제를 피하려면 검증하고 싶은 내용의 주변 화제에 대해 질문하
여 그 사람의 생각과 생활 및 일하는 모습을 파악한 후에 검증에 들어
가야 한다. 의식했으면 하는 테두리 안에서 화제를 꺼내 두뇌를 워밍
업시키고, 생각할 재료를 머릿속에 모으게 한 다음 그것을 토대로 한
답변을 받는 것이다. 배경이 되는 현실의 정보를 이야기하고 나면 일
반론으로 도망가는 표면적인 답도 하기 어려워진다.

종합적인 평가를 얻고 싶은 경우에는 처음에 한 번 전체 평가를 요구

하고, 관점별로 세세히 생각하도록 한 후에 마지막으로 다시 한 번 종합 평가를 구하는 방법이 있다. 첫인상에서의 평가(그냥 좋다/나쁘다)도 참고가 되지만, 개별 관점에서 세세하게 생각한 후에 재차 심사하여 제대로 평가하는 것이 바람직하다.

인터뷰하는 자세

상대가 두뇌를 충분히 활용하여 자기 생각을 답하도록 하는 것에 집중해야 한다. 상대가 현실을 제대로 떠올리게 하고, 상대를 유도하지 않게끔 주의하자. 가설에 대한 고객의 평가와 반응을 얻는 것뿐만이 아니라 고객의 현황과 생각을 이해하는 것도 중요하다. 왜 그렇게 반응하는지를 알면 우선 이해가 될 것이고, 어떻게 바뀌기를 바라는지(완전히 다시 생각하는 것이 좋은지, 표현 수준만 변경하면 되는지 등)도 알 수 있어 앞으로 더 나아갈 수 있다.

기본적으로 "저희는 어떻게 하면 당신에게 도움이 될지를 생각하고 있습니다. 솔직하게 평가해주세요. 만약 수정이 필요하다면 힌트를 주시겠어요?" 하고 성실하고 긍정적인 태도로 임하자. 느긋한 마음을 가지고 낮은 목소리로 질문하자. 자신의 생활이나 업무 개선에 대해 생각하는 것은 귀찮은 일이며, 현재 상황의 불편함을 인정하는 심리적인 부담도 수반된다. 상대에게는 '귀찮으니 지금 이 상태여도 상관없어' 하는 자세가 아니라 '현황을 개선하려면 어떻게 해야 할까' 하는 다소 적극적인 자세를 취해야 한다. 그리고 자신을 포함한 팀과 함께 발전적으로 생각해보자는 분위기를 조성해야 한다.

Chapter 2.
준비

이토 히데아키, 후루타 가즈요시

'준비'할 때의 체크 포인트

인터뷰 참가자를 모은다

☐ 참가자 모집에는 충분한 시간(2주 정도)을 확보한다.

☐ 모집 방법, 스크리너 배부 및 회수 방법을 정한다.

☐ 필수 조건, 우선 조건에 해당하는지를 확인하기 위한 스크리너를
   작성한다.

☐ 스크리너에 자의적인 질문이나 해석이 갈릴 듯한 질문이 없는지
   확인한다.

☐ 일정, 개최지나 원격으로의 참가 방법, 사례 등 참가 여부 판단에
   필요한 정보를 전달한다.

☐ 확정한 참가자에게 일시, 개최지와 참가 방법, 준비할 것을 전달한다.

환경과 세팅

☐ 온라인/오프라인의 장단점을 이해하고 적절히 나누어 활용한다.

☐ 인터뷰 중에 이용 상황을 떠올리기 쉽도록 고안한다.

☐ 기분 좋게 이야기할 수 있도록 배려 소품을 준비한다.

☐ 온라인에서는 대화/중단 체제를 구축하고, 참가자가 원활하게
   접속할 수 있도록 사전에 조정한다.

☐ 오프라인에서는 코로나19 감염 대책을 세운 후에도 목소리가 제대로
   녹음되도록 녹음 체제를 갖춘다.

1. 인터뷰 참가자를 모으는 '리크루팅'

이제 어떤 인터뷰를 할지 어느 정도 감을 잡았는가? 당신 자신의 준비도 중요하지만 상대가 있어야 인터뷰가 성립되고, 환경이나 기자재 준비가 불충분하면 인터뷰를 제대로 진행할 수 없다. 이번 챕터에서는 인터뷰를 실시하기 전의 사전 준비로, 필요한 참가자, 실시하는 장소, 사용하는 기자재의 준비에 대해 이야기 나누도록 하겠다.

리크쿠팅이란 일반적으로 기업이 목적을 둔 비즈니스를 수행하고자 적합한 인재를 모으는 모집이나 채용 활동을 말하는데, 인터뷰에 관해서는 인터뷰 목적을 달성하는 데 필요한 이야기를 들려줄 참가자를 모으는 것을 말한다.

그럼 지금부터 리크루팅의 순서와 모집 방법, Chapter 1 '참가자의 속성을 정한다(57쪽)'에서 검토한 조건에 맞는 참가자를 선택하기 위한 질문을 생각할 때 주의해야 할 점 등에 관해 알아보자.

| 참가자 모집 방법 정하기

사람 간 연결을 이용하여 모집하기(기연법)

'기연'이란 계기, 인연이라는 뜻으로 지인을 통해 참가자를 찾는 방법이다. 개인이나 스타트업 등의 규모로 우선은 누구라도 좋으니 이야기를 들어보고 싶은 경우에도 사용하기 쉬운 방법이다. 개인 간의 연결로 인터넷을 사용하지 않는 사람(예를 들면 특별 노인 요양 시설 이용자 등)이나, 희소 상품이나 고액 상품의 사용자, 특정 직업 및 업종 사람, 극단적인 고소득자 등 특수한 조건에 해당하는 참가자를 찾을 때도 사용된다.

이때 부탁하기 쉽다고 해서 잘 아는 사람을 참가자로 선택하는 것은 바람직하지 않다. 인터뷰를 하는 사람과 응하는 사람이 서로를 알기 때문에 '잘 알고 있다'는 전제하에 대화가 이루어지기 십상이다. 최소한 '지인의 아는 사람' 정도의 관계가 바람직하다.

이는 SNS를 활용함으로써 이전보다 가능성이 넓어진 방법이기도 하다. 개인의 연결에 의지한 방법이기 때문에 이전에는 직접 연락할 수 있는 관계를 통해 소개받을 수 있는 범위까지가 한계였지만 SNS를 통한 소개나 모집 공유 등으로 이어질 수 있는 범위가 훨씬 넓어졌다.

기업이 주체가 되어 인터뷰하는 경우에는 해당 기업의 제품이나 서비스의 사용자를 참가자로 삼는 경우도 있다. 이것도 기연법의 일종이라고 할 수 있다. 이 경우에는 주의가 필요한데, 기존 사용자이기 때문에 '인터뷰에서 너무 부정적인 의견을 말하면 안 되지 않을까?'라고 생각해 솔직한 의견을 얻지 못할 수도 있다. 질문자는 인터뷰를 시작하기 전에 자신은 인터뷰 진행만 담당할 뿐, 조사 대상인 제품 개발에 관여하지 않는 제삼자임을 명확하게 설명해둘 필요가 있다.

전문 회사에 의뢰하여 모집하기

개인이나 기업이 주체가 되어 참가자를 모집하는 경우에는 아무래도 모집할 수 있는 범위(인원, 사용자층)가 한정되어 있다. 하지만 리크루팅을 전문으로 하는 회사를 통해 수천, 수만 명 단위의 회원을 후보자로 모집하고, 그중에서 참가자를 선택할 수 있다. 참가자의 조건만 준비되면 모집부터 참가자 선택까지 모두 맡길 수 있는 경우, 모집처가 되는 회원만 소개받는 경우 등이 있으므로 자신들이 할 수 없는 범위를 의뢰하는 것이 좋다.

다만 이 방법으로 모집한 참가자는 전문 회사에 등록한 회원이어서 리터러시(활용 능력) 등에 편향이 있을 수 있다. 예를 들면 PC나 스마트폰이 있는 생활을 당연하게 여기는 사용자가 참가자가 되어도 좋은지, 미리 제외할지는 인터뷰의 목적에 따라 판단할 필요가 있다. 간혹 인터뷰 응답에 너무 익숙해진 참가자는 질문자의 질문을 헤아려 대답해 버리기도 한다. 그러한 참가자도 있다는 점을 알아두자. 신경이 쓰인다면 모집 시 질문을 통해 기기 이용이나 과거 인터뷰 참여 경력 등을 확인할 필요가 있다.

스크리너 작성하기

참가자의 조건과 모집 방법이 정해지면 '스크리너screener'를 작성해야 한다. 스크리너란 조건에 맞는 참가자를 판단하기 위한 질문, 질문군을 말하며, 무언가를 걸러 원하는 것을 선별한다는 의미인 'screening'에서 나온 말이다.

어떤 인터뷰든 기본적인 속성인 나이, 성별, 직업은 스크리너 초반에 질문하게 된다. 인터뷰 내용과 관련이 없더라도 스크리너 전반부에 확인하는 매우 일반적인 질문으로, 스크리너 전체 중에서 워밍업 역할을 한다. 처음부터 제품이나 서비스 사용법 같은 세세한 내용을 질문하는 것은 참가자에게 갑작스럽다는 인상을 줄 수도 있으므로 바람직하지 않다.

기본 속성에 이어 인터뷰에서 묻고 싶은 것과 관련된 참가자의 상황이나 생각에 대해 질문한다. 대상이 되는 기기를 이용한 적이 있는지, 이용하는 정도는 초보자부터 헤비 사용자 중에서 어디에 위치하는지, 이용상 불편함이나 주의하고 있는 점은 없는지 등을 파악하기 위한 질문이다.

인터뷰 참가자를 다양하게 모집할지, 아니면 어떤 사용법에 특화된 사람만 모을지 등은 인터뷰의 목적에 따라 결정한다.

인터뷰에 적합한 참가자인지 확인하기 위한 질문

질문자 측이 주목하는 서비스나 기기를 사용하고 있는지, 관심은 있는지, 장래의 사용자가 될 만한 인물인지 등을 확인하기 위한 질문이다.

대상 서비스나 기기 이용 경험에 관한 질문

예를 들어 '어느 스마트폰 앱의 헤비 사용자'와 인터뷰를 한다고 하자. 해당 앱에 대한 불만이나 과제, 희망 사항 등을 인터뷰에서 확인하고 싶은 경우 필수 조건은 '스마트폰을 이용하고 있을 것'과 '대상 앱을 이용하고 있을 것'이 된다. 이러한 조건에 들어맞지 않으면 인터뷰에서 질문하고 싶은 사항 중 많은 것을 물어보지 못할 수도 있다.

단, 기회 탐색형이나 가설 검증형 인터뷰인 경우에는 현재는 이용 경험이 없는 사용자도 검토 중인 서비스나 기능에 따라 해결할 수 있는 과제를 가진 '장래의 사용자'로서 참가자 후보가 될 수 있다.

서비스 이용에 관한 질문

서비스 이용에 관한 인터뷰를 할 경우 특정한 것만 이용하는지(예를 들어 EC 서비스 중 아마존밖에 이용한 적이 없는지), 다양한 것을 이용하는지는 참가자와 서비스와의 관계를 이해하기 위한 중요한 요소다. 주요 서비스를 선택 사항으로 준비해 이용한 적이 있는 것을 모두 답하도록 함과 동시에 선택 사항에 없다 해도 이용한 적이 있다면 답할 수 있도록 '기타' 선택지를 준비해두는 것이 좋다.

서비스 이용에 관해 질문할 때는 질문의 선택지 내용에서 모집 조건을 눈치채지 못하도록 주의해야 한다. 이런 질문이 있다고 가정하자.

Q. 당신은 아마존 사이트에서 쇼핑을 한 적이 있습니까?

1: 있다.

2: 없다.

이렇게 질문하면 '아마존 사이트를 이용해본 사람을 모집한다'라는 사실이 암암리에 전해질 것이다. 사례금 목적으로 일부러 인터뷰 조건에

맞추어 답변하는 사람이 있을 가능성을 배제할 수 없으므로 보다 신뢰할 수 있는 정보를 모을 수 있도록 방법을 고안해야 한다. 예를 들어 다음과 같이 질문과 선택지를 바꾸면 어떨까?

Q. 다음의 EC 사이트 중 당신이 이용한 적이 있는 것을 답해주세요(복수 응답 가능).

1: 아마존

2: 네이버

3: 다음

4: ……

5: ……

6: 기타(구체적으로 답해주세요. 【   】

이렇게 질문하면 모집 측의 의도를 파악하기 어려워지므로 순수한 마음으로 답할 수 있다.

이용 빈도나 이용 경력에 관한 질문

사용자의 이용 경험을 확인하고자 한다면 숙련도와 지식 등이 초보자부터 헤비 사용자 중 어느 위치에 해당하는지 판단하기 위한 질문을 마련할 수 있다. 그런데 "당신은 ○○을 이용할 때 초보자입니까?"라고 질문해도 응답자들이 생각하는 '초보자'의 의미에 따라 답변이 달라질 수 있다. 그러니 객관적으로 판단할 수 있는 질문을 준비하자.

이용 빈도에 대해서는 예를 들면 '일상적으로 이용한다', '필요할 때만 이용한다', '이용한 적이 있는 정도'와 같은 선택지가 필요하다. 일상적인 이용을 더욱 세분화하기 위해서는 '매주 이용', '한 달에 몇 차례 이용', '한 달에 한 번 정도 이용'처럼 선택지를 늘려야 한다. 이 부분을 얼마만큼 세분화할 것인지는 어느 정도 빈도의 사용자를 인터뷰 참가자로 삼고 싶은지에 따라 결정하면 된다. 예컨대 헤비 사용자를 타깃으로 한다면 의뢰인 등과 합의 후에 헤비 사용자라고 생각하는 빈도의 경계를 설정하고, 그 이상, 또는 이하를 알 수 있도록 선택지를 늘리며 검토해나간다.

이용 이력에 대해서도 '이용하기 시작해 ○개월 이내', '○년 이상' 등을 선택지로 준비해 답하도록 한다. 대상 서비스가 시작된 시기를 파악해두면 답변을 통해 시작 초기부터 사용했는지도 파악할 수 있다. 동시에 이용 이력과 같이 과거로 거슬러 올라간 경험에 관한 질문에는 '모르겠다', '기억나지 않는다'와 같은 선택지를 마련해두면 '잘 기억나지 않으니 대충 ○년 이상이라고 해두자'와 같이 생각하는 일을 방지할 수 있다.

이러한 이용 상황에 관한 질문을 할 때는 의도와 다르게 해석하여 답하지 않도록 해야 한다. 자동차의 이용에 관한 인터뷰 참가자를 모집할 때 소유하고 있는 자동차나 그것의 이용에 대해 확인한다고 가정하자. 자동차를 여러 대 소유하고 있다면 소유하고 있는 자동차의 브랜드나 차종 등에 관하여 모두(혹은 가장 이용 빈도가 높은 것으로만 대답하는 등) 대답할 것이다. 그 뒤를 잇는 질문에서 이용 방법에 대해 질문할 때 대상을 '소유하고 있는 자동차 전체에 대해 전부'로 할 것인지, '가장 이용 빈도가 높은 것'으로 한정할 것인지를 명확히 하지 않으면 응답자의 해석에 따라 답변 내용이 바뀔 수도 있다.

구체적인 방법으로는 처음 질문할 때 "당신이 자동차를 이용하는 상황 전체에 대해 질문하겠습니다"라든지 "가지고 계신 자동차 중에서 가장 이용 빈도가 높은 차에 대해 질문하겠습니다"와 같이 명기함으로써 질문의 대상을 명확하게 한다.

지금까지 예로 든 질문이나 선택지를 생각한 방법은 어디까지나 하나의 예에 지나지 않는다. 의미 있는 인터뷰를 하기 위해서는 인터뷰의 목적에 적합한 참가자를 가려낼 수 있도록 스크리너의 질문을 설계할 필요가 있다.

더 많은 정보를 갖춘 사용자인지 확인하기 위한 질문

리크루팅 단계에서 인터뷰 주제에 대해 많은 생각을 하고 있다, 의견이 있다, 관심이나 생각하는 바가 있다 등 더 많은 정보를 갖춘 참가자인지 확인하기 위한 질문을 하는 것이 좋다.

'서비스에 대한 현재의 불만이나 과제를 찾아내는 것'이 목적인 인터뷰라면 다음과 같은 질문을 준비하는 것이 적절하다.

대상 서비스나 기기 이용 시 불편 사항에 관한 질문

한정된 시간 및 인원 내에서 유용한 정보를 얻을 수 있는 의미 있는 인터뷰를 하기 위해서는 현재의 이용에 불만이 있으며, 이를 구체적으로 언어화할 수 있는 참가자를 선택해야 한다. 불편 사항으로 언급될 만한 내용을 미리 정리하여 선택지를 준비하고, 더불어 불편함을 느꼈을 때의 에피소드를 구체적으로 적을 수 있는 질문도 마련한다. 이는 인터뷰 시 구체적인 이야기를 물어볼 수 있는 참가자인지 아닌지를 판단하는 재료가 된다.

불편한 일에 대해 자신이 조심하고 있는 것이나 어떠한 대책을 세울 수 있는지에 관한 질문

불만이나 과제에 대한 대처 방법을 이해하기 위해 그것을 어떻게 하고 싶은지, 어쩔 수 없는 것으로 받아들이고 있는지 등을 확인하는 질문이다. 불편한 점이 있다고 답한 서비스를 대상으로 주의하고 있는 점이나 대책을 예상할 수 있다면, 그것을 선택지에 넣은 질문을 준비한다. 단, 불편한 일에 대한 대처는 사람마다 준비된 선택지에 해당하지 않는 경우도 많으니 자유 기술로도 답할 수 있도록 하는 것이 좋다.

후보자에게 응모를 검토하도록 하기 위한 정보 제공

스크리너를 작성했다면 이를 바탕으로 온라인 설문을 작성해야 한다. 온라인 설문에는 참가자를 걸러내는 질문과 별도로 응모를 검토할 수 있도록 몇 가지 정보를 제공해야 한다.

모집 목적을 전한다

참가자가 안심하고 답할 수 있도록 누가, 어떤 목적으로 이 조사를 실시하는지를 전달해야 한다. 이때부터 인터뷰를 진행하는 당신이나 단체, 또는 기업과 참가자와의 신뢰 관계 구축이 시작된다. 특히 개인정보 이용에 민감한 사람도 많으니 안심하고 대답할 수 있도록 하자.

더 자세히 설명하면 모집하는 단체나 기업명을 밝히며 담당자와 연락처를 공지하고, 인터뷰 목적과 인터뷰에서 얻은 정보를 어떻게 이용할 것인지, 정보를 이용할 때는 개인을 특정할 수 없는 형태('30대 남성 회사원'의 의견으로서 다룬다 등)로 가공할 것임을 안내해둘 필요가 있다.

개최지와 사례금을 공지한다

인터뷰 참가 여부를 판단하는 데 필요한 정보들은 온라인 설문을 시작하기 전에 미리 공지해두자.

예를 들면 '인터뷰 개최지'는 참가자의 자택이나 직장에서 가까운지, 다른 용무를 보는 길에 들를 수 있는 장소인지 등을 확인하는 데 필요하다. 온라인 설문에 응했는데 알고 보니 인터뷰 장소나 일정상 자신은 참여할 수 없음을 뒤늦게 깨닫는 일을 방지할 수 있고, 참가하기 편한 장소라면 온라인 설문에 응답할 확률도 높아질 것이다. 장소 선정에 관해서는 '인터뷰 장소 정하기(124쪽)'에서 더욱 자세히 설명하도록 하겠다.

참가 사례금도 분명 온라인 설문에 응하기 전에 알아두고 싶은 정보일 것이다. 사례금은 조건이나 구속 시간에 따라 달라지겠지만 1시간가량 인터뷰를 진행할 경우 6~10만 원 정도를 책정하는 것이 적절하다. 기연법으로 참가자를 모집하는 경우에는 소개자에게도 사례하는지,

액수는 얼마인지를 미리 공지하는 것이 좋다.

인터뷰 장소까지 오는 데 드는 교통비 또한 어떻게 할지 정해두어야 한다. 참가자에게 해당 장소까지 오는 데 드는 교통비를 확인하고 사례금과 별도로 정산하는 방법도 있지만, 참가자의 거주 지역이 어느 정도 한정된 경우에는 사례금을 넉넉하게 책정한다. 그러면 교통비가 포함된 사례금을 건넴으로써 별도로 정산하는 수고를 줄일 수 있다.

인터뷰 일정을 공지한다

인터뷰 일정은 참가자가 참여할 수 있는지 판단하는 데 매우 중요한 정보다. 그러므로 온라인 설문을 시작하기 전에 미리 공지해야 한다.

인터뷰 소요 시간 또한 알아두고 싶은 정보 중 하나일 것이다. 인터뷰 설계가 어느 정도 진행되면 한 세션에 드는 시간이 60분이 될지 90분이 될지 가늠할 수 있다. 혹은 예산이나 일정 등 사정에 따라 처음부터 할애할 수 있는 시간이 정해져 있는 경우도 있다.

한 세션당 시간을 60분으로 잡았을 경우 하루 일정표를 예로 들면 다음과 같다.

세션 1	10:00~11:00
세션 2	11:30~12:30
세션 3	14:00~15:00
세션 4	15:30~16:30
세션 5	17:00~18:00
세션 6	18:30~19:30

일반적으로 세션 간 간격은 30분 정도로 잡는다. 너무 길다고 느낄 수도 있지만 다음 세션 전에 해야 할 일이 의외로 많다. 인터뷰 가이드를 비롯한 서류 준비, 다음 참가자에게 지급할 사례금과 음료 준비, 기록용 기자재나 프로토타입 작동 여부 확인 등을 해야 하므로 10~15분은 매우 빡빡할 수 있다.

이전 세션이 길어지거나, 다음 세션 참가자가 일찍 도착했거나, 이전 세션 내용을 반영해 질문 방법을 조정해야 하거나 등의 돌발 상황이 생기면 시간이 순식간에 지나가버린다. 의지할 수 있는 팀원이 있다면 사전에 역할 분담을 확실하게 해두자. 혼자 전부 대응해야 한다면 일정은 최소 30분, 가능하면 45~60분 정도 여유 있게 짜기를 권한다. 세션 사이사이 휴식을 취하며 차분한 마음으로 다음 세션을 시작하기 위한 준비 시간이라고 생각하자.

온라인 설문 시에는 인터뷰 실시일과 세션 시간대 목록을 준비하여 참가할 수 있는 날짜와 시간대를 함께 알아둘 필요가 있다. 언제라도 참가할 수 있는 날을 고지하기 쉽도록 센스 있게 '종일 가능' 선택지도 준비하자. 어찌했든 며칠 동안 몇 세션에 걸쳐 인터뷰를 실시해야 하는지를 고려하여 시간표를 작성해 온라인 설문과 함께 공지한다.

인터뷰 상황 촬영, 또는 녹음 여부는 모집 단계에서 신경 쓰는 사람도 있고, 그렇지 않은 사람도 있다. 촬영이나 녹음을 하는데도 그 사실을 미리 알리지 않으면, 참가 여부를 확인하는 마지막 단계에서 거절당하거나 인터뷰 당일에 문제가 될 수도 있으므로 미리 공지해두는 것이 좋다.

많은 정보를 확인하고 싶은 나머지 답변하는 데 시간이 오래 걸리는 온라인 설문을 작성하게 될 수도 있다. 앞으로 얼마나 대답해야 하는지 모르는 상태에서 계속 답하기란 응답자에게 고통스러운 일이고, 결국 도중에 그만두는 사람도 있을 수 있다. 혹은 질문에 답하다 보니 의외로 시간이 오래 걸려 막판에는 대충 답하는 바람에 제대로 된 답변을 수집하지 못할 수도 있다.

불필요한 질문을 줄이는 것도 중요하지만 온라인 설문 첫머리에 예상 소요 시간을 제시해두면 응답자는 안심할 수 있고, 시간이 걸리더라도 미리 알고 응할 수 있다. 온라인 설문을 작성하면 프로젝트 멤버 등을 대상으로 먼저 시험하고, 이를 기준으로 예상 소요 시간을 조금 더 길게 잡아 표기하도록 하자.

온라인 설문 배포와 참가자 선정

스크리너를 작성했다면 이를 바탕으로 온라인 설문을 작성하여 배포한다.

온라인 서비스를 이용한 온라인 설문 작성

예전에는 참가 희망자가 조건에 맞는지 확인하는 질문을 게재한 온라인 설문을 작성하고 그 응답 결과를 회수해 집계하는 시스템을 마련하려면 초기 투자 비용과 유지비가 들었다. 필연적으로 전문 회사에 의뢰해야만 이용할 수 있어 되도록이면 비용을 들이지 않고 리크루팅을 실시하고 싶은 개인이나 스타트업 등에는 적합하지 않았다.

그러나 요즘에는 온라인 설문조사 서비스를 쉽게 활용할 수 있다. 구글폼, 서베이몽키(https://jp.surveymonkey.com/)처럼 무료로 온라인 설문조사를 작성하고, 응답 회수 및 집계까지 할 수 있는 서비스도 늘고 있다.

온라인 설문조사 배포 방법

앞서 '참가자 모집 방법 정하기(100쪽)'에서 다룬 방법 중 어떤 방법으로 모집하느냐에 따라 배포할 수 있는 대상의 폭이나 인원 규모가 달라진다. 회원 제도를 운영하는 리서치 회사나 리크루팅 회사에 의뢰하는 경우에는 그 회원을 대상으로 메일이나 SNS 등을 통해 온라인 설문조사를 배포한다. 리서치 회사 등에 의뢰하지 않는 경우에는 아는 사람이나 커뮤니티를 통해 전달하고 답변을 받게 된다. 그것만으로는 참가자 수가 적고 조건에 맞는 참가자를 찾기 어렵다면 전문 회사에 의뢰해야 한다.

온라인 설문조사를 배포하는 시기

인터뷰를 실시하기 어느 정도 전에 온라인 설문조사를 배포하는 것이 좋을까? 배포 후 참가자에게 답변을 받아 회수하는 기간, 회수 후 그 결과를 바탕으로 후보자를 선정하는 기간, 선정한 후보자들에게 다시 확인하는 기간을 예상하고 역산하여 배포 시기를 정해야 한다. 예를 들어 8명에게 인터뷰를 하고자 한다면 리크루팅 전문 회사를 통해 인터넷상으로 1,000명에게 온라인 설문조사를 배포한다.

자, 그렇다면 그중에서 참가자를 선정한다고 가정하자. 조건에 따라 달라지겠지만 1,000명에게 온라인 설문조사를 전달하고 회수하는 데 걸리는 기간은 3~5일 정도로 잡으면 된다. 이 기간 동안 후보자는 시간이 날 때 답을 작성할 테니 금요일에 전달하고, 주말 사이에 회신한 내용을 월요일에 확인하면 시간을 효율적으로 사용할 수 있다.

회수한 답변을 확인하고 후보자를 8명 정도 선정하는 데 하루면 될 것 같지만, 그 사람을 후보자로 선정해도 되는지 프로젝트 멤버와 확인하거나, 의뢰를 받아 인터뷰하는 경우라면 의뢰인에게 확인하는 작업도 필요하므로 3~5일 정도를 잡는다. 프로젝트 멤버나 의뢰인에게 확인하는 경우 언제 확인이 가능한지, 언제까지 결정해야 하는지 미리 일정을 전달해두면 원활하게 진행할 수 있다.

후보자를 선정하면 인터뷰에 참가해주기를 부탁하며 참가 가능한 시간을 재차 확인한다. 후보자에게 개별적으로 연락을 취해 확인해야 하고, 그 시점에 상황이 달라져 다른 후보자를 선택할 수도 있으니 2~4일 정도를 잡는 것이 좋다.

이를 전부 고려하면 인터뷰를 실시하기 2주 정도 전을 기준으로 온라인 설문조사를 전달해야 한다. 물론 예상 밖의 상황을 고려하여 여유 있게 일정을 잡는 것이 좋다.

인터뷰에 참가할 후보자를 선정한다

온라인 설문조사에 대한 답변을 회수하면 그 결과를 바탕으로 인터뷰에 참가할 후보자를 선정한다. 인터뷰 참가자 조건을 미리 검토해두면 원활하게 선정 작업을 진행할 수 있다.

이때 참가자 조건에 완벽하게 일치하는 '이상적인 후보자'를 지나치게 기대해서는 안 된다. 실제로는 조건에 맞는 부분과 맞지 않는 부분이 뒤섞인 후보자 중에서 선정하게 될 가능성이 크므로 유연하게 대처해야 한다.

후보자에게 연락하여 참가 일정을 확정한다

후보자가 참가했으면 하는 일정을 정했다면 다시 한 번 인터뷰 참가를 부탁한다. 스크리너에 응한 시점에는 참가할 수 있었지만, 다시 확인해보니 참가할 수 없는 경우도 있을 수 있으므로 정해진 시점에 반드시 일정을 재확인할 필요가 있다. 그와 동시에 인터뷰 당일에 가져올 준비물, 오는 길, 당일 연락처, 담당자 등의 정보도 전달한다.

임대 회의실 등에서 인터뷰를 실시할 경우 보기 쉬운 안내도가 있다면 그 사본이나 게재되어 있는 URL을 참가자에게 전달하자. 자사에서 실시할 경우 공식 사이트 등에 게재된 지도를 다시 한 번 검토하여 처음 방문하는 사람이 그것을 보고 건물 입구까지가 아니라 인터뷰 장소인 회의실까지 헤매지 않고 올 수 있는지 확인한다.

인터뷰 전날 최종 확인을 겸해 한 번 더 연락하면 참가자와 인터뷰 주최 측 모두 안심하고 당일을 맞이할 수 있다. 문자 메시지로도 괜찮지만 '내일 잘 부탁드립니다' 하는 마음을 전하는 의미에서 전화로 연락해 직접 말을 주고받는 것이 가장 좋다.

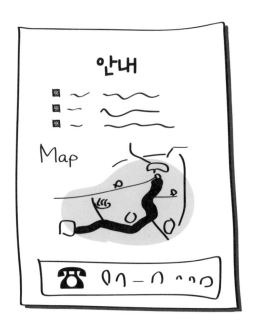

| 온라인 인터뷰를 위한 리크루팅

온라인 인터뷰는 코로나19 사태로 인해 '어쩔 수 없이' 퍼졌다고 하지만, 단점만 있는 것은 아니다. 기존에는 인터뷰 장소에서 일정한 거리 내에 거주하는 사람만 대상으로 삼을 수 있었다. 예를 들어 서울에서 실시하는 인터뷰라면 일반 참가자는 현실적으로 서울, 혹은 주변 지역에 거주하는 사람을 대상으로 모집해야 했다(이동 시간, 교통비 부담 등 사정에 따라). 하지만 온라인 인터뷰라면 전국, 더 나아가 전 세계에서도 모집할 수 있다. 지역마다 다른 라이프 스타일을 가진 사용자에게 직접 이야기를 들을 기회로 볼 수도 있다. 대부분의 리크루팅 회사는 원래부터 전국에 설문조사 패널인 회원들을 확보하고 있어 모집 범위를 넓히는 일 자체는 어렵지 않다.

한편 온라인 인터뷰에 참가할 수 있도록 참가자의 기자재와 환경도 신경 써야 한다. 회사에 따라 사전에 접속 테스트를 해둘 필요도 있다. 기자재 문제로 귀중한 실전 시간을 낭비하지 않으려면 이러한 대책도 논의해두어야 한다.

스크리너에 추가해야 하는 항목

원활하게 연결될 수 있도록 네트워크 환경과 헤드셋, 화상 회의 경험 여부 등을 확인해두는 것이 좋다. 방해받지 않고 차분히 대화할 수 있는 환경(자택이 기본)인지도 확인해야 한다.

와이파이Wi-Fi를 이용하기 위해 패스트푸드점 같은 공공장소에서 참가하면 시끄러울 뿐만 아니라 제삼자에게 대화가 들릴 우려도 있다. 화면 공유 기능을 이용해 제시할 것이 있다면 화면 크기가 충분한 기기로 참가할 수 있는지도 확인해야 한다.

온라인 인터뷰용 추가 설문 샘플

Q1. 온라인 인터뷰(이하 '인터뷰')에 참가 시 제삼자가 듣지 않는 조용한 장소(자택 등)를 확보할 수 있습니까?

○ 확보할 수 있다.　　　　　○ 사전에 상의하고 싶다.

○ 스스로 확보할 수 없다.

Q2. 줌 등 온라인 회의 서비스를 이용해본 적이 있습니까?

○ 일상적으로 이용하고 있다.　○ 이전에 몇 번 이용한 적이 있다.

○ 이용한 적이 전혀 없다.

Q3. 인터뷰 장소에서 이용하는 인터넷 회선 종류를 알려주세요.

○ 기가 인터넷　　　　○ 일반 인터넷　　　　○ 기타 고정회선

○ 모바일 라우터　　　○ 스마트폰 회선(테더링 포함)

○ 알 수 없다.　　　　○ 기타(　　　　)

Q4. 인터뷰 참가 시 사용할 수 있는 기기를 알려주세요(복수 응답 가능).

□ PC　　　　　　□ 태블릿 단말기(아이패드 등)

□ 스마트폰　　　　□ 기타(　　　　)

온라인 인터뷰는 간단하게 녹화할 수 있고, 많은 사람이 견학할 수 있다. 화면에 얼굴이 크게 나오는 경우도 많다. 모집 시점에 어떤 기록이 남고, 어떤 사람들이 견학 및 열람을 할 수 있는지 명시하고, 이에 대해 합의해두는 것도 중요하다.

> 본 인터뷰 조사는 줌을 통한 온라인 형식으로 진행됩니다. 인터뷰 시 진행자 외에도 견학자, 기록 담당자 등이 참가하여 들을 수 있습니다. 또 기록된 영상과 음성은 관계자들이 열람할 수 있습니다. 녹화 데이터는 일반인에게 공개되지 않으며 일정 기간 보관한 후에 삭제합니다.
>
> 이상의 조건에 동의한다면 다음에 체크 표시를 해주시기 바랍니다.
>
> □ 상기 인터뷰 실시 조건에 동의합니다.

상기 조건들은 다른 스크리너 조건보다 중요하지는 않다. 하지만 다른 조건이 비슷하다면 더욱 쾌적하게 대화를 나눌 수 있는 환경을 갖춘 사람을 우선할 수도 있지 않을까?

시간표 짜는 방법

온라인 인터뷰는 시설을 예약하거나 사람이 모이는 데 필요한 비용과 제약이 적어 오프라인으로 실시할 때에 비해 시간표를 유연하게 설정하기 쉽다. 단, 참가자가 접속하는 데 시간이 걸리거나 어떠한 문제로 지연될 때를 대비해 여유 있게 잡는 것이 좋다. 예를 들어 집에서 참가하는 사람은 아이의 기분이나 컨디션, 손님 방문 등으로 인해 늦어질 수도 있으니 말이다.

접속 매뉴얼을 준비한다

통상적인 오프라인 조사에서는 인터뷰 장소까지 오는 길을 안내도로 작성하여 참가자에게 배부해야 한다. 이와 마찬가지로 접속하는 방법(앱 인스톨 방법, URL, 접속 코드 등)을 알기 쉽게 정리한 매뉴얼을 준비하자. 참가자의 기기와 OS별로 만들어야 해서 처음에는 번거로울 수 있지만, 대부분은 다른 곳에서도 재차 사용할 수 있는 내용이므로 한 번 만들어두면 다음이 편해진다. 화면 스크린샷을 충분히 넣어 두면, 연결이 원활하지 않아 전화로 이야기해야 할 때 "4페이지 사진에 있는 화면이 떴나요? 거기 빨간색 동그라미로 표시된 곳을 탭해주세요"와 같이 구두로 설명하기가 한결 쉬워진다.

접속 주소(URL)는 길어서 직접 입력하기 어려우니 메일이나 문자 메시지로 발송하는 것이 좋다. 줌처럼 회의 아이디로 접속할 수 있으면 이를 이용하는 것도 방법이다.

리허설에서 확인해야 할 것

다수의 관계자(견학자)가 모이는 실전에 앞서 진행 담당자와 참가자 등 최소 인원으로 접속 리허설을 해두는 것도 유용하다. 약속 시각에 원활하게 접속해 인터뷰를 시작하지 못하면 시간이 줄어들어 예정했던 내용을 묻지 못할 수도 있다. 그리고 화면 공유 기능 등을 이용할 예정이라면 이를 다루는 연습도 해두는 것이 좋다.

| 직전에 일어날 수 있는 문제와 대처법

주최 측에서 취소할 수밖에 없게 되면

참가자와의 약속과 최종 확인을 마쳤는데 인터뷰 조사 대상이던 제품이나 장소 등에 문제가 생겨 주최 측에서 인터뷰를 취소해야 하는 사태가 벌어졌을 때는 어떻게 해야 할까? 이때는 우선 신속하게 참가자에게 연락한다. 날짜를 다시 잡아 같은 사람에게 부탁할 수 있다면 좋겠지만 결국 인터뷰를 할 수 없게 되거나, 그 사람이 참가할 수 없게 되면 확보해주었던 시간에 감사하는 의미로 어느 정도의 사례금을 지불하는 것도 검토해두어야 한다.

인터뷰 직전에 문제가 발생하여 약속 장소에 참가자가 도착했는데 인터뷰를 실시할 수 없게 되었음을 알려야 한다면 인터뷰에 참여한 것과 비슷한 시간을 구속한 셈이니 전액을 지불하고 사죄해야 한다.

주최 측의 트러블이 발생하지 않으면 가장 좋겠지만 발생했을 때 참가자와 문제가 더 생기지 않도록 사전에 대처 방법을 검토하고 그 절차를 프로젝트팀 내에 공유해두는 것도 중요하다.

직전에 참가자에게서 취소 연락이 오면

인터뷰 직전에 참가자에게서 취소 연락이 오면 어떻게 대처해야 할까? 대역을 찾기 어려운 조건을 가진 참가자라면 다른 날에 참가해줄수 있는지 일정을 확인한다. 단, 취소 사유가 개인적인 사정이어서 또 취소할 우려가 있다면 해당 참가자에 대한 인터뷰는 포기해야 한다.

취소한 사람과 조건이 비슷하고 대역을 부탁할 만한 사람이 있다면 그사람에게 참가해줄 수 있는지 일정을 확인한다. 취소에 대비해 참가자후보(참가할 수 있는 일정, 참가 가능 시간대가 많은 사람이 이상적이다)를 확인해두면 원활하게 대응할 수 있다.

인터뷰를 의뢰받아 진행할 경우에는 의뢰인에게 연락하는 것도 잊지않도록 하자. 인터뷰 견학 일정을 잡았다면 이를 변경해야 하며, 경우에 따라서는 예정보다 적은 인원으로 인터뷰를 진행하거나 전체 일정을 연장하는 데 대한 확인이나 승낙을 얻어야 한다.

죄송해요, 갈 수 없을 것 같아요.

막판에 온라인으로 전환할 수밖에 없는 상황을 가정해둔다

시시각각 변화하는 상황에 대응할 수 있도록 오프라인을 상정한 모집에서도 갑자기 외출을 하지 못하게 되었을 경우 온라인으로 전환해 참가할 수 있는지도 확인해두면 더욱 안심하고 진행할 수 있다. 사례를 어떻게 전달할지, 사인이 필요한 서면은 어떻게 할지 등 온라인 진행 시 필요한 내용도 미리 검토해두어야 하며, 경우에 따라서는 스크리너 설문에도 '온라인 인터뷰를 위한 리크루팅(117쪽)'에서 소개한 바와 같은 설문을 추가해야 한다.

2. 오프라인 인터뷰 시 세팅

인터뷰를 원활하게 진행하고 참가자가 기분 좋게 인터뷰에 참가하여 많은 이야기를 할 수 있게 하려면 인터뷰를 실시할 장소와 기자재를 확실하게 준비해두어야 한다.

세상에는 다양한 인터뷰 전용 설비와 기자재가 존재하는데, 이를 반드시 갖추어야만 인터뷰를 실시할 수 있는 것은 아니다. 괜히 잔뜩 준비해 완벽한 환경을 갖추려고 애쓰기보다는 우선은 쉽게 구할 수 있는 최소한의 것으로 실시해보는 것이 좋다. 그런 자세로 필자들이 오랜 경험을 통해 얻은 방법을 소개하고자 한다.

인터뷰 장소 정하기

인터뷰를 하려면 장소를 정해야 한다. 아마도 대부분은 전용 인터뷰룸(칼럼 '인터뷰 전용룸의 장점[127쪽]'을 참고하기 바란다)이 없어 사내 회의실을 활용하거나 임대 회의실 등을 빌려 이용할 것이다. 기본적으로 그렇게 하면 문제가 없지만, 몇 가지 조심해야 할 사항이 있다.

조용하고 차분하게 말할 수 있는 환경인지 확인하기

당연한 이야기지만 매우 중요하다. 떠들썩한 곳에서는 대화에 집중할 수 없다. 최소한 옆방이나 복도에서 다른 목소리가 들려오지 않는지, 인터뷰 당일 주변에 공사나 점검 등이 잡혀 있지 않은지 등을 확인해 두자.

장소 준비하기

앞서 '조용하고 차분하게'라고 했는데, 낮은 테이블과 소파가 놓인 응접실 같은 곳은 인터뷰에 그다지 적합하지 않다. 인터뷰라고 하면 그런 방에서 유명인에게 질문하고 이야기를 듣는 TV 프로그램 장면이 떠오를지도 모르지만, 우리가 실시하는 인터뷰는 종류가 조금 다르다.

Chapter 3 '기분 좋게 이야기할 수 있는 자리를 만든다(167쪽)'에서 자세하게 설명할 텐데, 더욱 솔직하게 이야기꽃을 피우려면 적당한 거리감이 중요하다. 숨이 느껴질 정도로 가까워서도 안 되지만, 푹신하게 기대고 앉아 얼굴이 너무 멀어지는 상태도 바람직하지 않다. 일반 회의용 테이블과 의자를 사용하는 정도로, 일대일이라면 하나의 긴 테이블에 나란히 앉거나 코너를 사이에 두고 대각선 위치 정도에 앉을 수 있는 형태가 좋다.

자료나 PC, 태블릿 등을 통해 프로토타입을 보여주거나 평소에 어떻게 작업하는지 보여 달라고 하는 경우에도 면접 때처럼 대면하고 마주 보기보다는 옆으로 나란히 앉는 편이 좋다. 동석한 견학자는 참가

자 시선에서 잘 보이지 않도록 참가자의 등 뒤쪽에 앉게 한다. 그렇게 해야 하는 이유는 Chapter 3 '질문자 역할은 한 사람으로 일관하자(219쪽)'에서 자세히 다루었으니 참고하기 바란다.

견학자가 많아 참가자가 압박감을 느낄 듯할 때는 별도로 견학용룸을 마련하여 비디오카메라 영상을 모니터나 프로젝터에 비추어 볼 수 있도록 하기도 한다. 견학자들끼리 논의하면서 볼 수 있으므로 예산이 충분하다면 그렇게 하기를 추천한다. 이때 나란히 있는 방을 확보할 수 있으면 배선 등 신경 쓸 거리가 줄어 여러모로 편리하지만, 한편으로 견학자 측의 대화나 스피커 소리가 새어 나올 위험이 있으니 주의해야 한다. 다소 중계 신뢰성은 떨어지지만, 인터넷을 경유한 영상 중계가 괜찮다면 반드시 같은 건물일 필요도 없다.

앞 세션이 길어지는 사이에 다음 사람이 왔을 때를 대비하여 그 사람이 대기할 수 있는 대기실을 마련해두는 것도 중요하다. 사무 절차 등은 다른 담당자가 병행해서 맡으면 더욱 원활하게 세션을 진행할 수 있다.

접근성 확인하기

외부 참가자에게 방문을 요청하여 모집할 때는 역세권 등 접근성이 좋은 장소여야 많은 사람이 모이고 안내하기도 쉽다. 자사가 그런 조건에서 벗어난다면 임대 회의실 등을 이용하는 것도 검토해보자.

인터뷰 일정이 정해지면 후보 장소를 이용할 수 있는지 미리 확인하고 예약해두자. 날짜와 장소가 정해지지 않으면 참가자도 모집할 수 없다. 미리미리 준비해두는 것이 중요하다. 화장실 위치와 공조 기기 조작 방법, 만약을 대비해 비상구 위치 등도 사전에 확인해두자.

칼럼

인터뷰 전용룸의 장점

주변을 잘 살펴보면 인터뷰 등을 할 수 있는 전용룸을 대여해주는 곳이 있다. 그렇다면 이런 곳은 어떤 장점을 가지고 있을까?

우선, 품질 녹음 및 촬영 기자재를 이용할 수 있다는 점이다. 예를 들면 여러 대의 카메라 영상을 나란히 녹화할 수 있는 화면 분할기는 나중에 다시 볼 때 한꺼번에 여러 앵글로 볼 수 있어 편리하다. 또 다른 하나는 견학자를 위해 마련된 방에서 매직미러를 통해 직접 인터뷰하는 모습을 관찰할 수 있다는 점이다. 이런 전용룸은 방음, 교통 접근성 등 인터뷰에 적합한 환경을 잘 갖추었으므로 예산이 여유롭다면 이용을 검토해보는 것도 괜찮다. 예산이 넉넉하지 않다면 전용룸 대여보다는 참가자 수를 늘리는 데 사용하는 편이 이로울 수도 있다.

그리고 전용룸에 국한되는 이야기는 아니지만, 외부 공간을 이용하는 또 하나의 장점은 인터뷰를 실시하는 조직을 숨길 수 있다는 점이다. 예를 들어 자사 제품과 경쟁사 제품 모두에 대한 의견을 듣고 싶은 경우, 참가자를 자사에 초청하면 좀처럼 공정한 의견을 듣기 어려울 것이다.

인터뷰 장소에서의 감염 대책

코로나19 감염 대책으로 무엇이 유효한지는 지금도 논의와 검증이 계속되고 있지만, 집필 시점(2021년 8월)에 유효하다고 여겨지는 대책을 소개하도록 하겠다. 공적 기관에서 공개하는 최신 정보도 참조하며 참고하기 바란다. 이러한 감염 대책은 실제로 감염 위험을 낮추는 효력도 있지만, 동시에 참가자도 안심시킬 수 있으므로 제대로 대응하고 있음을 사전에 알리는 것이 중요하다.

덧붙여 감염 대책은 대부분 음성을 녹음하는 데 방해가 되기 쉬우므로 그에 대한 대책은 '녹음 및 촬영 기자재 준비(133쪽)'에서 더욱 자세히 설명하도록 하겠다.

손 소독 및 가글

손에 묻은 바이러스를 제거할 때는 비누로 닦고 흐르는 물에 헹구는 것이 효과적이다. 알코올 소독은 사용할 수 있는 물이 없을 때 대신하는 방법이다. 알코올을 과도하게 사용하면 손이 거칠어진다. 원래 손가락 끝에 수분이 적은 고령자는 손이 더욱 건조해져 터치패널 조작에 악영향을 미칠 수 있다.

참가자와 동석하는 담당자도 세션별로 소독과 가글을 해야 한다. 그러므로 알코올 소독으로 때우지 말고 비누로 손을 씻을 수 있는 장소를 확보하자. 알코올은 농도 70% 이상의 의료용 제품을 사용하지 않으면 효과가 희박하다고 한다. 약국 이외에서 대량으로 판매되는 제품은 농도가 그에 미치지 않는 경우가 많으므로 주의하자.

마스크

대면으로 만나 장시간 대화할 때 비말 감염을 방지하기 위해서는 마스크가 필수다. 다양한 주장이나 체질을 이유로 마스크를 쓰지 않는 사람도 있으니 인터뷰 중 착용을 동의하는지 미리 확인해둘 필요가 있다. 분실했거나 부적절한 마스크를 쓰고 온 사람에게 제공할 수 있도록 개별 포장된 부직포 마스크도 준비해두자.

더불어 마스크를 착용하면 목소리를 알아듣기 힘들고 표정을 읽기가 어렵다. 투명한 페이스 실드나 입 부분만 있는 마우스 실드를 사용해 이에 대처하면 어떨까? 다만 이는 직접적인 비말은 차단할 수 있지만, 부유 바이러스에 의한 공기 감염을 막는 효과는 희박하다고 한다. 따라서 표정을 자세히 보고 싶다면 반드시 아크릴 가림판이나 환기 등 다른 예방책과 병용해야 한다. 여하튼 대화하는 데 불안이나 망설임이 있다면 인터뷰를 하는 의미가 없어지니 절대 강요해서는 안 된다.

장소 점검

비말 감염을 방지할 수 있도록 진행자와 참가자 사이 거리 두기, 아크릴 가림판 설치하기, 서로 정면을 향하지 않게 배치하기 등을 신경 쓰자. 또한 공기 감염을 방지하기 위해 정기적으로 환기하는 규칙을 정해두고 이를 잊지 않고 실행해야 한다. 창문을 열 수 없는 사무실 건물 등에서는 환기 시스템이 어떻게 가동되고 있는지 확인하고 참가자에게도 공지하여 불안감을 느끼지 않도록 하는 것이 좋다.

인구 밀도가 더 높은 견학룸에도 대책을 취하고, 가능하면 원격 견학을 검토하는 것도 한 방법이다.

물건 소독 및 멸균

신종 코로나 바이러스는 사물에 부착된 바이러스에 접촉하여 감염될 위험은 낮은 듯하다. 인터뷰 조사 시에는 라포르 형성과 세션 운용 부담과의 균형을 잡으면서 어떠한 대책을 취할지 취사선택해야 한다. 예를 들어 고무장갑을 낄 필요까지는 없어도 휴식 시간에 잽싸게 소독할 수 있는 범위의 물건들은 살균 청소해두는 것이 좋다. 특히 대화 시 비말이 직접 튀는 아크릴 가림막과 책상 위에 놓인 물건, 손이 닿는 문손잡이, 필기구, 날인 도구 등이 대상이다. 차아염소산수, 차아염소산나트륨 등도 유효하다고 알려져 있으나 다소 취급하기 어렵다. 단시간에 청소하고자 한다면 70% 농도의 알코올을 함유한 스프레이나 물티슈가 사용하기 편리하다.

가설 검증에서 스마트폰 등 제품을 직접적으로 만진다면 그것들도 살균 소독할 수 있으면 좋겠지만 액정화면은 대부분 표면이 코팅되어 있다. 알코올이 닿으면 코팅이 벗겨질 수 있으므로 주의해야 한다. 알코올보다 살균력은 떨어지지만 정제수만 든 '액정화면용' 시트도 바이러스나 (바이러스가 부착하기 쉬운) 지문을 닦아내는 데 효과가 있다.

애플은 2020년 3월, 제품 관리 방법 페이지(https://support.apple.com/ko-kr/HT207123)를 갱신하면서 '70% 농도의 이소프로필알코올 솜, 75% 농도의 에틸알코올 솜, 클로락스 소독 물티슈Clorox Disinfecting Wipes를 사용하여 아이폰 표면을 부드럽게 닦아내는 정도는 괜찮다'라고 밝힌 바 있다. 아이폰이라면 알코올이 함유된 물티슈로 닦아도 된다는 말이다. 그러나 알코올이 단자 부분에 들어갈 수도 있으므로 스프레이로 뿌리거나 담그는 것은 안 된다. 또한 표백제(차아염소산나트륨) 등도 사용하면 안 된다. 타사도 고객지원 페이지에 소독 방법이나 정보를 공개하기도 하니 사전에 미리 알아두도록 하자.

컨디션 확인(체온 측정 등)

인터뷰 시점에 자각 증상이 없다고 해도, 체온이 높지 않다고 해도 컨디션 확인을 꼼꼼하게 하면 참가자를 비롯해 관계자들이 안심하고 인터뷰를 진행할 수 있다. 구체적으로는 문진을 하거나 비접촉 체온계로 측정하는 방법이 있다. 판매되는 비접촉 체온계에는 의료기기 인증을 받은 '체온계'와 그렇지 않은 '온도계'가 있으니 주의하자.

만약 참가자나 관계자가 열이 있거나 컨디션이 좋지 않은 듯하다면 무리하지 말고 솔직하게 연락하도록 일러두어야 한다. 직전까지 상황을 지켜보기보다는 조속히 취소 가능성을 전달받는 편이 대책을 세우기도 쉽다.

감염자 발생 시 대처 준비

아무리 대책을 잘 세웠다 해도 감염 위험성을 완전히 없앨 수는 없다. 참가자나 관계자 중에서 감염자가 발생했을 때를 대비하여 연락 체제를 준비해두어야 한다. 참가자에게도 감염 사실이 확인되면 즉시 연락할 수 있도록 연락처를 공지해둔다.

| 녹음 및 촬영 기자재 준비

녹음 기자재

앞서 '쉽게 구할 수 있는 최소한의 것'이라고 했지만 예외도 있다. 바로 마이크다. 비디오 촬영 여부는 인터뷰 내용에 따라 다르지만, 음성은 원칙적으로 녹음해두는 편이 좋다. 기록을 잘하는 사람들은 대부분 메모나 타이핑으로 대처한다. 그러나 나중에 결과를 분석하거나 보고서를 쓸 때 '그게 혹시 이런 의미였나?' 하는 생각이 드는 순간이 있다. 그럴 때 음성 녹음 파일이 있다면 정확하게 뭐라고 말했는지 확인할 수 있어 매우 효과적이다.

요즘은 스마트폰 녹음 앱이나 PC 내장 마이크로도 녹음을 할 수 있다. 하지만 그것만 믿고 다른 녹음기를 준비하지 않는 것은 바람직하지 않다. 이러한 탑재 마이크는 본래 목적이 다르고 품질도 그리 좋지 않다. 인터뷰 장소가 굉장히 조용하고 참가자들이 마이크 정면에서 또박또박 말을 해주면 좋겠지만 현실은 그렇지 못하다.

여러 화자가 다른 방향에서 이야기하고, 주위에 공조 기기를 비롯한 소음원이 얼마든지 있을 수 있다. 원래 말소리가 크지 않은 사람도 있다. 성격상 그런 사람에게 "더 큰 목소리로 말씀해주세요"라고 한다면 상당한 부담감을 느낄 수도 이다. 또한 나중에 녹음 상태가 나쁜 파일을 몇 번이고 다시 들으며 뭐라고 하는지 확인하는 데는 굉장히 많은 노력이 필요하다. 요컨대 성능이 뛰어난 마이크가 있으면 자신도, 상대방도, 견학자도, 통역가도, 녹취록을 작성하는 사람도 모두 행복해질 수 있다.

마이크만 해도 성능이나 목적, 가격에 따라 선택지가 다양해 모든 것을 설명할 수는 없지만, 입문용으로 먼저 추천하고 싶은 것은 PC용 웹캠에 탑재된 마이크다. 웹캠 마이크는 기본적으로 음성 대화용으로 최적화되어 음질이 좋고 소프트웨어를 이용해 음량을 높이거나 잡음을 제거하여 사람 목소리만 알아듣기 쉽도록 가공 처리할 수 있다. 2만 원대 제품이 그 이상 하는 어설픈 지향성 아날로그 마이크보다 듣기 좋을 정도다. '그렇다면 노트북에 내장된 마이크도 괜찮지 않을까?' 싶겠지만, 역시 전용 제품은 어디가 달라도 다른 데다 케이블로 위치와 방향을 자유롭게 바꿀 수 있다는 장점이 있다. 높은 위치에 세팅하면 책상 위 잡음을 쉽게 잡지 않는 것도 우수한 점이다. 다만 마이크를 탑재하지 않은 웹캠도 있으니 주의하자.

녹음 소프트웨어는 제공되지 않는 제품이 많으므로 OS 표준, 또는 프리 소프트웨어를 이용하는 것이 좋다. PC상에 직접 파일로 저장되어야 관리하기가 편리하다. 별실에 중계해야 하거나 그룹 인터뷰에서 전방위 소리를 녹음해야 할 때는 다른 선택지가 필요할 수도 있다.

마이크에 노이즈 캔슬링 기능이 있는 웹캠

여하튼 막상 녹음을 했는데 창밖 소음이나 에어컨 작동음 등만 들리고, 이야기하는 내용은 알아듣기 어려운 경우도 종종 있으니 반드시 사전에 테스트를 해보기 바란다.

감염 대책은 음성 녹음의 강적! 더욱 꼼꼼한 준비 필요

인터뷰 시 녹음을 할 때는 한층 더 신경을 써야 한다. 감염 대책은 대부분 음성 녹음에 악영향을 미치기 때문이다. 마스크를 쓰면 당연히 목소리가 불분명해져 알아듣기 힘들고, 아크릴 가림판을 사이에 두어 목소리도 차단된다. 말하는 사람 사이에 거리를 두면 단일 마이크로는 모두의 목소리를 녹음하기 어렵다. 환기를 위해 창문이나 문을 열거나 공조 기기를 가동하면 다양한 소음이 섞여 중요한 목소리는 잘 들리지 않는 경우가 많다. 따라서 기자재 선택, 배치 등을 잘 고민하여 보완해야 한다.

보통 인터뷰룸에서는 책상 위에 올려놓는, 높이가 낮은 바운더리 마이크를 말하는 사람 사이에 설치한다. 부담스럽게 마이크를 들이대거나 매번 옷깃에 핀 마이크를 장착하는 것에 비해 '녹음되고 있다'라는 느낌을 줄일 수 있고, 세팅도 용이하기 때문이다. 그런대로 조용한 방에서 두 사람이 나누는 대화 정도는 충분히 녹음할 수 있다.

하지만 감염 대책으로 진행자와 참가자들이 마스크를 쓰고, 거리를 두고, 아크릴 가림판으로 칸막이를 하고, 창문을 열거나 환기 장치를 강하게 가동하다 보니 견학자들이 잘 알아들을 수 없다는 의견을 주는 일이 늘었다. 그래서 필자는 다소 '녹음되고 있다'라는 느낌과 타협하여 핀 마이크를 사용한다. 더 감도가 높은 마이크를 사용하면 소음도 더 쉽게 녹음된다. 음원에 얼마나 가까이 다가가고 소음원에서 멀어지느냐가 핵심이다. 그런 점에서 사람 목소리를 녹음하려면 입가(옷깃, 가슴)에 마이크를 다는 것이 이상적이다.

요즘 필자가 추천하는 제품은 로데^{RODE}의 와이어리스 고 2^{Wireless GO II}라는 제품이다. 소형 송수신기 페어로 무선 전송할 수 있는 제품으로, 마이크가 달린 송신기에 클립이 달려 있어 가슴 포켓이나 앞단(이음매) 부분에 간단하게 고정할 수 있다.

2021년 4월에 출시된 '2'에는 수신기 하나에 송신기(마이크) 두 개가 연결되어 인터뷰 시 두 사람이 이야기하는 내용을 가슴 등 가까운 거리에서 각각 녹음할 수 있다. 그야말로 일대일 인터뷰를 위해 존재하는 제품이라고 할 수 있다. 이전 모델은 아날로그 마이크 출력만 가능했는데 '2'는 USB 연결도 가능해 최근 늘어난 마이크 단자가 없는 PC나 스마트폰에도 직접 연결할 수 있다.

수신기(가운데)를 IC 레코더(안쪽), 비디오카메라, 스마트폰, PC에 접속한다. 송신기(좌우 앞)는 말하는 사람의 가슴 포켓 등에 달기만 하면 된다.

USB 케이블을 PC에 직접 꽂으면 외부 마이크로 기능해서 줌 등의 음성 소스로도 사용할 수 있다.

송신기별로 음량 조정이 가능하여 말하는 사람 간에 성량 차이가 나더라도 간단하게 조정할 수 있다. 게다가 송신기 내에 탑재된 메모리에 상시 녹음을 백업할 수도 있어 전파 상태가 좋지 않아 카메라/레코더의 음성이 끊기거나 처음부터 녹음/녹화하는 것을 깜빡한 경우에도 음성만은 회수할 수 있다.

이러한 소형 웨어러블 마이크를 사용할 때 주의할 것은 세션 종료 시

잊지 말고 참가자에게서 회수해야 한다는 점이다. "어? 마이크가 어디 있지? 아! 참가자분이 달고 가버리셨다!" 하면 큰일이다. 종료 시 할 일 목록에 마이크 회수와 충전을 반드시 기록해두자.

기존의 고정 마이크를 사용할 때는 감도와 수음 범위를 확인하여 창문이나 환기 장치 등 소음원이 그 범위 안에 들어가지 않도록 방의 배치를 고안해야 한다. 예를 들어 수음 범위가 마이크 정면 120도 지향성 마이크라면 소음원을 등지도록 마이크 방향을 배치하고, 정면 120도에 말하는 사람이 들어가도록 거리를 조절해야 한다.

마이크의 수음 범위를 의식한 세팅

영상 기자재

영상 기자재는 요즘 시판 중인 비디오카메라로도 충분하다. 삼각대는 카메라용과 비디오카메라용에 따라 사용 편의성이 다소 다르므로 후자를 선택하도록 하자. 무엇을 찍을지는 목적에 따라 다르지만, 알고 싶은 정보를 나중에 다시 볼 수 있도록 화각과 줌을 검토해야 한다.

이야기하는 모습을 기록하고 싶다면 카메라를 말하는 사람과 질문자가 화면 가득 비치도록 조정한다. 그러면 말하는 사람의 태도와 표정 변화를 기록할 수 있다. 다만 프라이버시 문제가 있으므로 얼굴이 비치는 영상을 촬영할 때는 반드시 사전에 허락을 받아야 한다. 이야기 내용은 물론 손의 움직임과 조작하는 모습을 기록하고 싶다면 말하는 사람의 시선과 가까운 곳에서 손 영상을 촬영한다. 말하는 사람이 만지는 모습, 신경 쓰는 대상 등 상세한 부분을 촬영할 수 있다. 제품이나 프로토타입을 사용하는 모습을 기록하고 싶다면 화면과 손을 촬영한다. 이때도 제대로 된 외장 마이크를 이용하는 것이 이상적이다.

웹사이트나 PC 소프트웨어를 사용하는 화면만 기록하면 될 때는 화면 녹화 소프트웨어를 이용하면 따로 하드웨어를 준비하지 않아도 화면을 상세하게 기록할 수 있다. 화면을 통째로 녹화만 한다면 OS 기능으로도 가능하고, OBS 스튜디오^{OBS Studio}와 같은 무료 소프트웨어를 활용하면 카메라 영상을 PinP(픽처 인 픽처)로 합성하거나 그대로 외부에 전송할 수 있다. 다만 화면 녹화 소프트웨어는 대화 도중에 "여기가……" 하고 가리킨 곳을 알 수 없다는 결점이 있으므로, 보조용 비디오카메라를 설치해 조금 멀리 떨어진 앵글로 전체가 비치도록 촬영해두는 것이 좋다.

이야기하는 모습

대화하는 모습

대상 제품과 손의 모습

행동하는 모습

기자재는 가능하면 백업을 준비하자. 기자재 고장이나 배터리 소모, 케이블 단선 등 문제가 따를 수 있으니 말이다. 다소 오래된 기기라도 상관없으니 예비로 준비해둘 필요가 있다. 그런데도 현장에서 예상치 못한 사태가 발생했을 때는 소지한 스마트폰 등을 활용할 수 있는지 검토해보자. 근처 가전제품 판매점으로 달려가는 편이 더 빠를 수도 있다.

영상 전송

감염 방지책의 일환으로 밀도가 높아지기 쉬운 견학룸을 마련하지 않고 온라인으로 배포하는 경우도 늘고 있다. 온라인으로 중계하면 더 많은 관계자가 견학할 수 있어 코로나19 사태가 종식되더라도 이런 움직임이 더 활발해지지 않을까 싶다.

평소에 인터뷰 자리에서 비디오카메라로 찍는 듯한 영상을 실시간으로 온라인 회의 시스템에 내보내고 싶을 때는 HDMI 캡처 보드 등으로 불리는 기기를 이용하는 것이 좋다. HDMI 영상 신호를 줌이나 팀즈에 웹캠과 같은 입력 소스로서 인식시킬 수 있다. 주의할 점은 외관에 'HDMI 단자와 USB 단자가 달려 있다'라는 점이다. 노트북 화면을 프로젝터나 외부 모니터에 비출 때 사용하는 어댑터와 흡사하지만, 신호 흐름이 완전히 반대이므로 구매 시 제대로 확인해야 한다.

제품 설명이나 포장에 '캡처'라는 말이 있다면, 여기서 말하는 영상 입력용 기기일 것이다. 줌이나 팀즈, OBS 스튜디오 등에 대응한다고 강조되어 있으면 그럴 가능성이 더 높다.

인터뷰 파트에 따라 여러 대의 카메라를 전환하거나 합성하여 내보내고 싶은 경우, 카메라 여러 대와 캡처 보드가 있으면 무료 소프트웨어인 OBS 스튜디오로도 가능하다. 블랙매직^{Blackmagic}이 출시한 아템 미니 ^{ATEM Mini} 같은 제품을 이용하면 더욱 간편하게 안정적으로 전송할 수 있다. 이 제품은 HDMI 입력 단자 네 개의 영상을 버튼으로 간단하게 전환하거나 픽처 인 픽처 합성이 가능하다. 송신처도 HDMI 출력 단자에서 내보낼지, USB 단자에서 PC로 입력할지 선택할 수 있다(즉, 상

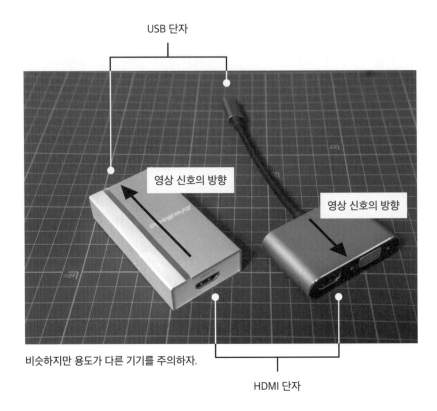

USB 단자

영상 신호의 방향

영상 신호의 방향

비슷하지만 용도가 다른 기기를 주의하자.

HDMI 단자

기 캡처 보드 네 개와 같은 기능을 내포하고 있다). 단순한 HDMI 전환기와 상기 HDMI 캡처 보드의 조합이라면 신호를 전환할 때 신호가 끊겨 온라인 회의 시스템이 영상 신호를 소실했다고 오류 보고를 내기도 하는데, 이 기기를 이용하면 그럴 염려가 없다. 게다가 마이크도 비디오 카메라의 음성 이외에 두 채널로 입력할 수 있어 음성 품질도 높일 수 있다.

카메라 등 영상 입력　　　　　송신 영상 출력

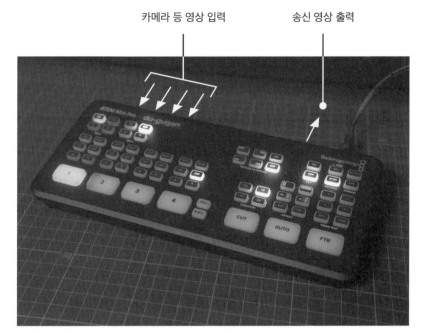

전체, 표정, 손 등 최대 네 개의 영상을 순식간에 전환할 수 있는 아템 미니

3. 온라인 인터뷰 시 세팅

| 온라인 인터뷰의 특징과 제약

온라인 인터뷰는 진행자, 참가자, 견학자가 온라인 회의 시스템을 이용하여 원격 참여로 진행하는 것이다. 감염 위험이 줄어들고 이동하는데 어려움이 없다는 장점이 있지만 오프라인 인터뷰에서는 찾아보기힘든 단점과 제한도 많이 존재한다.

일단 원활한 대화를 하는 데 필요한 기자재 세팅 부담이 크다. '오프라인 인터뷰 시 세팅(124쪽)'에서도 대책을 소개했는데, 음성 기자재와 네트워크 환경이 갖추어져 있지 않으면 인터뷰에 집중할 수 없다. 문제가 생기면 귀중한 인터뷰 시간을 낭비하게 될 수도 있다. 참가자가 한정되어 사전에 세심하게 조정할 수 있다면 필요한 장비를 미리 보내놓는 것도 한 방법입니다. 하지만 다수의 일반 참가자에게 차례차례 이야기를 듣는 인터뷰에서는 개별 대응이 어려워 참가자가 가진 환경과기자재에 의존해야 한다.

보여줄 수 있는 것의 제한

온라인 회의 시스템은 대부분 서로의 화면을 상대방에게 보여줄 수 있는 화면 공유 기능이 갖추어져 있다. 어떤 자료나 프로토타입을 참가자에게 보여주고 싶다면 그러한 기능을 활용할 수 있다. 반대로 참가자가 웹사이트를 이용하는 모습을 시연하여 보여주었으면 할 때는 참가자 측의 화면을 공유하도록 한다. 줌처럼 원격 제어 권한을 부여할 수 있는 서비스라면 진행자 측 브라우저에서 개발 사이트를 열고, 이를 참가자가 조작하는 것도 가능하다.

단, 하드웨어 제품과 이를 조작하는 모습을 참가자에게 보여주려면 별도로 카메라를 사용하는 등의 방법을 생각해야 한다. 또 개발 중인 제품을 보여줄 경우, 스크린샷을 찍힐 위험 등을 염두에 두어야 한다.

견학자를 은폐하기 어렵다

보통 인터뷰에서는 참가자에게 불필요한 압박을 가하지 않도록 견학자를 별실에 격리하는데, 일반 온라인 회의 시스템을 활용하면 견학자도 같은 회의 참가 멤버로서 보이게 된다. 어디까지나 회의용 시스템을 이용하는 데서 오는 제한이라고 할 수 있다.

최근에는 시장 조사 기업이 자체 온라인 인터뷰 전용 시스템을 구축하여 제공하기도 한다. 진행자, 참가자, 견학자가 개별 URL로 접속하여 참가자에게 견학자가 보이지 않고, 견학자와 진행자는 채팅으로 대화할 수 있는 등 전문 시스템만의 편리한 기능을 갖추고 있다. 조사나 리크루팅과 세트로 되어 있는지, 시스템만 제공하는지는 제각각이지만, 사정에 꼭 맞는다면 이용하는 것도 괜찮은 방법이다.

녹화 기능 활용

온라인 회의 시스템은 대부분 녹화 기능을 갖추고 있어 매우 간단히 영상과 음성 기록을 남길 수 있다. 서비스나 요금제, 설정에 따라 녹화 파일이 클라우드에 남는 경우와 자신의 PC에 저장되는 경우가 있다. 계약 요금제와 PC 성능, 용량을 확인하여 도중에 기록이 끊기지 않도록 유의하자.

세미 온라인 실시

하드웨어 제품을 보여주거나 다루는 조사, 혹은 상대가 작업하는 현장 모습에 관한 인터뷰를 하고 싶을 때는 진행자와 참가자는 한자리에 모으고, 견학자만 원격으로 참가하는 형태도 검토할 가치가 있다. 그러나 일반적으로 인터뷰룸보다 견학룸의 인구 밀도가 높아지기 쉬운 데다 매직미러가 있으면 문도 닫아야 해 공기의 질이 나빠지기 쉽다.

견학룸을 없애는 것만으로도 어느 정도 의의가 있다. 이 형태를 취하면 가설 검증형 조사에서 이전처럼 프로토타입을 보여줄 수 있다. 스크린샷을 찍힐 위험도 피할 수 있고, 하드웨어 제품을 실제로 만져보도록 할 수도 있다. 기자재에 다소 문제가 생겨도 진행자와 참가자는 차질 없이 대화를 나눌 수 있다는 점도 강점이다. 게다가 이 책에서 소개한 대화 노하우도 거의 그대로 답습할 수 있다. 인터뷰룸의 감염 대책은 확실하게 해야 하겠지만, 향후 이러한 하이브리드 형태를 병용하게 될지도 모른다.

온라인 인터뷰를 위한 송신 기술

어떤 서비스를 이용할까

온라인 인터뷰도 대부분 일반적인 온라인 회의와 마찬가지로 줌이나 마이크로소프트 팀즈, 구글 미트^{Google Meet}, 시스코 웹엑스와 같은 서비스를 이용한다. 기능과 품질, 가격 등은 각 사가 빠르게 업데이트하고 있어 독자가 이 책을 읽을 무렵에는 사정이 달라졌을 수도 있으니 양해 바란다.

음성, 영상 통화는 물론 화면 공유, 미등록 사용자에게 게스트 초대 URL 발급 등 인터뷰에 필요한 기본적인 기능은 모두 갖추고 있다. 편리성 면에서도 좋다. 스마트폰, 태블릿 등으로도 참가할 수 있고, 자택에서 비디오를 켜면 참가할 때 방 모습을 가려주는 버추얼 배경 기능, 각종 음성 노이즈 캔슬링 기능 등도 품질 차이는 있지만 거의 비슷비슷하다. 참가자가 직접 접속할 수 없는 개발 중인 사이트나 앱을 조작해 보도록 하고 싶을 때는 줌의 리모트 컨트롤 기능(화면 공유 상대가 원격 조작할 수 있다)을 사용하면 편리하다.

세션이 원활해지려면 상대방이 해당 서비스에 익숙한가가 중요하다. 필자가 생각하기에 인지도와 실제로 사용해본 적 있는 사람 수로는 줌이 한 수 위인 듯하다. 웹엑스는 기업 사용자가 중심을 이루어 일반인들에게는 생소할 수 있다. 기능 요건에 제한이 없다면 대상자가 가장 다루기 익숙할 것 같은 시스템을 선택하는 것이 좋다. 회사에 따라 특정 서비스 이외에는 이용을 제한하기도 하므로 반드시 사전에 확인해야 한다. 다만 줌은 무료 요금제를 이용하면 그룹 미팅을 40분 동안만 할 수 있으므로 견학자를 포함해 3명 이상 인터뷰를 실시할 때는 주의해야 한다(개최자가 유료 요금제 사용자라면 게스트로 참가하는 사람은 무료 요금제를 사용하거나 미등록 사용자라도 괜찮다).

얼굴 이외의 영상을 찍으려면

온라인 회의 시스템에서는 PC 내장 카메라를 사용하여 영상을 찍는 경우가 많을 것이다. 서로의 얼굴이 보이기만 하면 되는 일대일 인터뷰라면 괜찮지만, 작업장의 모습 등 종종 얼굴 이외의 것을 보고 싶을 때가 있다. 그럴 때는 USB 외장 웹캠을 준비하거나 스마트폰에서 접속하여 후면 카메라로 찍어달라고 요청하는 등의 방법을 취해야 한다. 상대방이 가진 기자재에 의지하면 많은 제한을 받는데, 세션 수가 적다면 필요한 기자재를 사전에 보내는 것도 검토할 여지가 있다.

견학자의 존재를 의식하지 않게 하는 배려

앞서 이야기했듯 '회의'를 위한 시스템에는 일부 회의 참가자(견학자)의 존재를 숨기는 기능이 갖추어져 있지 않다. 따라서 견학자 스스로 카메라와 마이크를 무음으로 설정하는 등의 행위로 배려해야 한다. 카메라가 꺼져 있어도 이름이나 아이콘이 뜨는 서비스도 많으니 존재감을 더 숨기려면 단순한 시커먼 이미지를 프로필 사진으로 설정해두는 것이 좋다. 그리고 실명으로 설정되기 쉬운 표시명도 필요에 따라 변경해두어야 한다. 인원수가 적을 때는 '기록 담당'이나 '녹화용' 등으로 설정해두면 압박감이 줄어들 수도 있다. 반대로 진행자는 표시명을 '진행자', 또는 '사회자'라고 설정하여 참가자가 '이 사람과 이야기하면 되는구나' 하고 알 수 있도록 해야 한다.

또한 견학자들끼리 논의하거나 진행자에게 추가 질문을 의뢰하고자 할 때 텍스트 채팅을 사용하면 참가자에게도 보인다는 점을 유의해야 한다. 그런 대화를 하고 싶다면 해당 회의와 분리된 채팅(사내 슬랙Slack 등)을 병용하는 것이 좋다. 이러한 주의 사항과 조작 방법을 정리하여 관계자들이 사전에 익힐 수 있도록 해두자.

그리고 유료 요금제를 계약해야 하는 경우가 많은데, 웨비나(온라인 세미나) 형식을 이용하여 진행자와 참가자를 '등단자', 견학자를 '시청자'로 취급하면 무심코 실수로 견학자의 얼굴이 비치는 일을 방지할 수 있다. 단, 그렇게 하더라도 등단자인 참가자에게 견학자 수 등이 보이기도 한다.

온라인 인터뷰에서는 상대방의 눈을 보면 안 된다?

이 책을 정독한 사람이라면 인터뷰를 할 때 상대방의 눈을 보고 말하는 것이 중요하다는 사실을 알 것이다. 하지만 온라인 인터뷰에서는 화면에 보이는 상대방의 눈을 보고 이야기하면 오히려 역효과가 날 수 있으므로 주의해야 한다. 그렇다! 상대의 얼굴은 화면이 아니라 카메라 렌즈 너머에 있다. 카메라 위치에 따라 당신이 묘하게 위나 아래를 보고 이야기하는 듯이 보일 수도 있다. 상대가 아닌 다른 곳을 보고 이야기하는 것은 꽤 어렵다. 하지만 표시 창의 위치를 카메라 근처에 배치하기만 해도 어색함을 줄일 수 있다.

상대방의 얼굴이 나오는 창을 카메라 가까이에 가져간다.

노이즈와 하울링 방지

온라인 인터뷰는 진행자도 자택에서 참가하고, 일반적인 인터뷰룸만큼 마이크 기자재가 충실하지 않은 경우도 많을 것이다. 그럴 때 조금이라도 음성 품질을 높일 수 있는 아이디어를 제시하고자 한다.

우선 기본은 마이크의 방향과 위치를 소음원에서 멀리하는 것이다. 에어컨이나 창문 등이 등 뒤가 아닌 모니터 너머에 위치하도록 배치하는 것이 바람직하다. 그리고 기록 시 키보드나 펜 소리가 녹음될 때는 마이크를 같은 책상에서 떨어뜨려 놓아야 효과적이다. 가능하면 스탠드 위에 두거나 몸에 착용하는 유형의 마이크를 선택하는 것이 좋다. 마이크 아래에 손수건이나 수건 등을 깔아두기만 해도 한결 낫다. 노트도 책상 위에 두지 말고 클립보드에 고정하여 손으로 들고 쓰는 것이 좋다.

최근에는 원격 근무 붐이 일어남에 따라 이러한 노이즈를 제거하는 소프트웨어 제품(크리스프^{Krisp}와 엔비디아 브로드캐스트^{NVIDIA Broadcast})도 쉽게 찾아볼 수 있으니 꼭 사용을 검토해보기 바란다.

발신자가 자주 사용하는 라지 다이어프램형 콘덴서 마이크를 사용할 때는 주의해야 한다. 감도가 예민하면 오히려 작은 노이즈도 선명하게 녹음되기 쉽다. 방음이나 반향 방지 등 방 자체에 철저한 음향 관리가 되어 있지 않으면 오히려 역효과가 날 수도 있다.

스피커에서 상대 목소리가 나면 마이크가 잡아 상대에게 에코백하거나, 이 같은 현상이 양방향에서 일어나면 날카로운 소리가 나는 하울링 현상의 원인이 되기도 한다. 이런 상태에서는 말을 하는 것은 매우 어렵다. 게다가 원인을 제공하는 쪽을 알아채기도 힘들다. 진행자는 자신도 모르는 사이에 참가자에게 부담을 주지 않도록 이어폰이나 헤드폰을 사용하는 편이 바람직하다. 다만 이어폰을 장시간 사용하면 외이염 등이 생길 수도 있으니 에코나 하울링을 방지하는 메커니즘을 적용한 회의용 스피커 마이크 사용을 검토해보기 바란다.

하울링은 같은 방에서 여러 단말기로 참여했을 때도 발생한다. 여러 사람이 같은 회의실에서 참가하거나 참가자에게 PC와 스마트폰을 동시에 접속하도록 할 때는 한 대를 제외한 다른 기기를 모두 무음으로 설정하게 해야 한다.

음성은 영상과 달리 자신의 상황을 모니터링하기가 어렵다. 그러므로 팀원에게 상대 역할을 해달라고 하거나 회의를 녹화해서 다시 보고, 자기 목소리가 상대방에게 듣기 좋은 상태인지 확실히 체크해볼 필요가 있다.

4. 그 밖에 준비해야 할 것

인터뷰에 필요한 준비물로는 다음과 같은 것들이 있다.

기록 용지

상대방의 발언을 받아 적는 종이다. 익숙하지 않을 때는 완전 백지인 노트보다 묻고 싶은 질문 목록에 기입용 여백을 둔 '인터뷰 가이드', 또는 '진행 시트'라고 하는 것을 만들어둘 것을 추천한다. 만드는 방법과 주의할 사항은 Chapter 1 '인터뷰 가이드를 만든다(73쪽)'를 참고하기 바란다. 부록 '인터뷰 템플릿(342쪽)'을 참고해도 좋다. 또한 용지는 책상 위에 놓고 사용하거나 클립보드로 고정하여 적은 내용이 상대방에게 잘 보이지 않게 해야 한다. 클립보드를 사용하면 상대방에게서 시선을 떼는 빈도를 줄일 수 있다는 장점도 있다. 자세한 내용은 칼럼 '메모는 종이에 손으로 적어야 하는가(208쪽)'를 참고하자.

사무 관계

인터뷰와 직접적으로 관계되는 부분은 아니지만 사례금과 영수증, 상대의 개인정보 취급에 관한 각서, 그리고 대외비 프로토타입을 보여주는 경우라면 그에 관한 비밀유지계약서를 작성해두어야 한다. 경리, 법무 담당자 등 적합한 대상과 미리 상의해두자. 너무 상세한 내용을 그 자리에서 읽으라고 하기는 어렵고, 앞으로 편하게 이야기해달라고 부탁하는 입장에서 너무 압박을 가해서도 안 된다. 하지만 그렇다고 해서 법적인 서류를 간략화할 수는 없는 노릇이다. 따라서 담당자와 잘 상의하여 이해하기 쉽고 읽기 쉬운 서류를 준비하자.

더불어 "오늘 말하는 내용과 당신의 개인정보는 이번 조사에만 이용하고, 외부에는 공개되지 않습니다", "오늘 볼 것은 개발 중인 미발표 제품이므로, 누군가에게 이야기하거나 인터넷상에 공개해서는 안 됩니다"와 같이 주요 내용을 구두로도 전하는 것이 좋다.

날인이 필요한 경우에는 인감을 지참하도록 부탁해두는 것과 깜빡한 경우 어떻게 할지 절차를 정해두는 것도 잊지 말자. 일반적으로는 우표를 붙이고 반송처를 기입한 봉투를 서류와 함께 건네고, 귀가 후에 날인하게 하여 반송받는다. 온라인 인터뷰 시에도 마찬가지로 우편으로 대응할 준비를 해두어야 한다.

사례

감사의 마음을 전하고자 현금이나 상품권을 지급하는 경우가 많다. 이때 1인분씩 봉투에 넣어 신속히 전달할 수 있도록 준비해두어야 한다. 문제가 생기지 않도록 받은 자리에서 금액을 확인하게 하는 것도 중요하다. 영수증에 사인이나 날인을 요청할지는 회사별 정책에 따라 다를 테니 회계 담당 부서와 미리 상의를 해야 한다. 수고나 감염 위험을 생각하면 생략하는 편이 좋다.

온라인으로 인터뷰를 진행한 경우에는 추후에 은행 송금을 해주거나 각종 온라인 서비스 상품권, 포인트 등을 지급한다. 예를 들어 기프트 권이라면 금액을 작은 단위로 정할 수 있고 수수료도 들지 않으며 유효기간이 길어 사용하기 편리하다. 어느 것을 이용할지는 회사의 회계 처리 용이성, 상대방의 활용 능력, 대상 서비스 이용 여부 등을 고려하여 선택한다.

필기구

장시간 많은 양을 메모해도 피곤하지 않은 제품을 선택한다. 상대방에게 무엇인가 써달라고 해야 할 때는 필요한 만큼의 양을 준비한다.

카메라, IC 리코더

'녹음 및 촬영 기자재 준비(133쪽)'에서 오프라인 인터뷰 시 기자재 준비에 관해 다루었다. 그렇게까지 본격적이지 않은 조사나 상대를 방문하는 인터뷰를 할 때도 반입할 수 있는 범위 내에서 무엇이든 기록 기자재를 준비하는 것이 좋다. 평소에 이용하는 상황이나 자료를 보여줄 때는 카메라로 촬영하여 기록하면 이후에 많은 도움이 된다. 대상이나 목적에 따라 동영상을 찍을지 사진을 찍을지 구분해서 사용한다. 스마트폰으로도 대용할 수 있지만 개인 단말기 사용을 꺼리는 의뢰인도 있으니 사전에 확인하는 것을 잊지 말자.

IC 리코더는 인터뷰 전체 내용을 기록하는 데 매우 유용하다. 손으로 적느라 인터뷰 시간을 낭비하기보다는 녹음해 나중에 다시 들을 수 있도록 해두는 편이 합리적이다. 비디오카메라로 촬영할 때도 IC 리코더를 병용하면 백업으로 쓸 수 있다. 최근에는 많은 기업이 AI 기술로 자동으로 녹취록을 작성해주는 서비스를 선보이고 있다. 정확도는 매우 완벽하다고 할 수 없지만 전문 인력 서비스에 의뢰하는 데 비해 저렴하고 짧은 시간 내에 녹취록을 작성하는 것이 가능하므로 활용해볼 것을 추천한다.

물론 촬영이나 녹음은 상대의 허가를 받은 다음에 하도록 하자. 인터뷰 당일이 아니라 약속을 잡는 시점에 합의해두는 것이 바람직하다. 그리고 배터리와 메모리 카드의 잔량도 잊지 말고 미리 확인해두자. AC 전원이 필요한 기자재를 반입할 때는 연장 케이블을 준비하고 전원을 이용해도 된다는 사전 승낙을 받는 것도 중요하다.

기억을 상기하도록 도움을 주는 방법

인간의 뇌에는 자신이 가진 기억 영역을 가능한 한 절약해서 사용하려는 시스템이 갖추어져 있다(이를 '인지적 경제성'이라고 한다). 기억할 필요가 없다고 생각하는 일은 기억의 깊은 곳에 밀어 넣는데, 무엇인가 단서가 있으면 어느 정도 떠올릴 수 있도록 되어 있다. 기억을 이끌어낼 계기를 제시함으로써 "그러고 보니……", "그런 이야기라면……"을 이끌어낼 수 있다. 말이 계기가 되기도 하고, 사진이나 일러스트, 때로는 방의 가구나 장식이 계기가 되기도 한다.

사진에 관한 조사라면, 그 자리에 꽃병이나 맛있어 보이는 디저트를

준비하고 실제로 카메라를 들고 찍도록 하면 평소에 어떤 생각을 하며 사진을 찍는지 더욱 구체적으로 알아낼 수 있다. 대형 TV에 관한 인터뷰라면 그 자리에 TV를 두는 것이 좋다. 때로는 '인터뷰 장소 정하기 (124쪽)'에서 부적절하다고 했던 소파나 낮은 테이블 등을 놓아 거실처럼 꾸며야 할 수도 있다.

실제로 참가자 자신의 물건을 가져오게 하는 방법도 있다. 잡지 구독에 관한 인터뷰라면 2~3권을 가져오게 하고, 치아 관리에 대한 의식을 조사할 목적이라면 현재 사용하고 있는 칫솔이나 치약 등을 지참하도록 할 수 있다.

만약 가져오는 것을 부담스러워한다면 사진을 찍어오게 하는 것도 한 방법이다. 독서나 장서 관리에 관한 인터뷰라면 책장의 모습을, 세탁이나 세제에 관한 인터뷰라면 세탁기와 세제가 수납되어 있을 법한 공간의 모습을, 식생활에 관한 인터뷰라면 냉장고나 냉동고 안의 모습을 찍어 오게 하고, 이를 PC나 인쇄해둔 것을 보면서 이야기를 나눌 수 있다. 참가자가 지참하게 하는 것과 별도로 질문자 쪽에서 준비해야 하는 경우도 있다.

그리고 어떤 사항을 포괄적으로 떠올리도록 하려면 템플릿을 제시하는 것도 효과적이다. '지금 원하는 것 베스트 3', '최근 산 것 중 가장 잘 산 것과 가장 실패했다고 생각하는 것'과 같은 항목을 준비하거나, 요일별 포맷을 주고 평소 행동에 관해 물어보는 것이다.

부록에 그 밖에도 현장에서 사용할 수 있는 몇 가지 기입 도구를 소개했다(342쪽). 예를 들어 '뇌 속 지도 시트'는 어떤 상황이 머릿속에서 신경 쓰이거나 관심이 생기는 것의 비율을, '24H 라이프 스타일 시트'는 하루의 시간 사용법을 각각 상세하게 알아내는 데 특화된 것이다. 그저 "숨김없이 말해주세요"라고 부탁하기보다 이렇게 어느 정도 프레

임워크를 정해 제시해주면 말하는 사람도 언어화하기 쉬운 경우가 많다. 이 두 가지는 어디까지나 예시이므로 인터뷰에서 질문하고 싶은 내용에 맞추어 독자적인 기입 도구를 개발해보기 바란다. 펜과 클립보드를 챙기는 것도 잊지 말자!

한 가지 주의할 점을 꼽자면, 쓰거나 그리기를 불편하게 여기는 사람도 있다는 점이다. 상대가 좀처럼 펜을 들지 않는다면 질문자가 대신 그 역할을 맡도록 하자. 귀와 더불어 눈으로도 정보가 들어가게 되므로 기억을 상기하기 쉬워진다.

경험하지 않은 장면을 더욱 풍부하게 상상하게 하는 방법

아이디어에 관한 의견을 묻는 인터뷰에서는 그 사람이 아직 겪어보지 못한 현상을 상상하여 말하도록 해야 한다. 그 아이디어를 구현한 무언가를 보여줄 수 없는 상태라도 걱정할 것 없다. 화면 이미지나 러프 스케치를 준비해두면 참가자가 상상하기 쉬워진다. 제품뿐 아니라 이용하는 모습 등을 그린 사진이나 일러스트도 있으면 좋다.

정량적으로 평가를 받는 방법

인터뷰의 주 목적은 인상을 주관적으로 말하도록 하는 것인데, 그래도 어떤 일에 얼마나 적극적인지, 제시한 아이디어를 얼마나 사용해보고 싶다는 생각이 들었는지 등과 같이 분석할 수 있도록 정량적인 지표가 있었으면 할 때가 있다. "이 아이디어를 상품화하면 사용해보고 싶으신가요?"라고 질문하면 '네/아니오' 두 가지 선택지가 되기 쉽다.

하지만 수직선을 보여주며 "'전혀 사용하고 싶지 않다'부터 '꼭 사용해보고 싶다'까지 여섯 단계 중 가장 해당하는 곳에 ○ 표시를 해주세요"라고 하면 다단계 정량 지표 데이터가 된다(이를 '평정 척도법'이라고 한다). 단순히 수치를 이끌어내는 데 그치지 않고 "그렇게 점수를 매긴 이유는 무엇인가요?", "만점에서 1점이 부족한데, 어떤 점이 조금 부족하다고 느끼셨나요?" 등과 같이 질문에 더욱 깊이 파고드는 계기가 되기도 한다.

수직선을 이용한 점수 매기기

원활하게 대화하거나 진행자의 부하를 낮추는 방법

시계는 아날로그시계가 시간 경과나 배분을 파악하기 더 쉽다. 벽시계나 탁상시계를 상대방 등 뒤 위치에 놓아두면 자연스럽게 시간을 확인할 수 있다. 반대로 일부러 손목시계를 활용해 상대방의 이야기를 멈추고 다음 단계로 진행하고 싶을 때 시계를 보는 제스처를 하는 기술도 있는데, 잘못하면 상대방을 기분 나쁘게 할 수도 있으므로 주의해야 한다.

그룹 인터뷰인 경우 서로의 이름을 알 수 있도록 이름표를 준비해두는 것이 좋다. A4 용지를 접어 삼각기둥 모양으로 만든 간단한 이름표도 괜찮다. 다만 멀리서도 쉽게 볼 수 있도록 크게 써야 한다. 만약 프라이버시 문제가 있다면 성이나 이름 중 하나만 쓰도록 하자.

기분 좋게 이야기할 수 있도록 마음을 쓴 소품

장소도 정해졌고 기자재와 도구도 준비되었다면 남은 것은 참가자가 기분 좋게 참여할 수 있도록 신경 쓰는 것이다. 짐이나 우산 등을 편안하게 놓을 장소가 마련되어 있거나 날씨에 적합한 음료와 간식이 준비되어 있으면 참여하는 입장에서 기분이 좋지 않을까?

자, 주변을 둘러보자. 기자재 케이블 등이 발에 걸릴 듯한 위치에 마구잡이로 엉켜 있지는 않은가? 혹시 모를 사고에 대비해 마스킹 테이프 등으로 바닥 등에 단단히 고정해두자. 태블릿, 스마트폰 등 더러워지기 쉬운 평가용 기자재를 사용할 때는 각 세션 사이에 화면을 깨끗하

칠판지우개 모양의 액정 클리너

게 닦아두는 등의 센스를 발휘하도록 하자. 위 사진은 필자가 애용하는 칠판지우개 모양의 액정 클리너다. 태블릿처럼 면적이 넓은 화면을 빠르게 닦을 수 있어 편리하다.

또한 참가자가 기분 좋게 이야기할 수 있도록 마중 나간 순간부터 배웅이 끝날 때까지 접대를 의식한 공간 만들기에 유의하자.

음료는 페트병에 든 물이나 차가 무난하다. 과자를 간식으로 제공한다면 대화나 녹음에 방해가 되지 않는, 씹는 소리가 크게 나지 않는 것을 선택해야 한다. 그 밖에 실전에서 깜빡하기 쉬운 인주, 인감 매트 등도 잊지 말고 반드시 준비하자.

Chapter 3.
실시

오쿠이즈미 나오코

'실시'할 때의 체크 포인트

기분 좋게 이야기할 수 있는 자리를 만든다

☐ 라포르(상대방과의 신뢰 관계)를 구축하고 대화의 토대를 다진다.

☐ 라포르가 무너지지 않도록 상대의 표정과 태도를 관찰하고
   적절한 말을 고른다.

유연하게 방향을 잡는다

☐ 인터뷰 가이드는 '대본'이 아니라 '체크 리스트'임을 숙지하고
   유연하게 방향을 잡는다.

☐ '유도'하지 않는 말투와 태도로 임한다.

이야기를 끌어낸다

☐ 질문의 기본을 잡고, 질문을 차분하게 되풀이한다.

☐ 깊이 파고드는 기본 테크닉을 활용하며 인내심을 갖고 계속해서
   질문한다.

☐ 더 깊이 들어가지 않겠다는 판단을 서두르지 않는다.

☐ 문맥이나 환경과 시간을 조금 달리 한 질문으로 파고드는 흐름을
   전환한다.

☐ 평소 의식하지 않은 일을 생각할 수 있도록 깊이 파고든다.

기술 향상의 힌트

☐ 메타 인지를 갈고닦으면서 경험을 쌓는다.

☐ 공감하기를 목표로 하면서 공감하고 있음을 전제로 하지 않는다.

☐ 되돌아보기를 게을리하지 않으며 '다음'을 대비한다.

1. 기분 좋게 이야기할 수 있는 자리를 만든다

자, 드디어 실전이다. 충분히 계획을 짜서 인터뷰 가이드를 준비했다. 필요한 인쇄물과 환경 준비에도 만전을 기했다. 리크루팅도 완료했으니 남은 것은 당일 참가자와의 대면을 기다리는 일뿐이다.

이번 챕터에서는 실제로 인터뷰를 실시할 때에 초점을 맞추고 한정된 시간을 최대로 활용하여 조사 목적을 달성하기 위해 알아야 할 기본적인 마음가짐과 요령을 생각해보도록 하자. 이미 기본을 습득한 사람은 '기술 향상의 힌트(272쪽)'로 넘어가 한층 더 높은 기술 향상을 목표로 하자.

자리를 만드는 데 중요한 '라포르'

인터뷰를 하는 데 가장 중요한 것은 바로 '라포르'다. '라포르'란 프랑스어 'rapport'를 그대로 읽은 것으로, '관계', 또는 '연결'을 뜻하는 임상심리학 용어다. 이 용어가 익숙하지 않은 사람은 어렵게 느껴질 것이다. 쉽게 말해 라포르는 의사소통을 하려는 두 사람이 서로를 신뢰하고 스스럼없이 마음을 열어 이야기할 수 있는 관계를 의미한다. 그리고 그런 관계를 만드는 일을 '라포르 구축', 또는 '라포르 형성'이라고 한다.

인터뷰를 할 때 라포르 형성이 중요하다는 사실은 말할 필요도 없다. 상대방의 긴장이 풀리고 서로 좋은 관계가 형성되어야 비로소 대화가 성립되기 때문이다. 인터뷰를 하는 자신과 협조하고 이야기를 들려주는 상대는 초면인 경우가 많다. 낯가림 정도는 사람마다 다르겠지만, 처음 만난 사람이 갑자기 연달아 질문을 퍼부으면 기분이 나쁠 수도 있다. 뿐만 아니라 '무서워. 오지 말 걸 그랬어', '빨리 끝났으면 좋겠다' 하고 공포감이나 혐오감을 느낄 수도 있다. 그렇게 되면 안타깝게도 인터뷰는 실패할 가능성이 크다.

공포감을 느낀 사람은 질문자가 그 이상 무서운 분위기를 풍기지 않도록 난해한 답을 찾게 된다. 인터뷰가 속히 끝나기를 바라는 사람은 1분 1초라도 빨리 끝내고자 성의 없이 응답할지도 모른다. 그렇게 되는 일을 피하고, 협조해준 사람이 '참가해서 좋았어', '너무 즐거웠어'라고 생각하게끔 하는 것이 목표다.

라포르가 형성된 상태

라포르가 형성되지 않은 상태

| 라포르 만들기의 첫걸음

자신의 '겉모습'에 신경 쓰자

인터뷰라는 말에는 '서로^{inter}'와 '보다^{view}'라는 의미가 함께 담겨 있다.

혹시 취업 면접(잡 인터뷰)이나 취재를 목적으로 저널리스트가 하는 인터뷰 등에서 받은 인상 때문에 한쪽이 다른 쪽에 질문하고 그에 대답하는 형태로 정보를 끌어내는 자리, 혹은 질문하는 사람이 일방적으로 상대의 반응을 관찰하며 이야기를 듣는 상황이 인터뷰라고 생각하고 있지는 않은가? 어떤 인터뷰가 됐든 서로를 살피며 나누는 성의 있는 대화를 지향해야 한다.

라포르를 만들고자 할 때 중요한 것은 상대도 자신을 본다는 사실을 의식하고 호감 가는 첫인상을 줄 수 있도록 행동해야 한다는 점이다. 상대방의 눈에 자신이 어떻게 비치는지 상상해보자. 처음 보는 사람이 한순간이라도 표정을 구길 만한 헤어스타일이나 복장을 하고 있지는 않은가? 상대는 편안한 차림인데 당신은 너무 격식을 차렸다면 상대방은 긴장을 할지도 모른다. 반대로 상대방은 격식을 차리고 왔는데 당신은 얼빠진 그림이 그려진 티셔츠에 반바지 차림이라면 상대는 '나를 무시하는 건가?' 하는 생각에 사로잡힐지도 모른다.

상대방이 어떤 차림일지는 당일이 되어야 알 수 있지만, 그 사람의 업무 내용과 근무처를 통해 어느 정도 추측할 수 있다. 또한 평일 밤이라면 퇴근 복장, 휴일 낮이라면 업무와 관계없는 차림일 것으로 예측할

수 있다. 그렇다고 상대방에 맞춰 옷을 갈아입을 수는 없으므로 어떤 상황에서든 문제없는 적당한 복장을 갖출 필요가 있다.

꽤 가까운 거리에서 말을 주고받다 보면 냄새도 영향을 미친다. 향수를 싫어하는 사람도 있으므로 인터뷰 날에는 삼가도록 하자. 인터뷰 전날이나 아침에 냄새가 남는 음식을 먹는 사람은 없을 것이라 굳게 믿는다.

이 모두 사회인으로서, 그 이전에 사람으로서 타인을 대할 때 생각해야 하는 마땅한 매너다. 상대방을 조금만 배려한다면 어떤 상태로 그 자리에 임해야 하는지 잘 알 것이다. 인터뷰에 임하기 전에 자신의 겉모습을 확인하는 습관을 들이자.

온라인 인터뷰는 화면 너머로 대면하므로 냄새는 신경 쓰지 않아도 된다. 그래도 복장에 대한 배려는 여전히 필요한데, 줄무늬나 물방울무 늬 옷은 화면 너머로 보면 눈이 따끔거리고 어지러울 수 있으니 피하 는 것이 좋다. 그리고 등 뒤에 있는 것이 비쳐 상대의 집중이 흐트러질 수도 있다. 이용하는 서비스에 따라 배경 이미지를 변경할 수 있으니 이를 이용하는 것도 고려할 필요가 있다. 단, 상대를 웃기려고 우스운 이미지를 고르지는 말자.

상대방에게 자신이 어떻게 보이는지는 매우 중요하다. 꾸미지 않은 미소로 대화를 시작하기 위한 토대는 개성적인 겉모습이 아닌 자연스 럽고 깔끔한 차림이다.

상대가 어떤 차림을 했든 웃는 얼굴로 맞이하자

복장이나 소지품에 관한 취향은 사람마다 제각각이어서 때로는 눈이 휘둥그레지는 복장으로 인터뷰 장소에 나타나는 사람도 있다. 사람의 기호에는 좋고 나쁨이 없으므로 서투른 대응은 금물이다. 자신의 놀라 움이나 당혹감을 감추려고 횡설수설하기보다는 그 기분을 그대로 말 로 내뱉는 편이 자연스럽다.

한 번은 한겨울에 얇은 티셔츠 하나만 입고 나타난 사람이 있어 굉장 히 놀랐다. "춥지 않으세요?" 하고 솔직하게 물었더니 "오늘은 조금 쌀 쌀하네요"라는 답이 돌아왔다. 내심 '그럼 옷을 좀 더 입지!'라고 생각 했지만 웃는 얼굴로 이렇게 말했다.

"그렇죠. 감기 걸리지 않게 조심하세요."

온라인 인터뷰 시에는 옷차림을 건드리지 않는 것이 좋다. 자택에서 참가하면 편안한 차림일 가능성이 높고, 인터뷰 장소에 나올 때와 달리 복장을 전혀 의식하지 않았을 수도 있다. 본래 화면 너머로는 얼굴이 주로 보이므로, 마치 들여다보듯 하면서까지 옷차림을 언급하는 것은 바람직하지 않다.

자신이 첫 번째로 말을 건넬 생각으로 준비하자

자신이 먼저 청결함을 의식한 차림과 자연스러운 미소로 인사하며 상대를 대한다면 순조롭게 출발할 수 있다. 하지만 사정을 모르는 동료가 누구에게 연결해야 할지 몰라 우왕좌왕한 결과, 상대를 오래 기다리게 한다거나 사무 절차를 담당하는 담당자가 무심코 한 발언이나 태도 때문에 라포르 형성의 첫걸음이 안타까운 결과로 이어지고 마는 경우가 의외로 많다.

사내에 중요한 고객이 방문할 예정임을 미리 공유해두자. 동료가 입구에서 어디로 가야 하는지 헤매며 두리번거리는 사람을 발견하면 재빠르게 응대해 고객이 이리저리 돌고 도는 사태를 방지할 수 있다.

사전에 확실하게 자신과 연결되는 전화번호를 상대방에게 전달해놓는 것은 기본이다. 중요한 첫 만남을 누군가에게 맡기거나 의지하지 말고, 반드시 자신이 첫 번째로 말을 건넬 생각으로 준비해두는 것도 라포르를 형성하는 중요한 비결이다.

그런 점에서 온라인 인터뷰는 걱정할 필요가 없다. 상대의 얼굴이 화면에 비치면 모더레이터가 바로 말을 건넬 것이다.

첫인사로 긴장을 풀자

무엇보다 처음이 중요하다. 먼저 밝게 웃는 얼굴로 인사하자. 무더위에 땀을 뻘뻘 흘리며 등장한 사람에게는 "더운 날씨에 감사드려요. 시원한 차 한 잔 드세요"라고, 상대방이 소지한 우산이 흠뻑 젖어 있을 때는 "비가 많이 왔나요? 궂은 날씨에도 제시간에 와주셔서 감사합니다"라고 인사하자. 지하철 운행이 지연된 날에는 "지하철이 지연된 모양이던데 괜찮으셨나요?"라고, 조금 늦게 온 사람에게는 "길을 헤매셨나요? 지하철역에서부터 여기까지 오는 길이 조금 헷갈리죠? 저도 처음에 꽤 헤맸어요"라고 인사하자.

인터뷰에 협조해주심에 감사한 마음, 악천후에도 굴하지 않고 약속대로 와주신 것에 대한 감사 인사를 솔직하게 전하자. 지각해서 무거운 마음으로 온 듯한 사람에게는 그 미안한 마음을 빨리 잊게 해야 한다. 시간이 지체된 만큼 더욱 농밀한 시간을 가지면 그만이다. 상대가 불편한 마음을 내려놓을 수 있도록 적절하게 건넬 말을 잘 생각해보자.

상대방의 집이나 사무실에 방문할 때는 무엇보다 시간을 엄수해야 한다. 상대가 눈치채지 못할 만한 곳에서 시간을 보내다가 약속 시간에 맞춰 찾아가도록 하자. "실례합니다"와 같이

협조해주셔서
감사합니다!

당연한 한마디를 한 후에는 다음과 같이 지역이나 집에 대해 칭찬하는 것이 좋다.

"지하철역과 가까워서 참 좋네요. 이곳에서 오래 생활하셨나요?"

온라인 인터뷰에서는 "직접 뵙지 못해 아쉽네요. 잘 부탁드립니다"와 같이 직접 만나지 못하는 것에 대한 아쉬움을 전하며 시작하는 것이 적절하다. 그리고 접속하는 데 번거롭지 않았는지 묻고 위로의 한마디를 건네는 것도 좋다.

"바로 접속되었나요? 익숙하지 않았을 텐데 번거롭게 해드려 죄송합니다."

특정 장소에 초대해 인터뷰를 진행할 때는 여름에는 차가운 음료를, 겨울에는 따뜻한 음료를 제공하여 긴장을 풀도록 돕는 것이 정석이다. 그러나 온라인에서는 그렇게 할 수 없다. 인터뷰 도중에 목이 말라 자리를 뜨는 일이 생기면 시간도 아깝고 이야기가 끊길 가능성도 있다. 가능하면 시작하기 전에 준비하게끔 하자.

"오늘 많은 이야기를 부탁드릴 예정이어서 목이 마르실지도 몰라요. 마시면서 참가하셔도 좋으니 괜찮다면 음료 먼저 준비해주시겠어요?"

인터뷰하는 환경에 따라, 상대방의 상황에 따라 건네야 하는 말이 다르지만 매끄럽게 말할 수 있는 멘트를 미리 준비해두면 마음이 보다 편안할 것이다.

녹음 및 촬영 사실을 사전에 알리지 못했다면

음성, 영상 등을 기록하려면 사전에 승낙한다는 사인을 받아야 한다. 그런데 라포르가 형성되기도 전에 뜬금없이 녹음 및 촬영이 필수라는 뉘앙스로 이야기하면 라포르 형성이 조금 힘들어질 수도 있다.

당일에 거절당하는 일을 방지하려면 기본적으로 리크루팅 단계에서 알려야 하지만, 알렸더라도 막상 닥치면 거부감을 보이는 사람들이 있다. 만약 조금이라도 그런 분위기가 전해지면 "무리하지 않으셔도 괜찮아요" 하고 말을 건네고, 동의서에 한 서명도 일단 없었던 것으로 하겠다는 등 임기응변적인 대응이 중요하다. 처음에는 거부감을 보이던 사람도 라포르가 형성되면서 긴장이 풀려 인터뷰가 끝날 무렵에는 "사진 정도는 괜찮아요" 하고 기분 좋게 승낙해주는 경우가 많다. 사무 절차를 포함하여 초조함은 금물이다.

단, 먼저 서명을 받아야 인터뷰를 시작할 수 있는 경우도 있다. 담당 부서와 사전에 확실하게 협의하고, 임기응변적인 대응이 어디까지 허용되는지 확인해두자.

라포르 굳히기를 위한 두 번째, 세 번째 화살

"저는 상처받지 않으니까요!" 하고 선언하자

인사 하나로 라포르를 만들기는 쉽지 없다. 따라서 실수 없이 두 번째, 세 번째 화살을 쏘아 라포르를 굳혀 가야 한다. 처음 보는 사람과 같은 시간과 장소를 공유하므로 상대방에게도 라포르는 매우 중요하다. 사람이라면 누구나 자신의 발언이나 태도 때문에 분위기가 나빠져 불편해지는 일은 피하고 싶어 한다.

그리고 질문에 대답할 때는 '이런 말을 하면 실례가 되지 않을까?', '너무 부정적인 의견을 말하면 이 사람이 나중에 난처해질지도 몰라'와 같이 마음을 쓰기도 한다. 그러면 시종일관 무난한 의견을 이야기해 좋은 의견을 듣지 못하게 될 수도 있다.

그런 사태를 피하고 싶다면 자신은 인터뷰 주제에 관한 전문가가 아니라 이 자리의 진행을 맡았을 뿐이라고 전하며 웃는 얼굴로 이렇게 말해야 한다.

"어떤 말로도 상처받지 않으니 생각하신 대로 편하게 말씀해주세요."

많은 사람이 이런 말을 들으면 키득키득 웃는다. 이 순간에 긴장이 풀리면서 라포르의 토대가 완성된다.

공통점이나 공통의 화제를 찾자

라포르를 만들려면 상대에게 좋은 인상을 주어야 한다. 누구나 처음 만나면 좋은 인상을 남기기 위해 겉모습에 신경 쓰고 웃는 얼굴로 기분 좋게 인사할 것이다. 미소를 끌어냄으로써 만들어진 라포르의 토대 위에 또 한 단을 쌓는 데는 상대방과 자신의 공통점을 찾아 화제로 삼는 방법이 효과적이다.

예를 들면 거주지나 출신지다. "어디에 사세요?", "어디에서 오셨어요?"와 같이 사는 곳을 물은 뒤 "저도 예전에 그 근처에 살았어요!", "친구가 그곳에 살아서 자주 가요!"라고 대답하면 된다. 같은 출신지인 경우는 매우 드물지만 가본 적 있는 지명이 나오면 "가본 적 있어요! ○○가 굉장히 유명하잖아요", "조만간 갈 예정인데 추천해주실 만한 곳이 있나요?" 하고 답하면 부드러운 분위기를 만들 수 있다.

> 자신: 어디 출신이신가요?
>
> 상대: 부산이요.
>
> 자신: 아! 학창 시절에 친구들과 몇 번 놀러 간 적이 있어요.
>
> 상대: 그렇군요.
>
> 자신: 부산 어디이신지…….
>
> 상대: 기장이라는 곳이에요.
>
> 자신: 아! 최근에 롯데월드가 오픈했다는 이야기를 들었어요. 조만간 꼭 가보려고요.

상대: 잘 아시네요. 그럼 최근에 그 근처에 새로 생긴 유명한 식당도 아시나요?

자신: 어디를 말씀하시는 걸까요?

이와 같은 식으로 이야기가 활기를 띠며 라포르 형성이 완료된다. 자신이 태어나고 자란 지역이 화제가 되면 현지 이야기를 하고 싶어지는 것이 인지상정이다. 모르는 지명이 나왔을 때는 언젠가 갈 기회가 있을 것이라고 생각하며 적극적으로 "어떤 곳이에요?", "뭐가 맛있어요?"라고 물어보자.

참가자 명단을 미리 살펴보고 참가자의 주소나 출신지와 관련된 제철 이슈를 미리 알아두면 가본 적 없는 지명이 언급되어도 당황하지 않을 수 있다.

방문처라면 그곳에 있는 물건, 온라인 인터뷰라면 뒤에 보이는 물건이나 사람 등도 화제로 삼을 수 있다. 애착이 가는 물건에 관해 물어보면 누구나 기쁘고 즐겁게 이야기를 늘어놓을 것이다. 분위기를 고조시킬 공통 화제를 쉽게 찾으려면 평소 폭넓은 화제를 의식해 정보를 수집해 두는 것도 중요하다.

이때 분위기가 달아올라 필요 이상으로 이야기가 길어지지 않도록 주의하면서 라포르 굳히기를 목표로 해야 한다.

자신의 이야기도 하자

인터뷰를 시작하기 전에 상대방의 사람됨이나 생활 모습을 대충 파악하고자 가족 구성, 업무 내용 등 사적인 것을 묻기도 한다. 라포르가 안정되지 않았을 때 그런 질문을 하면 특히 개인정보와 사생활 보호에 민감한 사람은 약간의 불편함을 표현할 수도 있다. 이때 벽이 생기면 라포르가 만들어지지 않을 수도 있으므로 속공을 해야 한다. 방법은 어렵지 않다. 자신의 개인정보도 아무렇지 않게 공개하면 된다. 나이가 비슷하다면 "같은 세대네요"라고 말하고, 아이의 나이가 같다면 "우리 아이도 1학년이에요"와 같이 말하는 것이다.

이런 식으로 자신의 정보를 일방적으로 공개하는 것이 아니라 서로 공유한다는 생각으로 장단을 맞추자. 그 바탕에 깔린 것은 역시 공통점 찾기다. 서로 비슷한 면이 있다는 생각이 들면 이야기를 꺼내기가 한결 쉬워진다.

그렇다면 공통점을 찾을 수 없을 때 어떻게 해야 할까? 만약 자신은 아이가 없는데 상대는 남자아이 셋을 키우고 있다면 "저는 아직 아이가 없어요. 한 명도 힘들 것 같은데 남자아이만 셋을 키우신다니 정말 대단하세요"와 같이 말하면 된다. 상대의 취미가 골프라고 한다면 "전 골프를 한 번도 해본 적이 없어요. 어떤 점이 그렇게 재미있나요?"라고 말하면 된다.

앞서 이야기했듯 인터뷰는 상호작용이기 때문에 이 정도만으로도 상대방의 거부감이 줄어든다. 단, 이야기가 너무 길어지지 않도록 주의해야 한다. 들어주는 사람이 있다는 사실이 너무나 기쁜 나머지 이야기를 멈추지 못하는 사람도 있다. 기회를 보아 "이야기가 너무 재미있어서 더 듣고 싶지만 시간이 부족해 슬슬 본론으로 들어가야 할 것 같아요"라고 말하며 상대방의 기분을 헤치지 않게 이야기를 잘 마무리해야 한다.

라포르가 만들어지지 않았다는 사실을 깨닫자

라포르가 만들어지고 있는지는 상대방의 표정을 보면 알 수 있다. 앞서 이야기했듯 미소가 지어지면 토대는 완성된 것이다. 계속 표정이 굳어 있거나 시선을 맞추지 않고 피하는 것은 라포르가 만들어지지 않았다는 증거다.

질문에 얼버무리며 대답하는 경우도 수상하다. 예를 들어 "어디에 사시나요?"라는 질문에 "서울이요"라고 대답한 사람이 있었다. 개인정보를 묻는 데 거부감을 느낀다고 짐작할 수 있었다. 그러한 사실을 눈치채지 못하고 "서울 어디인데요?" 하고 캐물으면 벽이 한층 더 두꺼워지게 된다. 예를 들어 실제로 어디에 사는지가 아니라 출퇴근 시간을 묻고 싶다면 다음과 같이 질문을 바꿔보자.

자신: 어디에 사시나요?

상대: 서울이요.

자신: 서울이라… 범위가 너무 넓네요.

상대: 그러네요.

자신: 지하철로도 갈 수 있는 범위인가요?

상대: 네, 물론이죠.

자신: 출근 시간은 얼마나 걸리나요?

상대: 지하철을 갈아타는 시간까지 합치면 40분 정도요.

자신: 어느 역에서 갈아타시나요?

상대: 신도림역에서 갈아타요.

자신: 정말요? 그 역은 갈아타기 힘들지 않나요? 그곳은 늘 사람이 많아
      복잡한 것 같아요.

상대: 맞아요. 지하철을 놓친 적도 몇 번 있어요.

자신: 그럼 지하철 타는 시간만 따지면⋯⋯.

상대: 대략 30분 정도네요.

초반의 생활 환경이나 사람됨을 알기 위한 질문 하나하나에는 의도가
담겨 있다. 이를 확실하게 염두에 두고 상대가 말하고 싶지 않다고 느
끼는 것은 피할 수 있다면 피하는 방법을 고안해 물어야 한다.

예상과 다른 사람이라는 사실을 알았을 때 대처하는 방법

라포르 만들기를 의식하면서 이번 조사에 적합한 사람인지 확인하고자 질문을 두세 개 정도 해보니 리크루팅 때 확인했던 속성과 조금 다른 듯하다는 사실을 깨달았다. 자, 어떻게 하면 좋을까?

프로토타입을 준비한 가설 검증형 인터뷰라면, "프로토타입의 상태가 나빠 작동하지 않게 되어서……"와 같이 말하고 빠르게 마무리 지을 수 있다. 기껏 협조할 생각으로 왔는데 돌려보내는 것에 대해서는 제대로 사과해야 한다.

기회 탐색형이나 태스크 분석형인 경우에는 속성과 별로 관계없는 질문이나 장래에 도움이 될 만한 질문으로 한정해 인터뷰를 하는 것이 좋다. 아무래도 질문 수가 적어지므로 눈 깜짝할 사이에 인터뷰가 끝나버릴지도 모른다. 그럴 때는 "착착 대답해주셔서 예정보다 빨리 끝났습니다" 하고 말하며 협조한 것에 대해 감사함을 표현한 뒤 돌려보낸다.

만약 이야기를 들어도 데이터로 사용할 수 없다면 계속 진행하는 것은 그저 시간 낭비에 불과하니 중단을 빠르게 결정해야 한다. 그것이 어떤 의미에서는 상대에게 성의 있는 대응이 될 수도 있다. 한 미국 기업의 의뢰로 인터뷰를 진행했을 때 시작한 지 10분 만에 "이제 돌아가라고 하세요"라는 지시를 받고 놀란 적이 있다. 약속한 사례금을 지불하면 문제없다고 생각하는 사고방식에 감탄하면서 스스로 판단한 대로 30분 정도 인터뷰를 계속했다.

상대가 기분 좋게 돌아갈 수 있도록 자리를 꾸려나가는 것도 모더레이터의 역할이다. 불쾌한 기분으로 돌아가게 되면 '이러한 인터뷰에 협조하자!' 하는 생각이 더는 들지 않을 수도 있다. 인터뷰를 비롯한 조사는 협조해주는 사람이 있어야 성립한다. 이번 조사 목적에 맞지 않는 사람이었다 해도 다른 조사에서는 최고의 정보 제공자가 될 수도 있다. 어떤 경우라도 상대가 기분 좋게 돌아갈 수 있도록 최선을 다하자.

상대방이 약간 '위'에 서게 하자

다른 사람과 이야기할 때 위아래 구분이 없다고 생각할 수도 있지만, 말을 고르는 방법이나 말투가 적합하지 않으면 전혀 의도하지 않았음에도 상대방에게 '고압적인 사람'이라는 인상을 주게 된다. 그렇다고 해서 너무 굽히고 나가면 상대는 속마음을 털어놓고 이야기하기 어려울 수도 있다. 상대가 아주 조금만 '위'에 서게 해서 기분 좋게 이야기할 수 있는 정도의 라포르를 목표로 삼자. 그런 의미에서 자신이 가진 지식과 경험을 과시하는 듯한 말투는 바람직하지 않다.

"최근 ○○가 유행하고 있는데, 알고 계시나요? 사실 그 뒤에 △△가 있고, 한편으로 지금까지 □□했다는 경위도 있어서 이렇게 흘러가고 있는 것 같아요. 어떻게 생각하시나요?"

이런 식으로 물어보면 상대방은 '나보다 잘 알잖아?', '나한테 왜 물어보는 거지?'라고 생각하며 발언을 사양할지도 모른다. 또한 질문자가 자신의 의견이나 생각을 먼저 말해버리면 다른 의견이나 생각이 있다 하더라도 그에 대해 언급하지 않고 무심코 질문자에게 맞추어 발언할 가능성도 높아진다.

그러니 자신은 잘 모르는 척하며 상대에게 가르침을 청하는 정도가 딱 좋다. 이야기가 원활하게 진행되지 않아 실마리를 제공해야 할 때는 "저도 잘은 모르지만……", "저도 들은 이야기인데요……"라는 전제를 깔아 사람의 상하 관계가 역전되지 않도록 배려해야 한다.

특히 가설 검증형 인터뷰인 경우, 가설에 대한 애착심이 강할수록 그에 비례해 자신의 의견이나 생각을 강요하는 식으로 질문할 가능성이 크므로 주의해야 한다. 우리의 뇌는 한 번 가설을 세우면 이를 지지하는 정보에만 주의를 기울이고, 그 반증이 되는 정보를 경시하거나 묵

살하는 '확증 편향confirmation bias'이라는 경향을 강하게 보인다. 이에 이끌려 "당신도 그렇게 생각하죠?" 하고 강요하는 어조가 되지 않도록 주의하자.

존댓말이 절대적이라고 생각하지 말자

대부분의 사람은 처음 마주하는 사람에게 존댓말을 사용한다. 그렇다면 상황과 상관없이 계속해서 조심하며 정중하게 말을 주고받는 것이 항상 적절할까? 그렇지 않다.

상대가 부모와 자식만큼 나이 차이가 나는 연하일 경우, 필요 이상으로 공손하게 말하면 오히려 긴장감을 부추길 수도 있다. 라포르가 생긴 듯하면 표현을 조금 부드럽게 하며 거리감을 좁혀 나가자. 다만 단번에 다가서면 상대가 물러설 수도 있으니 천천히 다가가야 한다. 상황을 살펴 조급했다 싶을 때는 서둘러 수습하며 공손한 분위기로 되돌아가야 한다.

자신: 부모님과 함께 사시나요?

상대: 네. 그런데 봄 무렵부터 자취가 하고 싶어서 준비 중이에요.

자신: 오, 기대되네요. 부모님은 뭐라고 하셨나요?

상대: 아직 말하지 않았어요

자신: 뭐? 진짜?

상대: 진… 진짜요…….

자신: 벌써 3월인데 괜찮나?

상대: 큰일… 일까요?

자신: 큰일이지! 아니, 괜한 오지랖이네요. (웃음) 부모님의 마음으로 말해버렸어요. 죄송해요.

반대로 상대가 훨씬 나이가 많을 때는 자녀나 손자 입장을 흉내 내 행동하면 쉽게 마음을 열 수 있다. 또래라면 어릴 적 유행했던 노래나 애니메이션 이야기로 흥을 돋우면 순식간에 친구 같은 분위기를 자아낼 수 있다. 결국 상대 나름이지만, 라포르를 위해서는 무난하고 안전한 존댓말을 계속 사용하기보다 격식을 조금 깨는 분위기를 만들어내는 편이 효과적일 수도 있다는 점을 기억하자.

| 라포르가 무너지는 요인과 재건 방법

(불쾌감으로 이어지는 말투를 피하자)

사람에게는 '부정 편향negativity bias'이 있다. 부정 편향이란 좋은 정보보다 바람직하지 않은 정보에 주의를 기울이기도, 기억하기도 쉽다는 인지 버릇이다. 즉, 인터뷰 상대에게 나쁜 이미지를 한 번이라도 심어주면 언덕길을 굴러 내려가듯 관계성이 악화되어 돌이킬 수 없게 되기도 한다. 처음부터 라포르를 만드는 것보다 한 번 망가진 라포르를 다시 만드는 것이 훨씬 어려우니 라포르 붕괴는 전력을 다해 막아야 한다.

첫 번째 대책은 상대에게 불쾌감을 주지 않는 것이다. 예를 들면 다른 사람과 이야기하다 "그러니까……" 하는 첫마디를 듣고 기분 나빴던 적이 있는가? 이러니저러니 이야기가 이어지는 와중에 자신이 조금 되묻거나 내용을 확인하려고 끼어들면 상대방이 "그러니까……" 하고 조금 지긋지긋하다는 분위기로 이야기하기 시작하는 식이다.

> 자신: 독서 습관에 관해 이야기해주세요.
>
> 상대: 출퇴근할 때 말이죠?
>
> 자신: 출퇴근길을 포함해 독서 전반에 관해서요.
>
> 상대: 전철에서 읽는 일이 많아요.
>
> 자신: 그렇군요. 그럼 출퇴근할 때 외에는 독서를 잘 하지 않는다는 말씀 인가요?
>
> 상대: 아니, 그렇지 않아요. 출퇴근길은 빼고 이야기하는 게 좋을까요?
>
> 자신: 아니, 그러니까… 출퇴근길도 포함해 독서 습관 이야기를…….
>
> 상대: 그럼 출퇴근길 이야기부터 해도 괜찮죠?
>
> 자신: 그게 편하다면 그렇게 해주세요. 그럼 출퇴근길에 독서하는 법을 알려주세요.

사람들이 "그러니까……"라는 말에 불쾌감을 느끼는 이유는 '왜 한 번에 이해하지 못하는 거야?' 하는 마음의 소리가 비쳐 보이기 때문이다. 자신은 알기 쉽게 질문했다고 생각하고 있다. 결국 한 번에 이야기가 통하지 않는 이유는 어디까지나 상대방의 이해력이 부족하기 때문이라고 단정 짓는 듯이 들리고 만다.

마찬가지로 "사실은 여차저차 하는 생각에 여기에 이런 디자인의 버튼을 준비했는데요……"와 같이 말할 때 등장하는 "사실은……"도 '당신의 주의력이 부족한 탓에 알아채지 못한 것 같은데……'라는 의미가 담겨 있는 듯이 들릴 수도 있고, 숨겨왔던 정보를 자신만만하게 선보이는 분위기를 자아낼 수도 있다. 상대가 그렇게 받아들일 경우, 알아차리는지 어떤지 시험당하고 있다는 부정적인 인상을 받은 채 다음 질문들에 답하게 되어 느긋한 분위기에서 편안하게 진심으로 이야기하기 어려워진다.

모두 단순한 말버릇일 뿐 특별히 의식한 적은 없을지도 모르지만, 상대에게는 불쾌하게 들릴 가능성이 있다는 사실을 염두에 두고 평소에도 사용하지 않도록 하자.

분명히 틀린 말을 은근슬쩍 지적하고 싶다면

이야기를 듣고 있는데 '위피'라는 말이 나왔다. 순간 '응? 이게 무슨 말이지?' 싶었는데 문맥상 'Wi-Fi'를 '위피'라고 잘못 말한 듯했다. 자, 당신이라면 이럴 때 어떻게 하겠는가?

잘못 기억하거나 잘못 말한 것을 대놓고 지적받으면 조금 부끄럽다. 하물며 음성이 녹음되고 있는 인터뷰 자리다. 어설프게 지적하면 상대에게 불쾌한 경험을 하게 해 라포르 붕괴를 초래하게 될지도 모른다.

예를 들면 '위피'의 경우 "방금 말씀하신 Wi-Fi(와이파이) 말인데요……" 하고 아무 일도 없었던 것처럼 올바르게 말하며 다음 질문으로 넘어가면 된다. 이때 질문을 공유하려는 의도인 척하며 종이에 'Wi-Fi'라고 적으며 '와이파이'라고 읽으면 상대방을 순조롭고 확실하게 학습시킬 수 있다. 아마 이때부터는 상대도 아무 일 없었다는 듯 '와이파이'라고 말할 것이다.

또 하나의 방법은 종이에 적으며 "혹시 Wi-Fi를 말씀하시는 건가요?"라고 물은 뒤 "이걸 와이파이라고 읽는 모양이에요. 저도 처음에는 몰랐는데 다른 사람이 알려줘서 알게 되었어요"와 같이 말하며 누구나 잘못 읽을 수 있다는 뉘앙스를 곁들여 지적해주는 것이다. 이때 상대가 잘못 말한 것을 입 밖으로 내지 않도록 주의해야 한다. 실수를 지적받은 것만으로도 부끄러운데 이를 귀로 직접 들으면 부끄러움은 배가 된다. 그러면 그 후부터 입이 무거워질 위험이 있다. 그렇게 되지 않도록 하기 위해서라도 잘 짚어줘야 한다.

상대의 이해력과 지식수준을 에둘러 살펴보자

질문을 던졌는데 상대방이 조금 이해할 수 없다는 분위기를 풍기며 어떻게 대답할지 생각하고 있을 때 무심코 "질문의 의미를 아시겠나요?"와 같이 묻는 일은 없도록 하자. "그러니까……"와 마찬가지로 상대의 이해력이 자신의 요구에 부합하는지를 살피는 듯한 뉘앙스가 있기 때문이다.

상대방이 질문을 이해했는지, 이해하지 못했는지 확인하는 것이 아니라 자신의 질문이 상대방에게 잘 전달됐는지 확인하는 식의 표현을 쓰도록 하자. 예를 들어 "질문의 의미가 전달됐나요? 질문을 이상하게 해서 죄송해요. 다시 한 번 더……"와 같이 말하며 자신의 잘못으로 돌리는 것이다.

그렇다면 상대방이 가진 지식이 어느 정도인지, 어떻게 이해하는지를 살펴보는 것 자체가 조사 목적이라면 어떻게 해야 할까? 예를 들어 온라인 쇼핑몰에서 제공하는 회원 혜택이나 신용카드 우대 혜택 등을 이용자가 얼마나 파악하고 활용하고 있는지 확인하고 싶을 때 말이다.

"현재 사용 중인 신용카드의 우대 서비스를 잘 알고 계시나요?"

이렇게 질문하면 대부분의 사람은 순식간에 굳어버린다. 카드사가 좋고, 제공하는 서비스가 다양해 사용하는 것일 뿐, 우대 서비스를 세세하게 알고 있지 않은 경우가 대부분이다. 결국 스스로 "혜택이 좋아서 이 카드를 만들었다"라고 말했으면서 실은 알고 있는 지식이 별로 없다는 사실을 깨닫고 만다. 혜택을 제대로 활용하지 못한 사실을 받아들이기 어려운는 마음도 이야기하는 데 방해가 될 수 있고, '다른 사람에게 잘 보이고 싶다', '남에게 좋게 평가받고 싶다'라는 승인 욕구가 대충 대답하는 원인이 될 수도 있다.

만약 친구가 물으면?

자신: 친구와 차 한잔하는데 '너 신용카드 사용해?'라는 이야기가 나왔다고 해요. 친구가 '그 카드는 어떤 혜택이 있어?'라고 묻는다면 뭐라고 대답하시겠어요?

상대: '우선 환원율이 이득이야!'라고 할 것 같아요.

자신: '몇 퍼센트야?'라고 묻는다면요?

상대: 그건 바로 대답할 수 없어 그 자리에서 검색하거나 '네가 스스로 알아봐'라고 말할 거예요.

자신: 확실한 숫자는 기억나지 않지만, 환원율이 이득인 것은 틀림없다는 말씀인가요?

상대: 만들 때 여러모로 알아보고, 결국 환원율로 결정한 게 틀림없어요.

자신: 그렇군요. 그럼 아까 '우선은 환원율'이라고 말씀하셨는데, 두 번째 혜택을 꼽는다면요? 친구에게 가르쳐주세요.

상대: '연회비 없이 가족 카드를 만들 수 있어서 남편 포인트도 내가 사용할 수 있어.'

자신: 하하하, 그렇군요. 실제로 남편분이 쇼핑하시고 받은 포인트를 부인께서?

상대: 가끔 맛있는 디저트를 몰래 사기도 해요. (웃음)

자신: 다른 건요? 친구가 '다른 혜택은?' 하고 더 물어보면 어떻게 하실 건가요?

상대: 흐음, 뭐가 있으려나? 바로 생각나는 건 없네요. 자신 있게 말할 수 있는 건 환원율과 가족 카드 정도라서요. 저는 그 정도면 충분하다고 말할 것 같아요. 아니면 반대로 '또 뭐가 있었으면 하는데?' 하고 물어볼 수도 있죠.

친구나 가족에게 소개할 때는 적당히 말하고 싶지 않다는 생각이 강하게 들어 자신 있게 말할 수 있는 지식이 어디까지인지 생각하게 된다. "알고 있는 것을 알려주세요"라고 직접적으로 묻기보다 훨씬 진실된 이야기를 들을 수 있으니 꼭 시도해보자.

불신감은 더 커지기 전에 없애버리자

라포르는 다시 말하면 신뢰 관계이므로 상대가 불신감을 품으면 깨지는 것은 금방이다. 사람은 말하는 속도나 기분만 달라져도 불신감을 갖는다. 경험을 통해 다가가려는 마음이 있으면 자연스럽게 속도나 기분이 맞아들어간다는 사실을 알고 있기에 계속 맞물리지 않으면 애초에 맞출 생각이 없는 것처럼 느껴지기 때문이다.

많은 사람이 비교적 자연스럽게 실행하고 있지 않을까 싶은데, 상대방이 흥이 올라 즐겁게 이야기하면 자신도 그에 맞춰 즐겁게 듣고 리듬을 타며 맞장구를 친다. 반대로 차분하고 담담하게 곰곰이 생각하며 느긋한 속도로 이야기하는 사람에게는 자신도 마찬가지로 차분한 자세를 취하고 억지로 분위기를 띄우려고 하지 않는다.

질문자는 한정된 시간을 효과적으로 사용해야 하는 사명이 있다. '속도를 조금 올려 주었으면 좋겠다' 싶을 때는 의도적으로 자신이 말하는 속도를 조금 올려 보거나, 계속해서 흥이 오른 기세로 이야기하지 않고 조금 차분히 생각해주었으면 할 때는 자신의 톤을 낮추어 보거나

조금 여유 있게 시간을 두고 상대의 흥분이 가라앉기를 기다려 보는 방법도 효과적이다.

적절한 표정으로 맞장구를 치는 것은 속도와 기분을 맞출 뿐만 아니라, '당신의 이야기를 진지하게 듣고 있다!'라는 신호를 보내는 중요한 무기다. 과잉되지 않도록 조심하면서 적당히 맞장구를 쳐야 한다. 빈도가 너무 높거나 목소리가 너무 크면 방해가 되고, 오히려 속도를 흐트러뜨릴 수 있다. 반대로 목소리가 너무 작거나 고개를 끄덕이기만 하면 상대방에게 전달되지 않아 제 역할을 하지 못할 수도 있다.

온라인 인터뷰인 경우에는 더욱 전달되기 어려워 조금 과장스러울 정도로 맞장구를 쳐야 한다. "네, 맞아요", "정말요?", "아, 그렇구나!" 등 다양한 맞장구를 준비해 다른 사람의 이야기를 들을 때 언제든 자연스럽게 반응이 나올 수 있도록 평소에 연습해둘 필요가 있다. 이야기 중간중간에 절묘한 맞장구를 넣음으로써 상대방은 매우 기분 좋게 이야기할 수 있고, 질문의 내용과 의도가 정확하게 전달되면 더욱더 많은 이야기를 이어갈 수 있다.

맞장구를 잘 치지 못하는 질문자는 연습이 필요하다. 가족이나 친구들과의 대화에서도 맞장구를 치지 못한다면 인터뷰에서도 할 수 없다. 일상생활에서 조금씩 조금씩 훈련을 해나가도록 하자. 자연스럽게 맞장구를 칠 수 있게 되면 인터뷰라서 생기는 불신의 씨앗에 주의를 기울일 수 있다.

흔히 하는 실수는 같은 질문을 반복하는 것이다. 먼저 생각할 수 있는 상황은 인터뷰 전반에 이야기의 흐름을 타서 잘 물어본 질문을 후반에 다시 한 번 묻는 것이다. 같은 질문을 받은 상대방의 머릿속에는 다음과 같은 의문이 떠오를 것이다.

'아까 한 대답이 잘못됐나? 뭔가 다른 답을 기대하는 건가?'

'아까도 말했는데, 이 사람은 내 이야기를 제대로 듣고 있는 건가?'

이때 상대의 얼굴에 의아한 표정이 떠올랐을 것이다. 우선 그러한 상태를 알아차려야 한다. 그리고 확인하는 의미에서 다시 한 번 묻는다는 식으로 다음과 같이 말해야 한다.

"이 질문은 아까도 했었죠. ○○라고 대답하셨는데 맞나요?"

인터뷰를 하는 쪽도 사람이기에 기억 용량에 한계가 있다. 하물며 하루에도 여러 사람을 인터뷰하면 눈앞의 상대에게 들은 이야기였는지, 바로 전 사람에게 들은 이야기였는지 순식간에 떠올릴 수 없을 정도로 기억이 섞인다. 하지만 상대방은 이쪽 사정을 짐작할 수 없다. 자신 외에 몇 명의 사람과 인터뷰를 하는지 모르니 말이다. 자신이 열심히 대답하고 있는데 제대로 들어주지 않으면 기분 나쁜 것도 인지상정이다. 그것이 라포르를 무너뜨리는 방아쇠가 되어도 이상하지 않다.

이에 대비하려면 어떤 질문에 대해 어떤 답변을 들었는지 자신이 알 수 있을 정도로 메모해두어야 한다. 이야기의 흐름을 타고 후반부에 물었어야 할 질문을 예정과 다른 타이밍에 물었다면 가이드를 넘겨 빠르게 해당 질문을 찾고 메모해둔 답변을 확인해 '이건 아까 물었었지' 하고 떠올릴 수 있다.

경계심을 알아차리고 묻는 방법을 바꾸자

사람의 경계심은 자신을 지키려는 본능에서 나온다. 다시 말해 위험을 느낀다는 말이다. 인터뷰라고 해도 개인정보를 그다지 말하고 싶지 않다는 생각이 들면, 무의식적으로 저항하여 주소를 물었을 때 경계심이 가득한 목소리로 "서울이요"라고 대답하고 만다. 앞서 이야기했듯 이에 대한 대책 중 하나는 하기 싫은 말은 하지 않아도 되도록 질문 내용이나 묻는 방법을 바꾸는 것이다.

개인정보 외에도 물으면 곤란하다 싶은 걱정거리가 있으면 경계심이 강해진다. 예를 들어 리크루팅 설문에서 무심코, 혹은 의도적으로 거짓말을 한 경우다. '최근 습관'을 쓰는 곳에 습관이라고 하기에는 아직 익숙하지 않은 달리기를 써버렸다고 하자. 인터뷰에서 그 화제가 나오면 상대방의 머릿속에는 다음과 같은 선택지가 떠오를 것이다.

- 거짓말을 들키지 않도록 그럴싸하게 말한다.
- 습관이 될 만큼 지속되지 않았다고 솔직하게 말한다.

첫 번째 선택지를 선택하면 라포르가 무너질 우려가 있다. 거짓말에 거짓말을 거듭하기 때문에 들키지 않으려면 신중할 수밖에 없다. 동시에 거짓말하는 사람으로 여겨지고 싶지 않다는 마음이 커지고 미안한 마음에 더는 견디기 힘들어져 '빨리 돌아가고 싶다'라는 생각을 할지도 모른다. 그러한 기분은 퉁명스럽고 모호한 대답이나 정중하고 신중한 말투로 표면화된다. 예를 들면 이런 식이다.

> 자신: 설문조사에서 최근에 달리기를 시작했다고 하셨는데요.
>
> 상대: 네, 뭐.
>
> 자신: 무슨 계기가 있었나요?
>
> 상대: 체중이 조금.
>
> 자신: 어느 정도 거리를 달리시나요?
>
> 상대: 조금요, 조금.
>
> 자기: 일주일에 몇 번 정도 달리시나요?
>
> 상대: 주말에만요.
>
> 자신: 주말마다요?
>
> 상대: 네, 대충 그렇죠. (이제 그만해~)

조금 전까지만 해도 웃는 얼굴로 취미 이야기를 하고 있었는데, 갑자기 태도가 확 달라져 말수가 줄어들고 거리나 횟수를 구체적으로 말하지 않는 것으로 보아 '그렇게 많이 뛰지는 않았구나?' 하고 짐작할 수 있다. 이럴 때 직접적으로 따지고 들면 라포르가 무너질 수 있으므로 자신의 예를 들며 잘 포장해서 솔직하게 이야기할 수 있도록 도와주어야 한다.

"저도 달리기에 도전한 적이 있었는데 전혀 지속되지 않았어요. ○○ 씨는 어떤가요? 계속하시나요?"

혹은 설문조사에서 한 답변을 수정할 기회를 주는 방법도 있다.

"설문조사에서는 '달리기'라고 하셨는데, 그 외에도 최근에 시작하신 것이 있나요?"

"달리기보다 습관이 된 것은 없나요? 스포츠가 아니어도 괜찮아요."

중요도가 낮은 질문이라면 데이터의 신빙성이 낮다는 사실을 나중에 기억할 수 있도록 '달리기?'라고 메모하고, 깊이 파고들지 않고 다음 화제로 넘어가는 것이 좋다.

여하튼 한 번 한 거짓말을 수정하기란 인지적인 면에서 굉장히 힘든 작업이다. 그러나 거짓말 같은 이야기를 그대로 받아들이거나, 설상가상으로 거짓말을 거짓말로 덮게 되면 라포르도, 데이터도 위태로워진다. 거짓말에 얽매여 있을 가능성을 알아챘다면 거짓말을 탓하지 말고 실수를 수정한다는 생각으로 진실을 캐낼지, 다른 화제로 넘어갈지 판단하도록 하자. 그것이 라포르를 유지하는 길이다.

'관찰하기'를 습관화하자

인터뷰에서 들은 내용은 기록으로 서술되어 많은 사람과 공유하게 된다. 이때 공유되는 내용은 녹취록으로 쓰인 말 이상의 것은 될 수 없다. 그러나 상대방과 시간과 공간을 공유하고 실제로 대화를 나눈 당신은 언어는 물론 행동과 분위기에서 많은 점을 느낄 것이다.

상대가 말로 표현하지 못하는 부분, 말 할 필요가 없다고 생각하고 있을지도 모르는 부분을 알아채고 편안하게 이야기하도록 하려면, 상대의 행동과 태도를 살피며 '관찰하기'를 해야 한다.

인터뷰가 시작된 지 얼마 되지 않아 상대방이 자꾸 손목시계를 쳐다보고 있음을 알아챘다고 하자. 이는 본인이 의식하고 있는지와 상관없이 마음속에 '빨리 끝내고 싶다'라는 감정이 있다는 의미다. 이유야 어떻든 '빨리 끝내고 싶다'라고 생각한다면 빨리 끝나도록 답할 위험성이 있으므로 질문자는 세심한 주의를 기울여야 한다.

참고로 시간이 너무 신경 쓰여 도무지 안절부절 못함이 진정되지 않는다면 어쩔 수 없는 사정이 있을지도 모른다. 가장 먼저 생각할 수 있는 것은 화장실에 가고 싶은 경우다. 말을 꺼내기 어려워 인터뷰가 끝날 때까지 참으려는 사람이 많다. 질문자로서는 인터뷰를 잠시 중단하더라도 시원하게 볼일을 다 보고 인터뷰에 집중할 수 있는 상황을 만드는 것이 더 중요하다. 그런 기색이 보이면 아무 일도 없다는 듯이 휴식을 취하도록 말하자. "혹시 화장실에 가시려면……" 하고 장소를 안내해주면 상대도 자리에서 일어나기 쉬워진다.

"실은 며느리가 갑자기 출산을 할 것 같아서……"라든지 "오늘이 아들의 합격 발표날이어서……" 등 사정을 듣고 '확실히 인터뷰에 집중할 수 없는 기분이겠구나' 싶을 때도 있을 수 있다. 그럴 때는 "전화가 울리면 언제든 편하게 받으세요"라고 말해주거나 "날짜를 다시 잡을까요?" 하고 그날 일정을 끝내는 것을 제안하는 것이 좋다.

순간 상대가 입을 열었다가 다시 닫는 모습을 포착할 때도 있다. 무언가를 말하려고 했던 것이 분명한데 왜 단념 한 것인지 알아채야 한다. 그런 모습을 본 즉시 "무슨 말씀을 하시려고 했나요?" 하고 말을 건네도록 하자. 그 자리에서 묻지 않는다면 무슨 말을 하려던 것이었는지

평생 알 수 없을지도 모른다.

자택에서 온라인 인터뷰에 참여할 경우, 가족 중 누군가가 갑자기 끼어들 수도 있다. 예를 들어 아이가 입을 뻐끔거리거나 몸짓으로 "엄마, 과자 먹어도 돼?", "아빠, 그거 몇 시에 끝나?" 하고 신호를 보낼 수도 있다. 이때 "지금 일하는 중이니까 들어오지 마!" 하고 단호하게 말하는 사람도 있고, 배경 이미지를 바꾸어 질문자 모르게 아이와 놀아주는 사람도 있다. 아이가 있어도 인터뷰에 집중하는 듯하면 그대로 두어도 되지만, 집중하지 못하는 모습을 보인다면 용기를 내 아이들이 나가서 놀 수 있도록 부탁해야 한다.

상대의 움직임이나 변화를 민감하게 알아차리고 적합한 말을 건네며 대화를 이어나가려면 상당한 관찰력이 필요하다. 평소에 '관찰하기' 훈련을 거듭하도록 하자.

몸짓과 태도에 생각을 이해할 수 있는 힌트가 숨어 있다.

2. 유연하게 방향을 잡는다

인터뷰를 성사시키기 위해 항상 의식해야 하는 또 한 가지 중요한 점이 있다. 선장이 날씨와 파도 상태에 따라 방향을 조절하듯 대화의 흐름을 읽고 조사 목적을 달성하기 위한 길을 잘 보고 진행을 관장하는 것이다.

반구조화 인터뷰를 할 때는 사전에 인터뷰 가이드를 마련하는 것이 일반적인데, 사실 그대로 이야기가 진행되는 경우는 드물다. 시간이 부족해 무언가를 생략하거나 짧게 마무리할 수밖에 없는 경우도 있고, 이야기의 흐름에 따라 질문 순서를 바꾸는 일도 종종 있다. 혹은 상대방이 무언가 재미있는 이야기를 들려줄 듯하면 가이드를 완전히 무시하고 그쪽에 시간을 할애하기도 한다. 이러한 임기응변적인 대응을 할 수 있다는 점이야말로 반구조화 인터뷰의 장점이다. 하지만 아무 생각없이 흐름을 몸에 맡기다가는 물어야 할 것을 묻지 못하게 될 수도 있다.

이러한 사태에 직면하지 않도록 필요한 마음가짐은 크게 당일 인터뷰 중에 의식해야 할 것과 인터뷰를 설계할 때 할 수 있는 것으로 나눌 수 있다. 후자에 관해서는 Chapter 1 '질문과 흐름 설계하기(63쪽)'에서 상세하게 다루었으니 참고하기 바란다.

지금부터 인터뷰 목적에 맞추어 질문을 설계해두는 일의 중요성, 질문자가 '질문하기 쉬운가'는 물론 응답자가 '떠올리거나 말하기 쉬운가'

를 생각해 흐름을 만드는 일의 중요성, 질문의 존속 관계와 우선순위, 시간 배분 등을 한눈에 알 수 있도록 인터뷰 가이드를 준비해두는 일의 의미 등을 설명하고자 한다. 이러한 준비를 철저히 하면 당일 인터뷰 방향을 잡을 때 어깨의 짐이 상당히 가벼워질 것이다.

그럼 만반의 준비를 하고 당일을 맞이했다는 전제하에 인터뷰를 시작한 후의 방향 잡기를 중심으로 주의점을 생각해보자.

| 방향 잡기 편하게 해주는 것도 라포르다

좋은 라포르가 만들어지면 분위기가 깨지지는 않을까 걱정하지 않아도 되고, 실언을 신경 쓸 필요가 적어진다. 그러면 인터뷰에 답하는 상대도 우리가 조사를 통해 무엇을 알고자 하는지, 어떤 면을 자세히 이야기하기를 바라는지 등을 생각할 여유가 생겨 물어보기도 전에 선수를 쳐서 이야기하기도 한다.

> 자신: 코로나19로 인해 휴일을 보내는 방식에 변화가 생겼나요?
>
> 상대: 별로 좋지 않다고 생각하는데 확실히 외출하는 횟수가 줄었어요. 예전에는 놀러 갈 계획을 짜는 걸 좋아했는데, 요즘에는 계획조차 세우지 않아요.
>
> 자신: 그렇군요. 계획조차 세우지 않게 되고…….
>
> 상대: 맞아요. 정확한 이유는 모르겠지만…….

"별로 좋지 않다고 생각하는데……" 하고 자신의 행동을 부정적으로 받아들이고 있는 기분을 묻기 전에 덧붙이거나 "정확한 이유는 모르겠지만……" 하고 이유를 물을 것이라 예상해 묻기 전에 말해줌으로써 상당한 시간을 절약했다.

단, 묻기 전에 "이유는 모른다"라고 하며 생각하기를 거부하는 것은 바람직하지 않다. 그런 말을 들어도 "네, 그런가요?"라고 끝내지 말고, 또 다른 질문을 던져야 한다.

> 자신: 즐거웠던 외출 계획을 세우지 않게 되었다니… 어째서일까요?
>
> 상대: 그러게요. 왜 그럴까요?
>
> 자신: 그럼 관점을 바꿔 반대로 새롭게 시작한 일이 있을까요?
>
> 상대: 그러게요. 대신 뭘 하고 있지?
>
> 자신: 무엇을 하시나요?
>
> 상대: 완전히 새로 시작한 건 아니지만, 그러고 보니 잠시 접었던 게임을 다시 하고 있네요. 옛날에 혼자 하던 게임을 아내와 함께해보았는데, 또 다른 재미가 있더라고요.
>
> 자신: 네, 그렇군요.

"이유는 모른다"라는 식으로 말하는 상대에게 함께 생각해보자고 다가가 다른 관점에서 상황을 재검토해보기를 촉구한 것으로, 본인조차 몰랐던 것을 하나 발견했다. 이에 대해서는 '이야기를 끌어낸다(223쪽)'에서 더욱 자세히 알아보도록 하자.

방향을 잡기 위한 인터뷰 가이드 활용법

인터뷰 가이드는 '체크 리스트' 정도 역할로 이해하자

인터뷰 경험이 얕고 익숙하지 않을 때는 준비한 인터뷰 가이드를 정확하게 따르며 진행하는 것이 질문 누락을 막는 확실한 방법이다. 그런데 막상 인터뷰를 시작하면 어떤 화제에 관한 이야기가 예상외로 달아올라 좀처럼 앞으로 나아가지 못하는 경우도 있고, 나중에 질문하려던 화제가 급부상하는 경우도 있다. 자기 나름대로 이야기 전개를 예상하고 상대방이 말하기 쉬운 순서로 질문을 나열한다 해도 실제로는 그대로 진행되지 않는다.

상대가 모처럼 즐거운 듯이 이야기할 때는 억지로 가로막지 말고 질문 순서에 융통성을 발휘하는 등 흐름을 끊지 않도록 하자. 익숙해지기 전에는 인터뷰 가이드를 '대본'처럼 생각하기 쉽지만, 실제로는 질문을 빠뜨리는 일이 없도록 하기 위한 '체크 리스트' 정도 역할이라고 생각하는 것이 상책이다. 인터뷰 가이드를 머릿속에 넣은 다음 흐름을 내려다볼 수 있으면 '이 흐름에 따라 이 질문을 먼저 하자', '아까 놓친 이것은 여기서 언급할 수 있겠구나' 하고 방향 잡기를 궁리할 수 있다. 이때 자신이 질문하기 쉬운가가 아니라 상대방이 떠올리거나 말하기 쉬운가를 유의해야 한다.

인터뷰의 목적은 미리 준비한 질문을 전부 묻는 것이 아니다. 조사에 참고가 될 정보를 끌어내고 깨달음을 얻는 것이 목적이다. 인터뷰 가이드에 기록된 질문은 어디까지나 상대가 술술 말할 수 있도록 하는 계기를 마련하는 정도로 이해하자.

메모하며 이야기를 듣자

메모에 의존하지 않고 이야기의 흐름에 맞춰 질문 순서를 바꾸는 정도는 식은 죽 먹기라고 생각할 수도 있지만 실제로는 그렇게 간단하지 않다. 어떤 질문을 계기로 이런저런 이야기가 오가며 화제의 폭이 넓어졌다고 하자. 예정했던 질문을 던지기 전에 대답을 연달아, 그러나 불규칙한 순서로 이야기한다. 이럴 때는 이미 답변을 받은 질문을 또 물어 '제대로 듣고 있는 건가?' 하는 불신을 사지 않도록 물어본 질문 번호에 체크(✔) 표시를 하는 등 메모를 하자.

혹은 질문 A에 대한 답에 질문 B에 대한 답변에도 관련될 만한 내용이 포함되어 있었다고 하자. 그러나 두 질문은 비슷하지만 똑같지는 않아 한 번에 이야기를 듣기에는 주저하게 되는 정도의 관련성이 있다고 하자. 그럴 때는 먼저 질문 A에 관한 이야기에 주목해 깊이 파고, 질문 B와 관련된 부분은 '나중에 이 이야기로 돌아오자'라고 마음에 새기면서 메모를 해두는 것이 좋다.

그리고 질문 A 이야기가 일단락된 시점에 메모를 보면서 "아까 ○○라고 말씀하셨는데……" 하고 질문 B의 화제로 전환한다. '○○' 부분에는 가능하면 상대방이 사용한 표현을 그대로 사용하자. 그래야 떠올리기가 더욱 쉽다. 이를 위해서라도 가능한 한 들은 대로 메모해두는 것이 중요하다.

기껏 적어 두어도 나중에 그것을 알아채지 못하면 의미가 없다. 언뜻 보기만 해도 파악할 수 있도록 자기 나름대로 표시법을 만들거나 다색 볼펜을 사용해 내용에 따라 색을 바꾸는 등 방법을 고안하자.

메모는 유연하게 방향을 잡는 데 반드시 필요한 기술인데, 되돌아보기를 효과적이고 효율적으로 하기 위해서도 빼놓을 수 없다. '이 이야기는 보고할 가치가 있다', '이 건은 나중에 다른 사람들의 이야기와 대조해보고 싶다', '이에 관해서는 배경을 조사할 필요가 있다'와 같이 이야기를 들으면서 생각하거나 깨달은 점이 있을 것이다. 메모를 한 뒤 밑줄을 긋거나 ★ 표시를 하는 등 각자의 방법대로 체크를 해두면 이후에 편리하다.

들은 말을 그대로 기록해두고 싶을 때도 있다. 자신의 해석이나 고찰과 상대방의 생생한 목소리를 분리하여 보고하려면 메모를 하는 시점에 나누어 쓰는 것이 중요하다. 이때에도 해당 부분을 꺾쇠표로 묶거나 밑줄을 긋는 등 자신만의 표시법을 정해두면 편리하다. 모든 것을 다 적을 수 없을 때는 보이스 리코더의 시간을 메모해두는 비장의 수법을 사용하는 것이 좋다.

익숙하지 않을 때는 이야기를 들으면서 메모하는 것이 상당히 어려울 수 있다. 그러나 회의나 미팅 중에도 메모를 하지 않는가. 회의에 참석하여 논의한 내용이나 결정 사항, 결정하지 못한 사항 등을 메모하는 것은 사회인으로서 지극히 일반적인 행동이다.

인터뷰를 할 때도 마찬가지다. 누구나 자기만의 기술을 구사하여 메모를 할 것이다. 인터뷰 시에는 방향을 잡는 데 필요한 메모가 더해지는 만큼 장벽이 한층 더 높아지지만, 기본적인 기술은 다들 이미 보유하고 있을 것이다. 회의나 미팅 기회를 활용하여 평소에 연습하자.

자신의 깨달음   상대의 생생한 목소리   나중에 돌아오기 위한 힌트

메모는 종이에 손으로 적어야 하는가

지금까지 메모를 할 수 있도록 충분한 여백을 마련해둔 인터뷰 가이드를 인쇄해 클립보드 등에 고정하고 손글씨로 메모하는 것을 전제로 설명했다. 하지만 타자가 빠른 사람이라면 노트북으로 기록하는 편이 속도도 빠르고, 보고서를 작성할 때도 활용할 수 있어 효율적이라고 생각할 수도 있다. 그런데 노트북을 사용하면 상대방이 키보드를 두드리는 소리로 메모를 하고 있는지 아닌지 쉽게 판별할 수 있다. 만약 오랫동안 키보드 소리가 들리지 않으면 '지금 한 이야기는 메모하지 않네'라고 생각하며 기록될 만한 좋은 이야기를 하기 위해 쓸데없이 신경 쓰게 될지도 모른다. 그러한 데이터는 신빙성이 떨어질 가능성이 크다.

그리고 자신이 한 메모에 어떠한 기호를 적어두고 싶을 때, 이 발언과 저 발언은 관련이 있어 선으로 묶어두고 싶을 때 융통성을 발휘하는 것은 바로 종이다. 때로는 그림이나 일러스트를 그려 상대방과 공유하면서 이야기를 진행하기도 한다. 이때도 종이가 사용하기 편리하다.

노트북을 사용할 경우, 오타를 내지 않고 제대로 입력했는지 확인하고자 시선을 모니터에 오래 머물게 할 수도 있다. 그러면 상대방의 눈을 보고, 고개를 끄덕이고, 상대방이 자신 있게 말하는지 관찰하고 확인하는 등의 작업이 소홀해질 수 있다. 클립보드라면 상대 얼굴과 메모 사이에서 시선이 오가느라 고생할 일은 적을 것이다.

온라인 인터뷰에서는 이러한 우려가 줄어든다. 상대방의 얼굴이 나오는 창 옆에 인터뷰 가이드 창을 나란히 놓고 키보드로 메모를 입력하면서 대화하면 된다. 시선을 조금 옆으로 움직이는 것만으로 상대의 표정을 확인할 수 있어 관찰 실수도 최소한으로 줄일 수 있다. 또한 생략하기로 한 질문에는 취소선을 긋고, 나중에 잊지 않고 돌아오고 싶은 질문에는 굵은 글씨로 바로바로 체크할 수 있어 수기보다 더 많은 메모를 할 수 있다는 이점이 있다. 단, 키보드를 치는 소리가 큰 소음이 되어 상대방의 집중을 방해할 수도 있으므로 '온라인 인터뷰를 위한 송신 기술(147쪽)'에서 언급한 대책을 잊지 말고 강구하자.

수기를 고집하면서도 디지털로 기록을 남기고 싶다면 아이패드 등 펜으로 입력할 수 있는 태블릿을 사용하는 방법도 나쁘지 않다. 수기의 스트로크와 녹음을 동기화하고 기록할 수 있는 기능도 점점 진화하여 효율성을 고려하면 이것이 가장 좋은 방법일 수도 있다.

시간을 의식하는 버릇을 들이자

인터뷰 시간은 한정되어 있다. 그리고 상대는 항상 다르다. 상대가 다르면 이야기가 다르게 전개되는 것이 당연하다. 같은 질문을 던져도 반응은 십인십색이다. 하지만 어떤 전개가 펼쳐지든 약속 시각까지 마무리 지어야 한다. 제대로 라포르를 구축했다면 인터뷰가 다소 길어지더라도 이해해줄 것이다. 하지만 진행을 맡은 우리의 목표는 항상 약속된 시간 내에 인터뷰를 끝내는 것이다.

기본적으로 인터뷰 가이드에 적어둔 시간 배분을 기준으로 진행한다. 그러나 시간이 되었다고 이야기를 뚝 끊고 다음 화제와 질문으로 옮겨 가는 식의 진행은 바람직하지 않다. 흐름 관리를 최우선으로 해야 한다. 시간을 의식하지 못하면 화제의 자연스러운 흐름도 깨져버린다.

우선은 일단락하는 시점이 올 때마다 시간을 확인하는 습관을 기르자. 첫머리의 소개와 프로필 확인을 마친 뒤 시간을 확인하고 다음 세션의 질문을 얼추 물은 다음 다시 시간을 확인한다. 인터뷰 가이드에 시간 기준을 적어두면 그와 대체로 맞는 듯하다면 그대로 진행하고, 늦는 듯하다면 속도를 올리는 데 유의하는 등 상황을 판단할 수 있다.

익숙해지면 '지금쯤이면 30분 정도 되었겠다' 하는 시간 감각이 몸에 밴다. 그래서 시계와 진행 상황을 비교해 60분짜리 인터뷰라면 절반 정도까지 알맞게 진행됐는지, 90분짜리 인터뷰라면 3분의 1 정도까지 왔는지 확인하고 이후 속도와 깊이 파고드는 정도를 조정하면서 진행할 수 있게 된다.

이때 시간을 신경 쓰는 모습을 상대방이 보지 못하도록 주의해야 한다. 열심히 이야기하고 있는데 상대방이 너무 자주 시계에 한눈을 팔면 '급한 일이 있나?', '내 이야기가 지루한가?' 싶어 무심결에 이야기를 간단히 끝내고 싶어 할 수도 있다. 인터뷰 중에 상대가 그렇게 생각하도록 만드는 것은 결코 좋지 않다. 이를 방지하려면 자신이 가장 자연스럽게 시간을 확인할 수 있는 수단을 찾아 준비해두어야 한다. 손목시계를 살짝 보는 것이 좋을까? 아니면 방에 있는 벽시계를 이용하는 것이 좋을까? 만약 벽시계를 이용한다면 은근슬쩍 볼 수 있는 위치에 걸려 있는지 확인해야 한다. 뒤돌아보지 않으면 보이지 않는 벽시계는 도움이 되지 않는다.

온라인 인터뷰를 진행할 때도 마찬가지다. 자신의 등 뒤에 있는 벽시계는 도움이 되기는커녕 상대방이 필요 이상으로 시간을 의식하게 될 수도 있으므로 벽에서 떼어놓는 것이 좋다.

메모와 마찬가지로 평소 회의와 미팅을 통해 시간 감각을 기르는 훈련을 하자. 회의 예정표에 따라 논의를 진행하고 예정된 시간 내에 끝낼 수 있도록 시간을 체크하는 습관을 기르도록 하자.

유도와 방향 잡기의 경계선

한정된 시간 안에 묻고 싶은 것을 다 물으려면 효율적으로 시간을 써야 하고, 그러려면 어느 정도 목표를 정해서 물어야 한다. 하지만 너무 한정하면 원하는 대답을 '유도'해서 끌어낼 수도 있다는 점을 늘 염두에 두어야 한다.

건강관리에 관한 조사를 예로 들어보도록 하겠다. 먼저 식생활에 관한 행동과 의식에 초점을 맞춘 인터뷰를 하기로 했다고 하자. 이때 다음과 같이 질문하면 화제가 의도치 않은 방향으로 흘러갈 수도 있다.

> 자신: 자신의 건강을 의식해 평소에 신경 쓰고 있는 것이 있나요?
>
> 상대: 잠 많이 자기와 정기적으로 운동하기요. 5년 전에 조깅을 시작한 뒤로 몸이 많이 좋아져 일주일에 세 번은 하려고 노력하고 있어요.
>
> 자신: 일주일에 세 번이라니, 대단하세요!
>
> 상대: 여름철에는 너무 더워서 횟수가 줄어드는 편이에요. 대신 최근에 수영도 시작했어요.
>
> 자신: 수영도요?
>
> 상대: 네. 집 근처에 무료로 이용할 수 있는 수영장을 발견했거든요.
>
> 자신: 운동을 하면 배가 고프지 않나요? 식생활은 어떤가요? (좋았어! 이제 식사 이야기로 전환해야지.)
>
> 상대: 식사는 아내에게 전부 맡겨요. 스스로 통제하기 어렵거든요. 제가

신경 쓰는 건 오직 운동이에요. 기록용 앱도 사용하는데, 보여드릴
까요?

자신: 그, 그렇군요. 그럼, 조금만 볼게요. (아, 다시 운동 이야기로 돌아가고
말았어.)

이런 식으로 초점을 맞추고 싶을 때 넓게 열어두고 질문하면 상대가
말하기 쉽거나 말하고 싶은 이야기로 흘러버린다. 시간 여유가 있다면
'건강관리'라는 키워드에서 상대방이 가장 먼저 무엇을 떠올리는지 알
아보는 의미에서 "자신의 건강을 의식해 평소에 신경 쓰고 있는 것이
있나요?"라고 물어보는 것이 정석이다. 하지만 식생활로 화제를 좁혀
다음과 같이 물으면 원하는 답을 들을 수 있다.

"건강관리라고 하면 떠오르는 게 여러 가지가 있겠지만, 오늘은 그중
에서도 식생활에 초점을 맞춰 이야기를 나눠보고자 합니다."

이로써 상대의 주의가 식생활로 향하게 되고, 음식과 관련된 기억을
꺼내기 위한 준비가 시작된다.

반대로 폭넓게 화제를 파악해주었으면 할 때 목표를 정해 묻는 방법을
취하면 이는 유도다. 식사에 한정할 의도가 없었는데 다음과 같이 묻
는 것은 바람직하지 않다.

"건강관리라고 하면 우선 식사하고 생각하는데, 스스로 뭔가 신경 쓰
고 있는 것이 있나요?"

또 상대방이 대답하기 쉽도록 배려한 나머지 응답 예시를 질문에 섞어
버리는 것도 유도다. 그 예시로 인해 사고가 한정되어버릴 수도 있기

때문이다.

"건강관리라고 하면 식사, 운동, 수면 등 여러 가지가 관계된다고 생각하는데, 스스로 뭔가 신경 쓰고 있는 것이 있나요?"

질문의 의도가 상대방에게 전달되면 떠올리거나 생각하거나 말하는 것이 쉬워진다. 다만, 동시에 사고의 폭을 좁힐 수 있다. 질문자가 답의 예시를 제시하는 것은 최후의 수단이다.

그러나 같은 이야기가 반복되지 않도록 명확한 의도를 가지고 상대방의 사고의 폭을 좁히려는 것은 유도에 해당하지 않는다. 예를 들어 인터뷰 막바지에 남은 시간이 별로 없는 상황에서 그동안 언급되지 않은 이야기를 어떻게든 조금 더 끌어내고 싶을 때다.

"식사와 운동 이야기를 많이 나누었는데, 다른 관점에서 뭔가 신경 쓰고 있거나 신경 써야겠다 싶지만 그러지 못하고 있는 게 있을까요?"

이렇게 물어도 식사와 운동 이야기로만 의식이 가거나 할 이야기가 떠오르지 않는다면, 더 이상 이 주제에 시간을 할애하는 것은 시간 낭비라고 판단할 수 있다.

| 방향이 잘 잡히지 않을 때 대처하는 방법

질문을 반복해 떠올리게 하자

한창 이야기를 하는 도중에 갑자기 무슨 이야기를 하고 있었는지 생각이 나지 않았던 적이 있는가? "응? 무슨 이야기를 하고 있었죠?" 같은 식으로 말이다. 이렇듯 화제가 어긋나면 상대가 질문을 재빨리 떠올릴 수 있게끔 도와주어야 한다. 이때 "질문을 기억하시나요?"와 같이 상대방의 기억력을 의심하는 태도를 보이면 라포르를 망가뜨릴 수 있으니 질문한 자신도 잊어버렸다는 식으로 다음과 같이 말하자.

"어? 질문이 뭐였죠? ○○에 관해 질문했었던 것 같은데……."

이런 식으로 말하면서 가이드를 보고 질문을 확인한다. 이로써 탈선했는지 아닌지가 분명해진다. 탈선했다면 궤도를 수정하고, 탈선한 것이 아니라 이야기가 길어졌을 뿐이라면 이야기 내용을 요약해 확인한 뒤 계속 이야기를 진행하도록 하자.

질문과 화제가 보이게 하자

상대가 질문을 이해하도록 하는 데 어려움을 겪는 경우가 있다. 이때 "질문을 이해했나요?", 혹은 "질문의 의미를 아시겠어요?"와 같이 무례하게 대응하면 라포르가 무너질 가능성이 크므로 알기 쉽게 질문하지 못한 자신의 잘못을 솔직하게 인정하고 다음과 같이 말하자.

"질문이 어려웠죠? 죄송해요."

그런 다음 성의 있게 천천히 다시 질문하거나, 다른 표현으로 바꿔 질문해야 한다. 그럼에도 이해하기 어렵다는 반응을 보이면, 질문이나 답변 내용을 종이에 적어 상대방에게 보여주면 큰 도움이 된다.

> 자신: 건강관리라고 하면 어떤 것이 떠오르나요?
>
> 상대: 글쎄요. 적당한 운동?
>
> 자신: 그렇군요. 다른 것도 있나요?
>
> 상대: 많이 자려고 해요.
>
> 자신: 그렇죠. 수면도 중요하죠. 다른 건 없을까요?
>
> 상대: 식생활도 있겠죠. 아내에게 맡기고 있지만요.
>
> 자신: 세 가지가 나왔네요. 그럼 오늘은 마지막으로 언급하신, 사모님께 맡기고 있다고 하신 식생활에 관한 이야기를 중심으로 이야기해보도록 할게요. 운동과 수면 이야기는 일단 한쪽에 놔둘게요.

이런 식으로 대화를 주고받으며 나온 말들을 적고, 마지막으로 '식생활'에 동그라미나 밑줄을 치는 등 강조하며 앞으로 이 이야기를 할 것이라는 사실을 인지하게끔 해야 한다.

도중에 이야기가 벗어났을 땐 메모를 가리키며 "식사 이야기로 돌아가고 싶은데……"라고 말하면 상대방은 무심코 다른 것을 생각하고 있었다는 사실을 깨닫고 머릿속을 리셋하기가 쉬워진다.

때로는 억지로 방향을 돌리자

방향을 돌리고 돌려도 다른 방향으로 흘러가버리는 탈선 경향을 보이
는 사람이라든지, 억지로라도 화제를 바꾸어 진행하지 않으면 시간 내
에 끝나지 않을 것 같은 상황일 때는 과감히 방향을 돌려야 한다. 단,
반드시 다음과 같은 말머리를 덧붙이자.

"다른 이야기인데요……."

이 한마디를 덧붙이지 않고 억지로 화제를 전환하면 상대방의 머릿속
에서는 화제가 전환되지 않는다. 질문자는 다른 주제를 생각하고 묻는
데, 대답하는 사람은 일련의 주제 내에서 생각하고 답을 찾아 대화가
어긋나게 된다.

이를 너무 자주 하면 상대방은 '질문에 대답을 잘못하고 있는 것은 아닐까?' 하고 불안해한다. 그로 인해 필요 이상으로 말이 많아지거나, 반대로 잘 대답하지 못한다는 두려움 때문에 입이 무거워지거나, 그다지 바람직하지 않은 반응을 일으킬 수 있다. 이야기를 몇 번이고 바꿀 때는 다음과 같이 말해 자신이 방향을 잡는 데 문제가 있음을 내비치는 것이 좋다.

"이야기를 자꾸 바꿔서 죄송합니다. 시간이 지체되다 보니 마음이 초조해져서요."

시간이 지체되고 있다는 사정을 함께 전달함으로써 이후 답변이 길어지거나 이야기가 옆길로 빠지는 일이 없기를 기대할 수 있다.

만약 기대와 달리 계속 이야기가 벗어나거나 길어진다면 다음과 같은 작전을 시도해보자. 우선 발언권을 완전히 빼앗고 상대는 입을 다물게 한다. 상대방의 이야기를 확실히 이해했다는 분위기로 "과연! 그런 건가요? 그래, 그렇구나" 하고 강하게 말하며, 이 이야기는 잘 알았으니 이로써 충분하다는 사실을 언어 외의 것으로 내비친다. 그런 다음 "그렇다면 ○○에 관해서도 경험하신 적이 있나요?"라든지 "○○에 관한 이야기도 듣고 싶은데 어떤가요?"라고 말하며 화제를 돌린다.

혹은 "이야기가 굉장히 흥미로워서 무심코 빠져 듣고 있었는데, ○○에 관해서도 여쭤봐야 하거든요", "이야기가 정말 재미있어서 더 듣고 싶지만, 실은 질문이 이렇게나 많이 남아 있어서요"라고 말하며 인터뷰 가이드를 살짝 보여주거나, "큰일이네. 시간이 30분밖에 남지 않았어요. 끝내려면 조금 서둘러야 하니 다음 이야기로 넘어갈게요" 하고 남은 시간을 구체적으로 말하는 것도 효과적이다. 정해진 시간 내에 끝내고 싶은 것은 상대방도 마찬가지다. 따라서 제멋대로 이야기해서는 안 된다는 사실을 빠르게 깨닫고 "그래서 질문이 뭐였죠?" 하고 되돌아올 것이다.

질문자 역할은 한 사람으로 일관하자

인터뷰는 질문자 역할을 맡은 사람과 인터뷰에 협조해준 사람 단둘이 대화를 나누는 것이 가장 이상적이다. 그 외 사람들이 동석하는 일은 가능하면 피하자. 압박 면접처럼 여러 사람이 둘러싸는 것은 바람직하지 않다. 참가자가 너무 긴장한 나머지 말이 적어질 수도 있다. 자신 이외의 사람은 별실에서 관찰하게 하는 것이 바람직하지만 그러려면 별실에서 인터뷰 모습을 보고 들을 수 있는 환경이 필요하다. 소규모 저예산 프로젝트에서는 현실적으로 그렇게까지 감당하지 못할 수 있다.

팀원이나 의뢰인의 동석이 불가피한 경우에는 우선 인원을 최소화해야 한다. 방의 크기에 따라 다르지만, 하나의 기준으로서 주최자 측 사람은 자신을 포함해 3명 정도가 적합하다. 동시에 다른 멤버는 상대의 시야에 잘 들어오지 않는 곳에 앉아 가능한 한 존재감이 느껴지지 않도록 해야 하며, 맞장구도 자제해야 한다.

동석자는 기록, 또는 촬영 등을 담당하게 하거나 담당하는 듯이 보이게 하는 것도 중요하다. 열심히 메모하지도 않고, 이야기 도중에 끼어들거나 진행자에게 어떠한 지시를 내리는 등의 행동을 하면 참가자는 '이 사람은 조사를 의뢰한 사람이구나' 하고 그 사람의 존재를 눈치챌 수도 있다. 그러면 '고개를 갸웃거리고 있네. 내가 뭔가 이상한 말을 했나?' 하는 마음에 입이 무거워질 수도 있고, 순수하게 자기 의견을 말하기보다 듣는 사람이 좋아할 만한 말을 하는 데 집중할 수도 있다. 그러한 사태를 막으려면 동석하는 의뢰인에게 '조사 담당자 중 한 사람'이라는 입장을 무너뜨려선 안 된다고 사전에 잘 일러두어야 한다.

온라인 인터뷰는 관찰자도 원격으로 참여할 수 있어 관찰자 인원 제한을 할 필요가 없다는 커다란 이점이 있다 하지만 대부분의 온라인 회의 서비스에서는 참여 인원이 고스란히 보이므로 수십 명이나 되는 숫자가 보이면 참가자의 긴장을 부추길 우려가 있다. 관찰자가 많아질 듯하면 Chapter 2 '견학자의 존재를 의식하지 않게 하는 배려(148쪽)'에서 소개한 대책을 강구하도록 하자.

의뢰인이 동석할 때 우려되는 점이 하나 더 있다. 예산을 마련하여 조사할 정도이니 누구보다 진지하게 인터뷰에 열을 올린다. 그로 인해

현재 이야기 중인 주제나 인터뷰 흐름을 고려하지 않고 머릿속에서 번뜩이거나 궁금한 점들을 마구 질문할 가능성이 있다.

그 마음은 충분히 이해한다. 임기응변으로 방향을 변경할 수 있는 반구조화 인터뷰이므로 치명상으로 이어지지는 않는다. 하지만 질문하는 타이밍이나 방법을 틀리지 않았으면 하는 것이 키를 담당한 사공의 마음이다. 이야기가 옆길로 벗어나 인터뷰 흐름이 바뀌면 원래 흐름으로 되돌리는 데 시간이 걸린다. 만약 자신의 의견이나 생각을 강요하는 듯한 질문 방식을 취하면, 결국 진정한 의견을 듣지 못하고 끝날 뿐만 아니라 라포르를 무너뜨릴 위험까지 있다.

추가 질문이 있을 때는 포스트잇 등에 써서 전달받거나 세션 마지막에 질문자가 "빠뜨린 질문은 없나요?" 하고 기록 담당(을 맡은 척하는 의뢰인)에게 확인하는 시간을 갖도록 한다. 별실에서 관찰할 때는 트랜시버

앱 등을 통해 귓속말로 전달받거나(이어폰은 상대에게 잘 보이지 않는 방향의 귀에 장착하고 수신만 할 수 있는 상태로 해둔다), 시계 대신 쓰는 척 위장한 스마트폰에 텍스트 메시지를 보내달라고 하는 작전을 고려해볼 수도 있다.

온라인 인터뷰 시에는 참가자를 제외한 관계자들이 의사소통을 위해 채팅방을 마련해두는데, 모더레이터가 그곳에서 이루어지는 대화까지 신경 쓰며 인터뷰하기란 쉬운 일이 아니다. 알아채지 못하고 넘어가지 않도록 사전에 연습 기회를 마련하거나 알아차리기 쉬운 방법을 정하는 등 대책을 세워둘 필요가 있다.

3. 이야기를 끌어낸다

한정된 시간 내에 가능한 한 깊이 파고자 할 때 질문자가 주의해야 할 점을 생각해보자.

질문 내용을 수월하게 이해할 수 있도록 알기 쉽게 질문하기, 상대가 이야기하다 방향을 잃는 일이 없도록 능숙하게 질문을 연결해나가기, 평상시에는 그다지 생각하지 않아도 되는 일을 일부러 곰곰이 생각하도록 집요할 정도로 질문하기, 상대방에게 본인이 가치 있는 이야기를 하고 있음을 전하기, 상대가 기분 좋게 이야기를 이어갈 수 있도록 추임새 넣기 등 할 수 있는 일은 매우 많다. 이를 구사한 대화로부터 깜짝 놀랄 만한 깨달음을 얻는 것이야말로 인터뷰에서 목표로 하는 바다. 그렇지 않으면 설문조사로도 충분했을, 얻은 것이 그다지 많지 않은 대화로 끝나고 만다. 그렇게 되지 않도록 필요한 기술들을 자세히 살펴보자.

| 질문의 기본

솔직하고 단적으로 질문하자

애초에 질문의 의미가 잘 이해되지 않으면 대답할 방법이 없다. 그러니 단적이고 명료한 질문을 준비해야 한다. 알기 쉬운 질문의 기본은 짧게 끝내는 것이다.

"이 카메라는 조금 지난 기종이죠? 언제, 어디에서 구매했는지 기억한다면 가르쳐주세요."

이처럼 '조금 지난 기종'이라는 사실을 알고 있다고 해서 자신의 지식을 과시할 필요는 없다. 단순한 머리말에 지나지 않는 한 문장이 '질문' 양상을 띠고 있어 상대가 무심코 "맞아요. 꽤 오래됐네요"라고 대답할지도 모른다. 시간이 넉넉할 때는 상관없지만 인터뷰 현장에서는 이런 대화가 부정적인 영향을 미친다. '기억한다면 가르쳐 달라'라는 구절도 기억 여부에 따라 답이 달라지므로 거론할 필요가 없다.

"이 카메라, 언제 어디서 사셨나요?"

이처럼 단적으로 질문하면 대답해야 할 내용은 '언제'와 '어디서'임이 바로 전해져 상대도 대답하기 쉬울 것이다.

만약 질문의 의도가 기종을 확인하는 것이라면 다음과 같이 짧게 물으면 된다.

"기종을 알려주세요."

짧은 질문이란 질문을 여러 개로 나누는 것이라고도 할 수 있다. 예를 들어 다음과 같이 질문했다고 하자.

"이 카메라는 기종이 뭔가요? 언제, 어디에서 구매한 건가요? 왜 이 기종을 선택한 건지 세 가지 이유를 말해주세요. 그리고 친구, 가족, 점원 등 다른 누군가의 의견이 영향을 미쳤는지도 알려주세요."

아마 이런 질문을 받으면 "다음 질문이 뭐였죠?" 하고 질문 내용을 확인하는 질문을 받게 될 것이다. 질문이 길어지고 답변을 요구하는 항목이 많아지면 대답하는 사람의 뇌에는 과부하가 걸린다. 자를 수 있는 질문은 되도록 잘라 대답하는 사람의 부담을 덜어주도록 하자.

쓸데없는 서론은 생략하자

인터뷰의 목적은 만드는 사람의 의도나 바라는 바에 물들지 않은, 기업이나 사회의 의도와 속셈을 모르는 사람들에게 솔직한 의견을 묻는 것이다. 상대방의 의견이나 생각을 유도하거나 왜곡시킬 수 있는 질문 방식은 바람직하지 않다.

예를 들어 "세간에서는 ○○처럼 생각하기 쉽지만……", "다른 분은 ○○라고 이야기했는데요"와 같이 전제한 다음 "당신은 어떻게 생각하시나요?"라고 물었다고 하자. '세간에서는 이렇게 생각한다', '다른 사람들은 이렇게 생각한다'라는 정보를 먼저 듣게 되면 이에 반하는 의견을 말하기 어려울 수도 있다. 이런 상황이면 "저도 그렇게 생각해요"라고 반응하는 사람이 많아져도 전혀 이상할 것 없다.

"아시겠지만……"과 같이 서두를 꺼내는 것은 어떨까? 안다는 것이 전제로 깔린 듯이 들릴 수도 있다. 그렇게 받아들일 경우, 모르면 부끄러우니 아는 척이라도 하자 싶어 답을 의도적으로 바꾸는 사람이 있을 수 있다.

이처럼 별다른 의미 없이 곁들인 한마디가 상대방에게 불필요한 정보를 입력시킬 수 있다. 그러면 얻을 수 있는 데이터가 왜곡될 위험성이 있다는 사실을 명심하고 불필요한 서론은 깔끔하게 생략하자. 이는 솔직하고 단적인 질문으로도 이어진다.

닫힌 질문과 열린 질문을 구분하자

닫힌 질문closed question이란 '네/아니오' 두 가지 선택지나 'A'나 'B'나 'C'(선택지가 더 많을 수도 있다) 중에서 선택하면 답이 완료되는 질문 형태를 말한다. 반면 열린 질문opened question은 자유로운 답변을 구하는 질문이다. 상대방이 자신의 말로 대답하도록 의도하는 것이다.

> 닫힌 질문 예시: 이 카메라는 최근에 구입한 건가요?
> 열린 질문 예시: 이 카메라는 언제 구입했나요?

"최근에 구입한 건가요?"라고 물으면 "네, 지난달에 샀어요" 하고 질문자가 묻고 싶었던 '언제'까지 한꺼번에 답할 가능성이 있다. 하지만 단순히 "네"로 끝나면 "최근 언제 구입하셨나요?" 하고 추가로 질문해야 원하는 답을 얻을 수 있다. 그렇다면 처음부터 "언제 구입했나요?" 하고 열린 질문으로 물어보는 편이 빠르다.

열린 질문의 좋은 점은 상대방이 어떤 말이나 표현을 선택해서 대답하는지 확인할 수 있다는 점과 답변에 따라 다음 이야기를 순조롭게 전개해나갈 수 있다는 점이다.

닫힌 질문 예시: 이 카메라, 사용하기 편한가요?

열린 질문 예시: 이 카메라, 사용해보니 어떤가요?

"이 카메라, 사용하기 편한가요?"라고 묻고 "네"로 끝나버리는 것보다 "이 카메라, 사용해보니 어떤가요?" 하고 열린 질문으로 묻는 편이 이야기가 더 전개된다. 무엇보다 닫힌 질문으로는 사용하기 쉬운지에 대해서만 이야기할 수 있지만, 열린 질문을 이용하면 사용하면서 느낀 점에 관한 폭넓은 대답을 기대할 수 있다.

"생각했던 것보다 무거워요"라고 대답하는 사람이 있으면 그 사람에게는 카메라 무게가 무엇보다도 문제가 된다는 사실을 알 수 있고, "살 때는 신경 쓰지 않았는데 접사가 별로예요"라고 대답하는 사람이 있으면 어떤 점이 별로인지, 왜 접사가 중요한지 등 더 깊이 있는 이야기를 들을 수 있다. "실은 카메라보다 스마트폰을 이용해 사진을 찍는 경우가 더 많아요"라고 대답하는 사람도 있을 수 있다. 그렇다면 어째서 그렇게 되었는지, 혹은 카메라를 사기 전에는 어떻게 구분하여 사용할 생각이었는지 이야기를 전개해나갈 수 있다.

'유도와 방향 잡기의 경계선(212쪽)'에서 다루었듯 화제를 의도적으로 좁히고 싶을 때는 닫힌 질문으로 시작하는 작전도 효과적이다. 열린 질문은 사고의 시작을 상대방에게 맡기는 것이므로 시간이 한정된 인터뷰에서 사용하기에는 위험이 크다. 조사 목적에서 멀리 떨어진 곳에 시작점을 놓으면 묻고 싶은 이야기에 도달하기까지 시간이 너무 오래 걸리기 때문이다. 동시에 상대방도 무엇을 묻고 싶은지 확실하지 않은 열린 질문에 부딪히면 어떻게 대답해야 할지 몰라 불안감을 느낄 수도 있고, 시험당하는 듯한 느낌이 들 수도 있다.

예를 들면 '카메라는 쓰기 편리한가'로 과녁을 좁히려면 우선 "이 카메라, 사용하기 편한가요?"와 같이 닫힌 질문으로 묻는다. 만약 "생각했던 것보다 사용하기 불편해요"와 같은 답이 돌아오면 카메라 형태, 셔터나 줌 버튼, 휴대 등 어떤 부분이 사용하기 불편하다는 건지 묻고 싶어질 것이다. 그럴 때는 "어떤 부분이 사용하기 불편한가요?" 하고 열린 질문을 던져 불만 사항을 구체적으로 이야기해달라고 하자.

상대가 "사용하기 편하냐고요? 별로 의식한 적은 없지만, 특별히 불만을 느끼지 않았으니 그럭저럭 사용하기 편한 것 아닐까요?"라고 답했다면 "그럼 평소에 어떻게 사용하는지 자세히 떠올려주시겠어요?"와 같이 이용 상황을 구체적으로 캐물어 알아내면서 사용 편의에 초점을 맞추어 전개할 수 있다. 즉, 늘 열린 질문으로 시작하는 것이 아니라, 조사 목적과 화제의 범위를 의식하며 열린 질문과 닫힌 질문을 구분해 이용하는 것이 중요하다.

닫힌 질문   열린 질문

확인하는 닫힌 질문을 던지자

상대의 발언을 올바르게 이해했는지 확인한 다음, 벗어난 이야기를 본래의 흐름으로 되돌리거나 다음 화제로 진행하고 싶을 때는 닫힌 질문을 사용해야 한다.

"지금 하신 이야기는 ○○라는 말씀인가요?"

다만, 주의해야 한다. 상대는 동의하기가 가장 쉬우므로, 대체로 맞다는 의미에서 "그러네요"라고 동의하고 끝내버리기 쉽다. 혹은 사실은 다른 말을 했음에도 흐름에 따라 무심코 동의하는 경우도 있을 수 있다. '다시 설명하기 귀찮아' 혹은 '그런 의미로 받아들이는 편이 더 폼 나네'와 같은 마음이 작용하면 성가셔진다.

"아니, 그런 의미가 아니고……" 하고 질문자가 잘못 이해했음을 지적한 후에 설명을 반복해주거나, "그렇다고도 할 수 있지만, 제가 하고 싶었던 말은 이러이러해서……" 하고 자신이 정말로 전하고 싶었던 말이 전해질 때까지 끈기 있게 이야기해주는 사람도 있다. 이러한 진지한 대응을 촉진하는 데는 다음과 같은 서론이 효과적이다.

"그것이 아니라면 솔직하게 말씀해주셨으면 하는데, 즉 ○○○라는 말씀인가요?"

이러한 서론 하나로 이어지는 닫힌 질문이 자신이 제대로 이해했는지 확인하고자 끼워 넣은 것임을 알 수 있어 '조금 다르다'라고 말하기 쉬워진다.

또 하나, 질문의 어미에도 주의하자. "그럼 ○○○라고 생각하면 맞을까요?" 대신 다음과 같이 묻는다면 어떻게 느낄까?

"아니라면 솔직하게 말씀해주셨으면 하는데, 즉 ○○○라는 말씀이군요?"

질문자가 제대로 이해했다면 어미의 차이는 별문제가 되지 않고, "맞아요"라는 긍정적인 대답이 돌아오며 끝난다. 하지만 질문자의 해석이 틀렸거나 조금 다른 경우에는 "~군요?"라고 물으면 동의를 구하는 것처럼 들린다. 말꼬리 하나에 확증 편향이 나타날 수 있다는 사실을 염두에 두고 표현을 선택해야 한다.

무심코 닫힌 질문을 했다면 지체 없이 수습하자

선택지를 제시하고 선택하기만 하면 되는 닫힌 질문은 상대방이 대답하기 쉬운 반면, 자칫 답을 유도하게 되므로 주의해야 한다. 확증 편향이라는 강력한 인지 특성이 작용할 가능성을 항상 염두에 두지 않으면 실패하게 된다.

예를 들어 취미 이야기를 듣고 있다고 하자. 독서나 피아노 등 혼자서 할 수 있는 것을 좋아한다는 이야기가 이어졌다고 하자. 그 흐름에서 다음과 같은 대화가 이어졌다.

> 상대: 취미라고 해도 되나 모르겠지만 넷플릭스에서 드라마 정주행하는 걸 좋아해요.

자신: 작정하고 혼자 정주행하시나요?

상대: 아… 네. (친구들과 모여서 함께 보는 것을 좋아하지만, 뭐 혼자 보는 일이 더 많으니 이렇게 대답해도 상관없겠지?)

"작정하고 혼자 정주행하시나요?"라는 닫힌 질문은 '혼자 즐기는 취미를 소중히 여기는 사람'이라는 가설을 세우고 확증 편향에 이끌려 나온 좋지 않은 질문이다. 거의 단정 짓는 질문에 대해 상대방은 내심 부정하면서도 반박할 정도의 일은 아니라고 판단하여 "네"라고 동의하고 말았다.

먼저 이렇게 무심코 튀어나온 닫힌 질문을 알아차릴 수 있어야 한다. 상대방이 "네"나 "그렇네요"라고 동의하는 대답을 했을 때는 '혹시 지금 닫힌 질문을 한 것은 아닐까?' 하고 멈춰서는 습관을 가져 보자. 그리고 닫힌 질문을 했음을 깨달았다면 지체없이 수습하자.

자신: 작정하고 혼자 정주행하시나요?

상대: 아… 네. (친구들과 모여서 함께 보는 것을 좋아하지만, 뭐 혼자 보는 일이 더 많으니 이렇게 대답해도 상관없겠지?)

자신: (아, 단정 짓는 닫힌 질문을 하고 말았어!) 항상 혼자 보시나요? 아니면 누군가와 함께 정주행하시는 일도 있나요?

상대: 네, 있어요. 예전에는 친구들이랑 모여서 정주행했는데 코로나19 때문에 자제하면서부터는 시간을 정해서 봐요.

자신: 어떻게요?

> 상대: '오늘 밤 9시 시작이야!' 이런 식으로 정하고, 직전에 라인으로 채팅도 해요. 중간에 '화장실 좀 다녀올게. 일시 정지해줘' 하는 일도 있어요. (웃음)

처음부터 "정주행하실 때의 상황을 알려주세요"처럼 열린 질문을 던진다면 가장 좋겠지만 '아, 닫힌 질문을 하고 말았어!' 하고 깨달았다면 이처럼 즉시 선택지를 추가해야 한다. 나아가 그 자리에서 떠오른 선택지 외에도 다른 답이 더 있을 수 있음을 내비친다면 더할 나위 없다. 예를 들어 이렇게 말하는 것이다.

> 자신: (아, 단정 짓는 닫힌 질문을 하고 말았어!) 항상 혼자 보시나요? 아니면 누군가와 함께 정주행하시는 일도 있나요? 정주행하실 때의 상황을 구체적으로 알려주세요."

이처럼 질문의 마지막 부분을 열린 질문으로 바꿔치기하는 것이다. 닫힌 질문은 답이 완료되는 질문 형태이기에 선택지를 확장하면 열린 질문에 가까워진다. 질문이 줄줄이 길어지기 때문에 '솔직하고 단적으로 묻자'라는 기본 원칙에는 어긋나지만, 이는 어디까지나 실수를 수습하기 위한 작전이다. 처음부터 열린 질문을 할 수 있도록 거쳐야 하는 과정이라고 생각하자.

'침묵'을 두려워하지 말고 활용하자

익숙해지기 전까지는 약간의 '침묵'이 두려워 연달아 질문을 던지거나 상대의 이야기가 끝나지 않았는데 눈치채지 못하고 다음 질문으로 넘어가버릴 수도 있다. 그런데 질문에 어떻게 대답할지 생각하느라 생긴 침묵일 수도 있고, 이 이야기도 덧붙일까 망설이다 생긴 침묵일 수도 있다.

이를 판단하기 위한 힌트는 상대방의 눈이나 시선에서 찾을 수 있다. 누구나 침묵은 다소 불편한 법이다. 자신은 이야기를 끝냈는데 질문자가 아무 말도 하지 않으면, "다음 질문을 하세요"라고 말하는 듯이 질문자의 모습을 살피거나 눈을 들여다본다. 만약 생각하느라 생긴 침묵이라면 두 사람의 시선이 맞지 않을 수도 있다.

그 침묵이 너무 길어 상대의 입이 좀처럼 벌어지지 않을 때는 도움을 주자. 어긋난 이야기를 되돌리고 싶을 때와 마찬가지로 질문을 반복하는 것만으로도 효과가 있다. 머릿속으로 생각하는 답이 질문에 맞는지 확인하면서 반복하여 들려줄 수 있기 때문이다.

> 자신: 질문이 어려웠나요? 제가 서툴게 질문을 해 죄송해요.
>
> 상대: 네, 죄송하지만 다시 한 번 부탁드려요.
>
> 자신: (질문 반복)
>
> 상대: 아, 그런 뜻이었나요. 그렇다면 ○○…….

그런데도 대답하기 어려워한다면 질문자 쪽에서 '답변 예시'를 소개하는 것이 좋다. 단, 이때 절대로 전부를 내놓아서는 안 된다. 인터뷰의 목적은 자신의 언어로 마음과 생각을 말하도록 하는 것이다. 자신의 머릿속에 있는 답변 예시를 나열하여 그중에서 고르라고 하는 닫힌 질문으로 변환되는 일은 되도록 피해야 한다. 따라서 답변 사례는 우선 하나만 제시하는 것이 적절하다.

"예를 들어 ○○라는 사고방식도 있을 수 있는데, 혹은……."

여기서 침묵을 역으로 이용한다. "혹은……" 다음에는 다른 답변 예시를 생각하는 것처럼 의도적으로 침묵하여 상대방이 입을 열기를 기다려 보자. 대개는 첫 번째 답변 예시를 들음으로써 질문 내용을 더욱 구체적으로 이해하고 자기 나름대로 답변을 시작한다. 만약 그래도 안 된다면 두 번째 답변 예시를 던지거나 질문을 바꾸도록 한다.

반대로 질문자인 자신이 침묵을 만드는 일도 있다. 굉장히 중요한 이야기이니 메모를 확실히 해두고 싶다거나, 상대가 말한 내용을 바로 이해하지 못하고 생각에 잠길 때 침묵이 생기기도 한다.

침묵이 싫은 것은 상대방도 마찬가지다. 묻는 말에 대답했는데 질문자가 아무런 반응을 보이지 않거나 심각한 표정으로 생각에 잠겨 있다면 분명 불편할 것이다. 메모하는 데 시간이 다소 이 걸릴 듯하다면 다음과 같이 말하자.

"잠시만요. 중요한 말씀을 해주셔서 잊지 않도록 메모를 해야 할 것 같아요."

들은 이야기를 확실히 이해하고자 시간을 조금 갖고 싶거나 그다음에 어떻게 전개할까 고민할 때도 똑같이 말하고 메모하는 척하며 생각하는 방법도 있다.

"머릿속을 정리하고 싶으니 조금만 시간을 주세요."

이처럼 직접적으로 말하고 난 뒤 생각해도 좋다. 혹은 "어떠신가요? 저기……"라든지, "좀 여쭤보고 싶은데요……" 하고 대략적으로 운을 떼며 매우 느긋한 어조로 말해 시간을 끌며 다음 질문이나 질문 방식을 머릿속에서 계획하는 방법도 있다.

이처럼 "지금부터 무언가 질문할게요!"라는 신호를 보내는 데는 두 가지 이점이 있다.

- 상대방에게 마음가짐을 촉구할 수 있다.
- 상대방이 다른 이야기를 시작하는 일을 방지할 수 있다.

인간은 곧 또 다른 질문이 튀어나온다는 것을 알면 상대방의 말을 열심히 들으려 하는 심리를 가지고 있다. 따라서 놓치지 않도록, 잘못 듣지 않도록 들을 준비를 한다. 그 자리에서 서둘러 구성한 질문이기에 이해하기 어렵게 마무리하는 경우도 있다. 하지만 상대방이 놓치지 않으려고 귀를 쫑긋 세우고 이해하고자 애써준 덕분에 미흡한 질문이 보완되는 상황도 종종 생긴다.

혹은 아무런 신호도 보내지 않고 있으면 상대가 배려해서, 혹은 침묵이 싫어서 무언가 다른 이야기를 시작해버릴 수도 있다. 그러면 물을 가치가 있는 질문을 하지 못하고 넘어갈 위험이 있다. 하지만 미리 신호를 해두면 다소 침묵이 이어지더라도 질문을 기다리면 된다고 생각할 것이다.

깊이 파기의 기본

상대방이 사용한 말을 골라서 질문하자

자신의 말로 자기 생각을 말하도록하려면 앞서 이야기했듯 열린 질문이 중심이 되어야 한다. 그러면 답변에 따라 그로부터 더 나아가 이야기를 이어나갈 수 있다. 그 연결이 알기 쉽다면 상대방도 생각하고 대답하기 쉬워질 것이다.

상대방의 이야기 중에서 핵심이 되는 말이나 표현을 골라 그대로 다음 질문에 집어넣으면 연결이 명백해진다. 예를 들어 재택근무와 관련된 인터뷰를 한다고 하자. 여러 번 등장한 '휴식'이라는 말을 시작으로 어떤 식으로 휴식 시간을 보내고 싶은지 깊이 파고들 수 있다.

> 자신: 지금까지 '휴식'이라는 단어를 몇 차례 언급하셨는데요. 휴식은 ○○씨에게 어떤 시간인가요?
>
> 상대: 휴식은 쉬는 시간이죠.
>
> 자신: 쉬는 시간이라면 어떤 상태를 말하는 건가요?
>
> 상대: 일하는 중간에 쉬는 것을 말하죠. 제가 하는 일은 육체노동이 아니라 두뇌노동 부류이기 때문에 몸보다 머리를 쉬게 하는 시간이라고 생각해요.
>
> 자신: 아까 휴식 시간에 불필요한 것을 정리한다고 말씀하셨는데, 그때 머리는 쉬고 있나요?
>
> 상대: 엄밀히 말하면 쉬지는 않아요. 하지만 일할 때와는 다르게 사용한다고 할까요? 뭐랄까… 머리는 사용하고 있지만, 일은 잊고 있다고 할까요? 잘 설명할 수 없지만…….
>
> 자신: 일 이외의 것을 생각하는 시간이 휴식 시간이라는 말씀인가요?
>
> 상대: 뭐, 그런 느낌이에요. 일 이외의 것을 생각하면 다소 휴식이 되는 듯해요.

전반에 '휴식', '쉬는 시간', '휴식 시간에는 불필요한 것을 정리한다', '머리는 쉬고 있다' 등 상대가 선택한 말의 의미를 확인하는 질문을 나열함으로써 좋은 방향으로 깊이 파기가 진행되었다.

그런데 상대방이 "일은 잊고 있다(시간)"라고 표현한 부분을 "일 이외의 것을 생각하는 시간"으로 바꿔 말한 부분은 조금 지나쳤는지도 모른다. 상대가 "잘 설명할 수 없지만……"이라고 발언한 부분에서 어떻게 언어화해야 할지 고민 중임을 파악하여 무심코 구원의 손길을 내밀고 싶어졌을 때 하기 쉬운 실수다.

이렇게 상대방이 사용한 표현을 섣불리 바꿔 말하거나 요약이 지나치면 자기 생각을 강요하고 동의하도록 하는 유도가 되므로 반드시 주의해야 한다.

구체적인 예를 알아내자

시종일관 추상적인 이야기나 큰 틀의 이야기만 하고, 좀처럼 구체적이고 상세한 이야기를 하지 않는 사람에게는 "예를 들면요?", 혹은 "구체적으로는요?" 하는 질문을 사용해 이야기의 입자 크기를 조금씩 세밀하게 만들어나가는 것이 좋다.

예를 들어 지금까지 여행했던 경험에 관한 인터뷰를 하고 있다고 하자. 상대는 나이가 지긋한 부부다.

자신: 그동안 두 분은 어떤 곳을 여행하셨나요?

남편: 유럽만 계속 간 것 같아요.

자신: 유럽이라… 예를 들면요?

남편: 올여름에는 네덜란드와 벨기에에 다녀왔어요.

아내: 그전에는 이탈리아였지.

자신: 서유럽 나라 중에서 다른 곳에도 가보셨나요?

남편: 스위스, 오스트리아, 스페인, 포르투갈, 영국, 프랑스, 독일… 이게
　　　전부인가?

자신: 반대로 아직 가보지 않은 나라는 어딘가요?

남편: 아이슬란드요.

자신: 그 밖에는요?

아내: 룩셈부르크요. 그리고 북유럽에서는 덴마크를 못 가봤네요.

자신: 그렇다면 노르웨이, 핀란드, 스웨덴에는 이미 다녀오셨나요?

아내: 아, 핀란드는 아직이에요.

남편: 내년에 가요. 핀란드와 발트 3국을 돌아볼까 생각 중이에요.

여행이 익숙한 두 사람에게 이미 방문한 적이 있는 나라를 모두 캐내
려 했다. "어떤 곳을 여행하셨나요?"라고 물었더니 처음에는 최근 이
야기만 했다. 한두 가지 예를 들면 충분하다고 생각해 이야기를 짧게

끝내는 사람이 많다. 처음부터 "전부 알려주세요"라고 물어보는 방법도 있지만 떠올리는 데 걸리는 부하를 생각하면 조금씩 물어보는 편이 친절한 방법이다. 몇 가지 예를 들면 "그 밖에는요?"라고 물어보거나, 예시처럼 "반대로 아직 가보지 않은 나라는 어딘가요?"와 같이 다른 각도에서 묻는 질문으로 전환하여 기억을 더듬도록 촉구하면 효과를 기대할 수 있다.

이유를 끈질기게 묻자

도요타 생산 방식의 아버지인 오노 다이이치는 저서 《도요타 생산 방식》에서 기술적으로 보이는 문제의 뿌리에 잠재하는 인적 문제를 밝혀내기 위한 수법으로 '다섯 번의 왜'를 제창했다. 기계가 멈춘 진정한 원인을 찾기 위해 '왜?'라고 계속 묻는 것이다.

인터뷰에서도 이 기법을 빌려 쓰도록 하자. 자기 생각이나 기호에는 반드시 이유가 있을 테지만, 평소에는 그다지 의식하지 않기 때문에 막상 이에 대해 물으면 쉽게 설명하지 못하는 사람이 많다. 좋고 싫음 뒤에 있는 심층 심리를 풀어내고 싶다면 '왜?', '어째서?'와 같이 이유를 계속 물어보아야 한다. 인터뷰에서는 다섯 번이라는 숫자에 연연할 필요가 없다. 핵심을 찌르는 질문이라면 그 수가 10회에 이른다 해도 이상하지 않고, 불과 두 번 만에 후련하게 알아낼 수도 있다. 콘택트렌즈 세정액의 병 디자인에 관한 인터뷰를 예로 생각해보겠다.

상대: 이 디자인은 좀 싫어요.

자신: 왜요?

상대: 쓸데없이 커서요.

자신: (웃음) 크면 어떤 문제가 있나요?

상대: 너무 커서 세면대 선반에 않을 것 같아요.

자신: 세면대 선반에 들어가지 들어가지 않으면 싫은가요?

상대: 글쎄요. 정리하고 싶을 때 치우지 못하는 건 싫어요.

자신: '정리하고 싶을 때'라는 건 매번 치우지 않는다는 말씀인가요?

상대: 대체로 거실에 내놓아요.

자신: 그러는 이유가 있나요?

상대: 매일 아침저녁으로 사용하는데, 꺼냈다가 정리했다가 하는 게 귀
찮아서요.

자신: 그렇죠. 그럼 대체로 거실에 내놓는다는 전제하에 생각하면 이 디
자인도 괜찮을 것 같나요?

상대: 아니요, 역시 싫어요.

자신: 이유는요?

상대: 이 디자인이요! 세련미가 느껴지지도 않는데 쓸데없이 큰 게 계속
거실에 있는 게 싫어요.

상대는 '좀 싫다'라는 이유를 '크기'라고 대답했지만, 더 깊이 파고드니 사실은 애초에 '디자인'이 마음에 들지 않는다는 이야기가 나왔다. 이제부터는 상대방의 눈에 세련되게 비치는 디자인이 어떤 것인지 물어보게 될 것이다.

어렸을 적에 호기심에 몸을 맡겨 어머니에게 "어째서?", "왜?" 하고 끈질기게 질문을 반복하다가 결국 지친 어머니에게 "아무튼 그래!" 하고 질문 중단 선고를 받은 적이 있는가? 바로 그 요령이다!

물론 아이와 마찬가지로 기계적으로 "왜?"를 반복하기만 하면 상대의 기분을 상하게 만들어 라포르가 위태로워진다. "왜 그럴까요?", "이유를 생각해보신 적이 있나요?" 등과 같이 묻는 방법을 응용하여 모습을 살피면서 파고들어야 한다. 그러면 평소에 자기 혼자서는 생각하지 않는 부분까지 깊이 생각하게 되고, 상대방도 서서히 즐겁게 느낄 것이다. 상대가 "'○○이니까'라고 하면, 어차피 '왜?'라고 물을 거죠? 그래서 왜 그러냐 하면……" 과 같이 스스로 이유를 생각하기 시작하면 잘 묻고 있다는 증거다.

참고로 제대로 라포르를 쌓지 못한 상태에서 이런 식으로 인터뷰를 진행하면 상대가 고개를 저을 수도 있으니 주의하자. 평소에 의식하지 않는 것을 끈질기게 물어보면 적당히 끝내버리고 싶어지는 법이다. 질문자는 상대가 그런 스트레스를 받지 않도록 현명하게 묻는 방법을 구사해야 한다.

자신 없는 듯한 말꼬리를 골라내자

자신의 발언에 자신감과 확신이 있을 때는 망설임 없는 분명한 어조로 말하며 말꼬리가 흐려지지 않는다. 반면 자신이 없을 때는 말투가 어눌해지거나 어미가 늘어나는 등 단언을 피하게 된다. 예를 들어 어떤 제품을 사용한 기간을 확인하는 질문을 했다고 하자.

> 자신: 그 제품을 사용하기 시작한 지 얼마나 되었나요?
>
> A씨: 벌써 1년 반이 되어가요.
>
> 자기: 꽤 확실히 기억하시네요?
>
> A씨: 처음 받은 월급으로 제일 먼저 샀거든요.

망설임 없이 대답한 A씨는 그 제품을 구매했을 때를 확실히 기억하는 듯하다. 한편 B씨는 어떨까?

> 자신: 그 제품을 사용하기 시작한 지 얼마나 되었나요?
>
> B씨: 글쎄요. 그 무렵에는 사용하고 있었으니까… 1년 이상?
>
> 자신: 그 무렵이라면요?
>
> B씨: 지난번에 귀성했을 때도 가지고 있었으니, 그 이전인 건 확실해요.
>
> 자신: 지난번 귀성은 몇 월에 하셨나요?
>
> B씨: 작년 더운 시기였으니까 9월인가… 그러네요. 10월이 되고 나서 늦은 여름휴가를 받았어요.

자신: 귀성하기 직전에 구입했나요?

B씨: 아니요. 여름 보너스를 받을 때까지 기다릴 수 없어서··· 장마가 시
작할 무렵인 것 같으니··· 6월 초인 것 같아요. 그렇다면··· 사용한
지 1년 반 정도?

자신 없는 말꼬리를 "······"라고 썼다. 자신감이 없으면 말하는 사람의
시선은 위를 향하고, 머릿속으로 정보와 생각을 정리하며 어떻게든 대
답하려 애쓰는 모습을 볼 수 있을 것이다. 그러한 모습을 보인다면, 깊
이 파고들기 위해 연거푸 질문을 던지는 일은 피하는 것이 좋다. 상대
방에게 생각할 수 있는 시간과 초조하게 대답할 필요가 없다는 마음의
여유를 충분히 제공한 뒤 느긋하게 질문을 거듭하며 말꼬리에서 발언
에 대한 자신감 유무를 헤아려야 한다. 상대방의 발언에 모호함이 보
이지 않을 때까지 참을성 있게 질문을 거듭해나가자.

질문에는 질문으로 대답하자

인터뷰 도중에 뜻밖에 질문자가 질문을 받게 되는 경우가 있다. 그럴
때는 무심코 시원하게 대답하기보다 깊이 파낼 기회라고 생각하자.
어떤 인터페이스의 단어가 적절한지를 알아보고자 인터뷰하고 있다고
하자. 그리고 다음과 같은 질문이 날아왔다.

상대: 화면에 있는 이 버튼은 ○○라는 뜻인가요?

이에 대한 적절한 반응은 "네"도, "아니오"도 아니다. "왜 그렇게 생각하시나요?"라고 질문으로 대답하는 것이 정답이다. 다만 조금 더 욕심을 부리자면 더 이상적인 답도 있다.

이 한 가지 질문에서 확인할 수 있는 것이 몇 가지 있을 테니 그 하나하나를 차례로 확인하며 대화를 이어나가자. 먼저 '이 버튼'이 어느 부분을 말하는지 실제로 손으로 가리키게 하는 등의 방법으로 확인한다. 그렇지 않으면 상대가 말하는 '○○'를 자신이 이해하고 있음을 암시하게 되어, "네"라고 넌지시 말하는 셈이 된다.

또 그 인터페이스를 '버튼'으로 인식한 이유도 물을 수 있다. 버튼으로 보이도록 제대로 디자인되었는지 확인할 수 있는 기회다.

그리고 왜 '○○'라는 의미라고 생각했는지 묻고, 이에 사용된 아이콘과 단어가 적절한지 확인한다. 그것이 바로 인터뷰의 목적이므로 여기까지 질문하고 끝내도 문제없다. 하지만 한 걸음 더 나아가 왜 그런 의문을 가졌는지 거꾸로 질문을 해보자. 의미를 확인하려고 했다는 것은 그에 대해 100% 자신감을 갖지 못했다는 증거이기도 하다. 왜 100% 자신감을 갖지 못했는지, 어떤 말을 쓰면 그 망설임을 떨쳐내고 누구나 쉽게 이해할 수 있는 표현이 될지를 살필 수 있는 좋은 기회다. 그럼 어떻게 대화를 주고받는지 살펴보자.

> 상대: 화면에 있는 이 버튼은 ○○라는 뜻인가요?
>
> 자신: 이 버튼이라는 게 어느 부분을 말씀하시는 건가요? 손가락으로 짚어 알려주세요.

상대: (손가락으로 가리키며) 여기요.

자신: 어째서 그게 버튼이라고 생각했나요?

상대: 그래 보이는 모양이라서…….

자신: 그래 보이는 모양이라는 게 어떤 의미인가요?

상대: 상자로 되어 있고, 조금 떠 있는 것처럼 보이고, 누를 수 있을 것 같아요.

자신: 그렇군요. 그것이 ○○라는 의미라고 생각한 것은 어째서인가요?

상대: 그렇게 쓰여 있어서요.

자신: 그렇게 쓰여 있나요?

상대: 있는 그대로 쓰여 있는 건 아니지만, △△라고 쓰여 있어서 ○○를 말하나 생각했어요.

자신: 자신 있으신가요?

상대: 음… 그렇게 말씀하시면 확신은 없지만, 달리 생각할 도리가 없으니 그런 것 같아요.

자신: 예를 들어 어떻게 쓰여 있으면 확신을 가질 수 있을 것 같나요?

상대: 있는 그대로 ○○라고 쓰여 있으면 알기 쉬울 것 같아요.

상대방이 사용한 말 골라 물어보기, 구체적인 예시나 이유 묻기, 자신감 없는 말꼬리 골라내기 등을 망라한 대화가 되었다. 실전에서는 이처럼 상대의 반응을 살피면서 다양한 계략을 짜 질문을 이어나가게 된다. 익숙하지 않을 때는 '이 인터뷰에서는 특히 이 계략을 의식해보자'라고 정해 차근차근 연습을 해나가는 것도 좋은 방법이다.

더불어 모든 기술은 일상생활에서 무심코 나누는 대화 속에서 연습할 수 있으니 친구나 가족과 대화할 때 몰래 연습해보자.

인내심을 갖고 계속 질문하자

인터뷰 중에 끈질기게 질문을 짜내다 보면 상대가 '그런 말 안 해도 알잖아요', '그렇게까지 설명해야 해요?'라고 말하는 듯이 눈을 크게 뜨고 볼 때가 있다. 가끔은 "자꾸 똑같은 말 시키지 마세요"라고 목소리를 높이며 화를 내는 사람도 있다.

물론 자세히 설명하지 않아도 이해가 되거나 짐작할 수 있는 경우도 많다. 하지만 인터뷰 자리에서는 질문자가 헤아리지 않는 것이 정석이다. 상대방의 생각과 사고방식을 그 사람의 말로 들어야 비로소 데이터로서의 가치가 생기기 때문이다. 그래서 우리는 끈질기게 계속 물어야 한다.

그러나 상대방의 기분이 너무 상한 듯하면 대책이 필요하다.

"다시 한 번 확인하고 싶어요. 그건 ○○라는 이야기인가요?"

"아까도 물었지만, 그것은 즉……."

앞서 불필요한 서론은 생략해야 한다고 설명했지만, 라포르가 무너지지 않도록 배려하여 곁들이는 한마디에는 의미가 있다. 자신의 언어로 말하는 것의 중요성을 솔직하게 이야기하자. 질문자가 헤아리는 일의 위험을 이해하면 끈질기게 물어도 이해해줄 것이다.

무심코 같은 질문을 반복하면 불신을 사서 라포르를 망가뜨릴 수도 있지만, 상대가 굉장히 좋은 말을 했을 때, '꼭 기록에 남기고 싶다!' 하는 발언을 했을 때는 망설이지 말고 같은 질문을 반복하는 신중함도 중요하다.

"굉장히 중요한 말씀을 해주셔서 일부러 다시 한 번 여쭤보았습니다."

이런 식으로 말하면 상대도 기분 좋게 대답해주지 않을까?

| 깊이 파기 안테나 사용법

깊이 파고들어야 할지를 판단하자

표면적인 질의응답으로 끝나면 모은 데이터를 분석하고 고찰하여 결론을 내는 단계에서 골머리를 앓게 된다. 그렇게 되지 않으려면 기본을 갖춘 양질의 인터뷰를 해야 하는데, 깊이 있게 상대방의 모든 발언을 파고드는 것은 사실 불가능에 가깝다. 즉, 깊이 파고들어야 할 국면을 판별해야 한다.

조사에서 밝히려는 사항을 적절히 써내고 이에 도달하기 위한 질문을 확실하게 준비했다면 판단하는 데 그리 망설일 일은 없을 것이다. 다만, 판단할 때는 이야기를 조금 들어 보는 것도 필요하다.

재택근무 이후의 시간 활용법과 시간에 대한 가치관의 변화를 살펴보는 조사를 예로 들어 보자. 먼저 재택근무 환경을 확인하는 질문으로 시작하는 대화다.

> 자신: 집에서 일하는 시간이 늘어나면서 업무 환경을 조성하기 위해 무언가 하신 일이 있나요?
>
> 상대: 음… 필요 없는 옷을 정리했어요.

업무 환경에 대한 질문에 옷을 정리했다는 이야기가 나왔다. 무심코 관계없다고 판단하여 당장 이야기를 전환해야겠다고 생각할 수도 있다. 하지만 급할 것 없다. 다음과 같이 물어 상대가 제대로 대답한 건지 확인할 필요가 있다.

> 자신: 업무 환경을 갖추기 위해 옷을 정리하셨다고요?
>
> 상대: 결과적으로 그렇게 되었다는 이야기인데, 그러면 안 되나요?

상대방에게서도 확인하는 질문이 날아왔다. 질문자는 '결과적으로 그렇게 되었다는 이야기'라는 상대방의 발언을 통해 다른 의도로 시작한 행동이 뜻밖의 변화를 가져오게 되었다는 이야기를 들을 수 있을 것으로 기대할 수 있다. 이럴 때는 일과 사생활 모두에 도움이 될 만한 시간 사용법에 관해 들을 수도 있으니 중단하지 말고 조금 더 이야기를 들어보는 것이 현명하다.

이야기를 끝까지 들어보지 않고는 판단할 수 없는 경우가 많다. 판단을 너무 서두르면 재미있는 이야기를 듣지 못해 안타까운 상황이 벌어질 수도 있다. 조급함은 금물이다.

맞장구를 치면서 5W2H를 채우자

상대방의 걱정을 덜어주면서 이야기를 이어가도록 계기를 확인하는 질문을 던진 다음, 참고가 되는 이야기를 들을 수 있을 것이라 판단된다면 어떻게 해야 할까? 언제(When), 어디서(Where), 누가(Who), 무엇을 계기로, 혹은 어떤 의도나 이유로(Why), 무엇을(What), 어떻게(How) 했는지, 이른바 5W1H에 감정과 마음을 묻는 또 하나의 H(How did you feel?)를 더한 5W2H를 채울 생각으로 질문한다.

"결과적으로 그렇게 되었다는 이야기인데, 그러면 안 되나요?"라는 상대방의 역질문에 이은 대화를 예로 들어 보자.

> 자신: 아니요. 오히려 재미있을 것 같아 흥미진진해요. 옷 정리를 시작하게 된 계기가 뭐였죠?
>
> 상대: 처음에는 아내가 하기 시작했어요.
>
> 자신: 그렇군요. 계기가 무엇이었는지 들으셨나요?
>
> 상대: 옷장에 옷이 꽉 차 있어서 예전부터 정리하고 싶다고 둘이서 많이 이야기했어요. 그러다 아내도 재택근무를 하게 되었어요.
>
> 자신: 두 분이 함께 재택근무를 하게 된 건 언제쯤인가요?
>
> 상대: 한 달 정도 전이에요. 1주일 정도 있다가 아내가 갑자기 '휴식 겸 옷 정리 좀 할게'라고 말했어요. 2년 동안 입지 않은 건 과감하게 버린다고 하더니 정말 깜짝 놀랄 정도로 많은 옷을 버렸어요.
>
> 자신: 휴식 겸이라고 하는 게 재미있네요.

상대: 회사에 출근했을 때는 다른 사람과 수다를 떨거나 편의점에 가는 김에 짧게 산책을 하며 잠시 숨을 돌렸어요. 그런데 집에서 일하면 그럴 일이 없으니 휴식을 취하는 것이 마땅치가 않아요.

자신: 그건 사모님 말씀인가요?

상대: 둘이서 '의식해서 휴식을 취하지 않으면 계속 일을 하겠구나' 이야기한 적이 있어요.

자신: 그렇군요. 그래서 사모님께서 휴식 겸 옷 정리를 하게 되었다는 이야기로군요. 사모님께서 처음 그런 말을 꺼냈을 때 어떤 생각을 하셨나요?

상대: '뭐라고? 갑자기 왜 정리를?'이라고 생각했죠. 조금 귀찮기도 했어요. 일이 너무 커질 것 같아서요.

상대가 5W2H를 의식하면서 말해주기를 기대하는 것이 아니라 "계기가 있었나요?", "언제쯤이었나요?", "어떤 생각을 하셨나요?" 하고 추임새를 넣듯 빠진 것을 채워나갔다. 깊이 파낸다기보다는 주변을 파내는 느낌이 더 적합할지도 모른다.

행동을 일으키지 않은 것도 행동으로 보고 파보자

스스로가 한 행동은 기억에 남기 쉬워 누군가가 물어보면 어렵지 않게 말할 수 있고, 질문자도 잊지 않고 묻기 쉽다. 행동으로 나타나지 않았던 것을 깊이 파고드는 것은 결코 쉽지 않다.

'○○하고 싶다고 생각하는데……'와 같은 소망이나 '○○해야 한다고는 생각하지만……'과 같은 일반적인 가치관은 머릿속으로 생각하고 있을 뿐 행동으로는 연결되지 않는다. 하지만 이런 발언 뒤에는 '○○라고 생각하기는 했지만 그렇게 하지 않았다'라는, 행동을 취하지 않은 이유가 숨어 있다. 이를 깨닫고 '왜 그렇게 하지 않았는지'를 파게 되면 숨은 사실(팩트)을 하나 더 얻을 수 있다.

> 자신: 좀 전에 이전부터 정리하고 싶었다고 말씀하셨는데, 그때까지 행동으로 옮기지 않은 것은 어째서일까요?
>
> 상대: 바빠서 손길이 미치지 않았던 것도 있고, 솔직히 아내에게 맡긴다는 생각도 있었어요. 아내 옷이 압도적으로 많거든요.
>
> 자신: 양으로 봐서 사모님께서 주도하실 거라고. (웃음) 남편분은 결국 어떻게 했나요?
>
> 상대: 도와줬어요. 아니, 도와줬다기보다 제 건 제가 알아서 하겠다고 말했어요. 자기 것은 스스로 결정하고 싶잖아요. 아내가 제 옷을 마음대로 버리려고 해서 마음이 좋지 않았어요.
>
> 자신: 버려질 뻔했나요?

상대: 네. '이 옷은 몇 년 동안 입지 않았잖아!'라고 말하며 이것도 버리려고 하고, 저것도 버리려고 하니 너무 황당했어요. 그래서 '내 건 내가 알아서 할 테니 기다려'라고 말했죠.

자신: 그렇다면 처음에는 도울 생각이 없으셨다는 건가요?

상대: 솔직히 말하면 그렇죠. 일단 시작하면 시간이 꽤 걸리잖아요. 그게 좀…….

자신: 좀… 어땠나요?

상대: 좀 싫다고 할까, 불안하다고 할까, 무섭다고 할까…….

자신: 그건 부정적인 심정이라고 생각해도 될까요?

상대: 완전 부정적이죠. 아주 잠깐 휴식하려다가 업무 시간을 압박할 정도로 일이 커지면 난처할 수도 있을 것 같았어요.

자신: 그렇군요. 그래서 어떻게 됐나요?

상대: 아내가 첫날부터 작정하고 시간을 들이니 큰일 났다 싶어 교대로 15분씩 시간을 정해서 하자고 제안했어요.

자신: 왜 15분이죠?

상대: 원래 목적은 휴식이었으니까요. 휴식 시간이 30분이나 1시간이면 너무 길잖아요!

자신: 그렇군요. 그래서 어땠나요?

상대: 괜찮았던 것 같아요. 혹시나 빠져버릴까봐 타이머도 세팅했어요.

자신: 타이머요?

상대: 처음에는 스마트폰으로 타이머를 설정했는데, 메일이나 뉴스를 수신할 때마다 멋대로 여러 가지가 표시되어 방해가 되길래 3일째부터는 키친 타이머를 사용했어요. (웃음) 목적은 휴식이니까요!

그때까지 행동으로 옮기지 못한 이유는 본인의 주관과 상상을 바탕으로 말한 것이므로 100% 신뢰할 수는 없다. 하지만 그 사람의 가치관과 주의, 주장을 추측하는 데 도움이 된다.

질문에 대한 답을 얻었는지 확인해보자

다음 화제로 넘어가야 할지, 조금 더 파야 할지 고민될 것이다. 그럴 때는 처음 질문에 대한 답을 얻었는가를 기준으로 생각해보자.

이야기하는 동안 질문을 잊고 옆길로 빠지지 않게 하기 위해서는 질문을 떠올리도록 해야 한다. 질문자인 자신이 질문을 잊는 일은 없다고 생각할지도 모르지만, 깊이 파헤치는 데 빠져 있다 보면 얼마든지 그럴 수 있다. 특히 첫머리에서 깊이 파고들 만한 이야기인지 아닌지 판단을 망설였을 때는 이야기가 어떻게 전개될지 상상할 수 없었으므로 자신도 함께 미로에 빠져버렸을 가능성이 크다.

자신도 상기할 수 있도록 원래 질문을 확인하고, 들은 이야기가 답으로 연결되는지 확인해야 한다.

자신: 그래서 옷장은 깔끔해졌나요?

상대: 깔끔을 넘어 텅텅 비었어요. (웃음)

자신: 그것참 잘됐네요. 근데, 무슨 이야기를 하고 있었죠? (인터뷰 가이드 체크) 아, 업무 환경을 조성하기 위해 옷을 정리했다는 이야기에서 시작됐는데…….

상대: 아, 맞아요. 옷장 안에서 옷가지들이 순식간에 줄어드는 걸 보면서 아이디어 하나가 떠올랐어요. 옷장을 줌 방으로 만들자고요.

자신: 오!

상대: 넓지는 않지만 그 안에 들어가서 원격 회의를 하면 아이들도 거실에서 편안하게 TV를 볼 수 있어요.

자신: 그때까지는 어떻게 했나요?

상대: 주방 식탁에서요. 주방이 거실과 나란히 있어서 원격 회의를 할 때는 아이들에게 TV 시청을 참아달라고 했어요.

자신: 그럼 지금은 옷장 안에서?

상대: 네. 주방보다 조용하고 좋아요. 다만 길어지면 숨쉬기 힘들어져 30분 이내에 빨리 끝내야 해요. 덕분이 미팅 효율이 매우 좋아졌죠. (웃음)

집에서 원격 회의에 참석할 때의 상황이 보이기 시작했다. 그 상황이나 환경에 대해 계속 이야기하거나, 장소를 주방에서 옷장으로 이동함에 따라 나타난 다른 변화로 화제를 바꾸거나 이후 전개는 목적에 따라 여러 가지로 생각할 수 있다. 이는 이야기가 옆길로 벗어나지 않은 것을 확인한 후에 판단할 수 있을 것이다.

| 깊이 파기 안테나를 더 사용하는 방법

화제를 횡단하고 내려다보아 모순을 해소하자

앞서 화제별로 깊이 파고들 때의 사고방식과 진행 방식에 대해 설명했다. 화제마다 이야기하도록 촉구하는 것은 상대가 기억을 더듬기 쉽게 하기 위해서다.

그렇게 종용받은 상대방은 머릿속에서 지금의 화제와 관련된 부분만 교묘하게 끄집어내 이야기할 것이다. 바꾸어 말하면, 본인이 지금의 화제와 관련 없다고 생각한 것은 절묘하게(대부분 무의식중에) 생략하게 된다. 그러면 '아까 들은 이야기와 모순되는 것 같은데……' 싶은 상황이 생긴다. '아까 한 말은 거짓말이었나?', '지금 대충 이야기하고 있는 건가?' 하고 상대방에 대한 불신이 싹트기도 한다.

화제별로 구분하여 들은 이야기를 연결했을 때 모순 없이 수긍할 수 있는 이야기가 되는가를 확인하는 것도 하나의 깊이 파기다. 깊이 판 다기보다 자신과 상대가 판 것을 연결하는 길을 찾는다는 느낌에 더 가까울까? 온라인 쇼핑 이용 현황 조사를 예로 들어 생각해보자. 우선 이용 빈도에 초점을 맞춘 질문부터 시작했다.

> 자신: 온라인 쇼핑을 할 때 가장 많이 이용하는 사이트는 어디인가요?
>
> 상대: 네이버요. 대체로 네이버에서 먼저 검색해요.
>
> 자신: 바로 대답하시네요. 비율로 따지면 어느 정도일까요?
>
> 상대: 빈도 말이죠? 90% 정도요. 가장 먼저 네이버에서 찾고 대부분 거기에서 구매해요.
>
> 자신: 왜 네이버인가요?
>
> 상대: 포인트 때문이에요. 포인트가 쌓이거든요.

네이버의 이용 빈도가 높은 이유는 포인트인 것 같다. 그런데 네이버 포인트에 대해 충분히 이야기를 들은 후 실제로 어버이날 선물을 찾는 모습을 보여달라고 했더니 우선 네이버에서 검색하는 일도, 검색 도중에 네이버에 들르는 일도 없었다. '지금까지 했던 이야기와 전혀 다른데 어떻게 된 거지?' 싶은 상황이 된 것이다.

일련의 쇼핑 과정을 살펴본 뒤 확인이 필요해 깊이 파기를 시작했다.

자신: 왜 이 사이트에서 검색을 한 거죠?

상대: 전에도 이용해본 적이 있는데 예쁘게 포장을 해주거든요.

자신: 아, 선물이니까요.

상대: 맞아요. 몇 년 전에 네이버에서 산 물건을 어머니에게 곧장 보내드렸는데 포장이라고 할 수 없는 상태로 간 적이 있어요. (웃음)

자신: 그 이후로 선물로 살 때는 네이버를 이용하지 않나요?

상대: 아니, 꼭 그런 건 아니에요 어버이날 선물로 사려는 이 물건은 어제 네이버에서도 보았는데 여기랑 그렇게 다르지 않았어요.

자신: 네이버에서 이미 검색을 했다는 말인가요?

상대: 네, 죄송해요. 어제 보았어요. 네이버에서 살 수 있는지, 얼마인지는 반드시 체크하거든요.

자신: 가격만 체크했나요?

상대: 포인트 계산은 대충 머릿속에서 했어요. 배송비도 포함해서 어느 정도인가 하고요.

'가장 먼저 네이버에서 찾는다'라는 발언의 진위를 확인하고자 캐물었더니 조사 전날 '가장 먼저 네이버에서 찾는' 행동을 분명히 했고, 그에 대해 묻지 않아서 말하지 않았을 뿐이라는 사실이 판명됐다. 인터뷰 중에 이런 확인 작업을 꼼꼼히 하여 모순을 해소해나가지 않으면 데이터를 분석할 때 골머리를 앓게 될 수도 있다.

언행의 모순에 대해 진상을 규명하고자 할 때는 거짓말을 공격하는 분위기가 되지 않도록 주의하자. 대부분 상대방에게 거짓말을 했다는 의식은 없다. 앞의 예시와 같이 묻지 않아서 말하지 않았거나, 이야기를 이해하기 쉽도록 생략했거나, 깊이 고민하지 않고 생각난 것을 그대로 말했거나 등 악의가 없는 경우가 대부분이다. 그것을 술래를 잡은 것처럼 심문하면 반대로 상대 마음속에서 자신에 대한 불신이 싹틀 수도 있다. 그렇게 라포르가 무너지게 되면 깊이 파기 이전의 문제가 되어버린다.

만약 거짓말을 한다면 어떻게 할까? 예를 들어 상대가 조사 전날 네이버에서 몰래 검색한 일은 말하지 않는 편이 좋을 것 같다고 생각했다면, 다음과 같이 이야기가 흐를 가능성이 있다.

> 자신: 그 이후로 선물로 살 때는 네이버을 이용하지 않나요?
>
> 상대: 아니, 꼭 그런 건 아니지만⋯ (실은 어제 알아봤는데, 그건 말하지 않는 편이 좋을 거야.) 이번에는 이용하지 않으려고요.
>
> 자신: 왜일까요?
>
> 상대: 네이버에는 이런 상품이 없을 것 같아 여기에서 사려고요.

모호한 이유와 네이버를 보려고 하지 않는 완강한 모습 등에서 어딘가 거짓말이 섞여 있을지도 모른다는 생각이 들면 그 흐름에 따라 추구하기는 포기하는 것이 좋다. 거짓말을 얼버무리며 하는 이야기는 점점 복잡해지고, 정작 본인도 점점 뒤로 물러설 수 없게 되어 수습이 되지 않으니 말이다. 예시 같은 경우, 어버이날 선물이 아닌 다른 상품을 검색해보도록 하면 보다 사실에 가까운 이용 상황을 확인할 수 있을 것이다.

그런 임기응변 방법이 생각나지 않으면 지금의 화제는 일단 중단하고 잊었을 때쯤 이야기를 되돌리는 작전을 사용하자. 이때 "아까 했던 이야기인데요……"와 같은 시작은 필요 없다.

필자의 경험상 그렇다는 것일 뿐이다. 하지만 이처럼 조금만 시간을 두기만 해도 순간적으로 하는 거짓말이나 발뺌 같은 반응이 줄어드는 것을 기대할 수 있다.

문맥이나 환경, 시간을 다르게 하여

기억 속 다른 서랍을 열게 하자

질문에 확실하게 대답하고자 하는 상대방은 하나의 질문에 하나의 답을 돌려줘야 인터뷰가 끝난다고 생각하기 쉽다. 하지만 사람의 행동을 결정짓는 이유나 계기는 하나가 아닌 여러 개일 수도 있다. 문맥이 다르면 행동이 달라질 수 있고, 행동을 뒷받침하는 이유도 달라질 수 있다. 많은 사실(팩트)을 캐내고 싶은 나머지 "다른 건?"을 반복하는 것도 단조롭게 "어째서?"를 반복하는 것만큼이나 불쾌감을 준다.

상대방이 불쾌감을 느끼지 않도록 끈질기게 깊이 파고들려면 어떻게 해야 할까? 건강관리에 관한 조사에서 개개인이 의식하여 하고 있는 사례를 많이 모으려 할 때의 대화를 예로 생각해보자.

> 자신: 그 밖에도 무언가 스스로 하고 계신 것이 있나요?
>
> 상대: 음… 식사 이야기와 운동 이야기를 했죠? 그 정도인 것 같은데 또 뭐가 있나…….

상대는 생각난 것은 이미 다 이야기했다는 듯한 뉘앙스를 풍기며 난처해하고 있다. 질문자로서는 더 많은 사례를 듣고 싶을 뿐인데, 계속 "그 밖에?"라는 질문을 받는 상대는 '만족스러운 대답을 하지 못했나?', '지금까지 내가 한 이야기는 가치가 없다는 뜻인가?' 하고 마음이 편치 않을지도 모른다.

예를 들어 다음과 같이 기억을 더듬는 문맥을 크게 전환하도록 독려하면 어떨까?

> 자신: 지금 하신 식사와 운동 이야기는 주로 집에서 이루어지는 것 같은데, 평일이나 일을 하실 때를 어떤가요? 건강 유지에 도움이 될 만한 일을 하고 계시나요?
>
> 상대: 회사에 있을 때 말이죠? 또 음식 이야기를 해도 괜찮나요?
>
> 자신: 물론이죠.

> 상대: 회사에 있을 때는 수분을 자주 섭취하고 있어요.
>
> 자신: '자주'라는 건 어느 정도인가요?
>
> 상대: 15분 정도 간격으로 페트병 물을 조금씩 마시는 식이에요.
>
> 자신: 빈도가 상당하네요. 무슨 의도나 이유가 있나요?
>
> 상대: 어머니에게 들었는데 수분을 자주 흘려보내면 목에 균이나 바이러스가 머무는 걸 막을 수 있어 감기에 잘 걸리지 않는다고 하더라고요. 사실인지는 모르겠지만요.
>
> 자신: 그렇군요. 몰랐어요. 어머님께서는 어디서 그런 멋진 정보를?
>
> 상대: 그건 모르겠지만 확실히 효과가 있는 것 같아서 꾸준히 하다 보니 습관이 되었어요.
>
> 자신: 그 밖에도 어렸을 때부터 계속해온 것, 어머님이나 가족의 영향으로 계속하고 있는 것 중에 생각나는 게 있나요?

상대방의 이야기를 들으면서 무의식중에 집에서 하는 대처에 주의가 쏠리고 있다는 생각이 들면, 다른 환경(여기서는 회사)에서의 기억을 더듬도록 질문해야 한다. 위 예시에서는 어머니의 조언으로 행동이 바뀌었다는 재미있는 사실이 나왔다. 어머니의 등장을 더욱 활용해 조금 먼 과거의 기억에 의식을 향하게 하려는 마지막 질문도 의도하는 바가 같다.

이러한 예시처럼 상대방이 무의식중에 주의를 기울이는 폭을 좁히고 있을지도 모른다. 기억 속 서랍을 처음 열어보고 하나로 끝나지 않도

록 문맥이나 환경, 시간을 바꾸어 떠올리는 계기가 되는 질문을 던져
보자.

평소 의식하지 않던 것까지 떠올리게 하자

지금까지 상대방은 자신의 기억을 더듬어 사실(팩트)을 말했다. 떠올리
는 데 어려움을 겪거나 언어화를 잘하지 못해 난처한 일은 있었을지도
모르지만, 기본적으로는 처음부터 끝까지 깊이 생각하지 않고 말할 수
있는 내용으로 보인다. 여기서 끝내면 이미 표면화된 니즈와 불만까지
만 파악할 수 있다. 상대방이 평소 의식하지 않던 것까지 떠올릴 수 있
도록 파고들면, 본인도 알지 못했던 잠재적인 욕구를 알아내는 길이
보인다.

앞서 살펴본 재택근무에 관한 인터뷰 예시가 재등장한다. 지나치게 말
을 바꿔 말한 부분과 그다음 전개에 주목해보자.

> 자신: 지금까지 '휴식'이라는 단어를 몇 차례 언급하셨는데요. 휴식은 ○
> ○씨에게 어떤 시간인가요?
>
> 상대: 휴식은 쉬는 시간이죠.
>
> 자신: 쉬는 시간이라면 어떤 상태를 말하는 건가요?
>
> 상대: 일하는 중간에 쉬는 것을 말하죠. 제가 하는 일은 육체노동이 아니
> 라 두뇌노동 부류이기 때문에 몸보다 머리를 쉬게 하는 시간이라
> 고 생각해요.

자신: 아까 휴식 시간에 불필요한 것을 정리한다고 말씀하셨는데, 그때 머리는 쉬고 있나요?

상대: 엄밀히 말하면 쉬지는 않아요. 하지만 일할 때와는 다르게 사용한다고 할까요? 뭐랄까… 머리는 사용하고 있지만, 일은 잊고 있다고 할까요? 잘 설명할 수 없지만…….

자신: 일을 잊고 싶은?

상대: 완전히 잊는 것은 어렵지만, 일과는 다른 생각을 함으로써 일을 생각하지 않아도 된다는 느낌일지도 모르겠네요.

자신: 일을 생각하지 않아도 된다는 것은 일 생각을 하지 않아도 되는 상황을 의식적으로 만들고 있다는 걸까요?

상대: 의식적으로 만드는 것은 아니고 아까도 말했지만 결과적으로 그렇게 됐을 뿐인 뜻밖의 행운 같은 거죠. 덮어쓰기라고 할까? 내버려두면 무심코 일을 생각해버리기 때문에 생각해야 할 것을 따로 만들어내 그쪽에 머리를 쓰면 그사이에 일은 뒤로 물러나는 느낌이에요.

자신: 그냥 두면 무심코 일에 대해 생각해버린다는 것은 언제 일인가요?

상대: 음… 지금 계속 집에서 일하고 있으니 일과 사생활을 전환해야 하는 환경이잖아요. 예전에는 집에 돌아오면 일은 생각하지 않아도 괜찮았어요. 그러다가 재택근무로 전환되면서 집에 있을 때도 무심코 일을 생각하게 됐고, 그래서 일 모드를 휴식 모드로 전환할 기회를 마음속 어디선가 바라고 있었는지도 몰라요.

자신: 그렇군요. 그 말씀은… 주방 식탁에 있을 때가?

상대: 식탁에 앉아 있을 때는 업무 모드이고, 옷장에서 불필요한 것을 정리할 때는 휴식 모드라는 말이죠.

자신: 그렇군요.

상대: 어쩌면 옷장으로 이동하는 것, 집 안에서도 장소를 이동하는 것이 휴식에 필요했을지도 모르겠어요.

인터뷰에 협조해주는 사람들은 대부분 '내게 무슨 질문을 할까?', '잘 대답할 수 있을까?' 하는 생각에 긴장감에 휩싸인다. 그런 기분에 기대어 상대가 난처하지 않도록 대답하기 쉬운 질문만 던진다면 예상 범위 내에 들어가는, 깊이가 없는 인터뷰로 끝나버린다. 진정한 의미의 깊이 파기는 거기에서 더 깊이 파고드는 데서 비롯된다.

인터뷰 중 상대방이 자주 하는 말이나 신중하게 선택한 표현을 골라 그게 무슨 뜻인지 생각하며 확인 질문을 던지자. 깊이 파기에는 작은 가설 만들기와 검증하기 위한 질문을 반복함으로써 상대방의 머릿속에도 아직 흐릿한 사고나 생각을 뚜렷한 윤곽이 있는 것, 말로 설명할 수 있는 것으로 정리하는 데 도움을 주며 진행하는 것이 요구된다.

본인이 모순을 깨닫지 못했을 때는 이야기의 모순을 찌르고 확인 질문을 던지는 것이 한 걸음 더 나아간 사고를 촉구하는 좋은 깊이 파기가 된다. '듣고 보니 확실히 내가 하는 말은 모순인데 대체 어떻게 된 거지?' 하고 스스로 적극적으로 모순 해명에 나서면 대화는 더욱 깊어지게 된다.

상대가 돌아가는 길에 "평소 의식하지 않던 것을 생각하게 해줬어요", "스스로 깨달은 바가 있었어요"라고 말한다면, 좋은 깊이 파기를 할 수 있었음에 찬사를 보내는 것으로 받아들이자.

"이런 걸로 도움이 되었나요?"라고 묻는다면

"협조해주셔서 감사합니다"라고 말하며 인터뷰를 끝내려는데 불안한 표정으로 "이런 이야기로 괜찮은가요?", "이런 걸로 도움이 되었나요?", "뭔가 전혀 도움이 되지 않은 것 같은데 괜찮나요?"라고 묻는 사람이 많다.

대부분의 사람은 인터뷰에 응한 이상 자신이 많은 도움이 되기를 바란다. 상당한 비율의 사람이 '시장 조사'나 '마케팅 리서치'라고 하는 조사에 협조한 경험이 있을 것이다. 이제 많은 사람이 '의견'을 질문받는 일에 익숙해졌다.

사용자가 마음속 깊은 곳에서 바라는 진정한 니즈를 찾기 위한 탐색적인 조사나 '이것이야말로!' 싶은 가설이 사용자의 마음에 다가가는 현실적인 답이 되었는가를 확인하고 싶어 실시하는 검증형 조사에서는 사용자의 진정한 모습을 받아들이기 위해 사실(팩트)을 세세하게 캐내거나 말로 표출되는 감정의 진정한 의미를 알아내기 위해 끈질기게 마음을 확인하는 것이 중요시된다. 결과적으로 "○○에 대해 어떻게 생각하시나요?"라는 표면적인 질문은 적어진다. 질문에 답하는 사람은 평소 생활 모습을 떠올리며 말했을 뿐으로, 이 이야기가 어느 상품의 어느 기능에 활용될지 전혀 알 수 없어 불안해지고, "이런 이야기로 괜찮은가요?"라고 질문하며 걱정에 사로잡힌다.

이런 일이 생기지 않도록 조사를 시작하며 반드시 "이 질문에는 정답이 정해져 있지 않습니다. 부디 솔직하게 평소 모습을 있는 그대로 이야기해 주세요"라고 말하는 것을 잊지 말자. 그렇게 말을 건네도 조사가 끝날 무렵에는 잊어버려 불안한 표정으로 "이런 걸로 도움이 되나요?"라고 묻는 일이 적지 않다. 그럴 때는 "오늘 해주신 이야기는 좀처럼 들을 기회가 없어서 많은 공부가 되었어요", "제 생활이나 생각과는 다른 면이 많아 참고가 되었어요", "해주신 말씀을 차분히 되돌아보고 향후 기획에 활용하고 싶어요"와 같이 말하며 환한 미소로 배웅하자. 홀가분한 마음으로 돌아가도록 하는 것까지가 모더레이터의 역할이다.

돌아가는 길에 나올지도 모르는 본심

낯선 환경에서 질문 공세를 당하며 평소에는 생각하지 않던 것을 열심히 생각하고 이야기해야 하는 시간은 매우 피곤하기 마련이다. 아마도 긴장감은 꽤 오래 남아 있을 것이다. 아무리 편안한 분위기에서 인터뷰가 진행된 것처럼 보여도 인터뷰 종료를 알리면 숨을 크게 내쉬거나 의자 등받이에 기대며 긴장이 풀린 기쁨을 무의식중에 태도로 드러내는 사람도 적지 않다. 혹은 인터뷰 장소에서 벗어난 뒤에야 긴장이 풀렸다고 밝히는 사람도 있다. 사실 긴장감에서 해방된 그때야말로 속마음을 들을 기회다.

상대가 돌아갈 준비를 하는 동안 인터뷰 중에 확인하지 못한 점이나 답변이 모호했던 점을 넌지시 질문해보자. 무심코 속마음이 나오는 듯하면 건물 출입문까지 배웅하며 몰래 인터뷰를 이어나가도록 한다. 이때 펜을 꺼내 메모를 하면 다시 긴장하여 입이 무거워질 수도 있다. 아주 짧은 시간이다. 이때는 메모가 아닌 자신의 기억력에 의지하자. 마지막 기회를 유용하게 활용할 수 있도록 끝까지 방심은 금물이다.

첫 번째 세션에서는 모든 질문을 하는 것을 목표로 하자

"깊이 파기를 의식하고 노력하면 준비한 내용을 모두 묻지 못해 질문이 잔뜩 남고, '모든 질문을 물어봐야지!' 하고 생각하면 시간이 부족해 깊이 파기가 느슨하다고 혼나요. 대체 어떻게 하면 좋을까요?"

자주 듣는 고민이다. 상대방과의 대화는 어떻게 흘러갈지 모른다. 무슨 말이 나올지 모르기에 인터뷰가 가치 있는 것이고, 깊이와 넓이를 저울질하여 판단을 내리면서 대화의 방향을 잡는 것은 모더레이터가 계속 짊어져야 할 과제다.

조사를 설계하고 인터뷰 가이드를 만들 때 '이것저것 질문이 추가되어 60분 만에 전부 다루기는 불가능하지 않을까?' 하고 생각했다면 그렇다. 전부 다루기 어렵다.

Chapter 1 '시간 배분과 우선순위를 정한다(80쪽)'에서 이야기했듯 질문으로 꼽았다고 해서 전부를 순서대로 묻는 것은 아님을 관계자에게 철저히 숙지시키는 것이 중요하다.

이를 게을리하면 인터뷰 당일에 "왜 이 질문은 넘겼나요?" 하고 묻는 사람이 꼭 나타난다. 가이드에 쓰여 있으면 무조건 질문할 것이라고 기대하기 때문이다. 또 관계자 각각의 입장이나 관심에 따라 우선하고 싶은 질문이 다른 것도 사태를 다소 어렵게 만든다. 이쪽을 챙겨서 깊이 파고들면 저쪽 질문을 하지 못하고 끝나 짜증나는 사람이 생기게된다. 이러한 사태를 수습하려면 파일럿 세션, 또는 첫 번째 세션에서는 깊이 파기를 포기하고 모두 질문하는 것을 우선한다.

그리고 종료 후 "보시는 바와 같이 모든 질문을 하려고 하면 도중에 아무것도 깊이 파지 못하는데, 그래도 괜찮으신가요?"와 같이 말하며 논의를 불러일으키자. 그러면 우선순위를 매기기가 쉬워진다.

세션별로 우선순위를 조정하자

우선순위를 정할 때 반대하는 사람이 나타나는 이유는 조사하는 동안 그 우선순위가 변하지 않을 것이라고 생각하기 때문이다.

유저 인터뷰는 전원에게 공통된 질문을 하고 답변을 집계해 평균이 어떻고 편차가 어떠냐는 분석을 하는 조사가 아니기에, 상대방의 말에 맞춰 임기응변으로 초점을 바꿀 수 있다는 강점이 있다. 처음 몇 사람을 통해 우선순위가 높은 질문에 대한 답변에서 경향을 찾아냈다면, 그다음부터는 그동안 자주 언급되지 않았던 질문에 조금 더 시간을 할애하여 다른 측면을 깊이 파고들도록 한다.

눈앞에 있는 상대방에게 모든 질문에 대한 답을 받기를 목표로 할 것이 아니라 모든 세션이 끝난 시점에 모든 질문을 다루고 조사 목표를 달성한 상태가 되도록 하는 것을 목표로 해야 한다. 그러려면 세션별로 우선순위마저 임기응변으로 전환하며 진행해야 한다.

4. 기술 향상의 힌트

지금까지 사용자와 마주하여 인터뷰를 실시하는 여러분이 알아두었으면 하는 기본적인 마음가짐과 요령을 생각해보았다. 상대와 신뢰 관계를 구축하고, 이를 망가뜨리는 일이 없도록 신중하게 말을 선택하며 시간과 이야기의 흐름을 관리하고, 중간중간에 상대의 품에 파고들어 이야기를 끌어내는 계략들이었다.

"기술을 향상하려면 역시 경험을 많이 쌓아야 하나요?"라는 질문을 자주 받는다. 물론 경험을 쌓으면 사전 준비 품질이 좋아지고, 사용자와 마주했을 때 긴장감도 누그러지고, 평소 훈련 성과로 시간 관리도 잘 할 수 있게 되어 시간과 마음에 여유가 생긴다. 그러나 경험을 차근차근 쌓아가려면 시간이 오래 걸린다. 더 효율적인 방법은 없을까? 필자는 다음 세 가지가 핵심이라고 생각한다.

- **메타 인지**: 상대의 이야기를 듣고, 자신의 이해 상태나 조사 목적과의 관련성을 고려하면서 질문 순서를 바꾸거나 화제를 취사하여 임기응변으로 대화를 구성해나갈 수 있기 위한 능력

- **공감력**: 상대의 머릿속을 객관적으로 상상할 뿐만 아니라 상대의 입장에서 주관적으로 생각하고 느끼게 됨으로써 더 깊이 이해하도록 하기 위한 능력

- **되돌아보기**: 더욱 질 높은 데이터를 얻을 수 있도록 세션별로 수행하는 되돌아보기, 후속 활동에 원활하게 바통을 넘겨주기 위한 되돌아보기, 인터뷰 기술

과 메타 인지를 향상하기 위해 자신의 인터뷰를 객관적으로 되돌아보며 반성
하는 자리

이 세 가지를 바탕으로 훈련해나가면 가이드에 적힌 대로 진행되는 뻔
하고 무난한 전개에서 벗어날 수 있다. 그렇게 확대와 깊이 있는 한 단
계 높은 인터뷰를 실시할 수 있게 된다.

그럼 지금부터 이 세 가지의 의의와 훈련 방법을 곰곰이 생각해보자.

경험을 쌓기보다 메타 인지를 할 수 있게 되기를 목표로 한다

메타 인지란 무엇인가

'메타 인지'에 앞서 '인지'의 의미를 확인하자.

사람의 이야기를 듣고(지각), 그 내용을 머리에 넣으면서(기억), 의미하
는 바를 생각해(사고), '이런 것일까?' 추론하거나 '이런 것이다'라고 이
해하는 머릿속의 기능을 '인지'라는 말로 총칭한다.

그리고 '메타 인지'란, 그러한 자기 자신의 인지 상태를 객관적으로 인
지하는 것이다. '전혀 집중을 하지 못하고 있네', '무심코 감정에 휘둘
려 고함을 지르고 말았어', '직감으로 판단해버렸는데, 괜찮을까?' 하
는 식으로 일상생활에서 메타 인지를 발휘해 멈춰 서는 일은 누구에게
나 있을 것이다. 이를 할 수 없으면 전혀 집중하지 않은 상태에서 같은

작업을 계속하여 성과를 내지 못한 채 시간을 낭비하거나, 감정적으로 계속 호통을 치거나, 인간관계를 망가뜨리거나, 직관적인 판단대로 돌진해 큰 실수를 하게 된다.

유저 인터뷰를 하면서 이 메타 인지를 잘 살릴 수 있게 되면, 다음과 같은 판단을 할 수 있게 된다.

- 지금 이야기의 ○○에 관한 부분은 나중에 다시 확인하고 싶으니 잊지 않도록 적어두자!

- 이 질문보다 저 질문을 먼저 하는 편이 떠올리기도 쉽고, 이야기가 원활하게 이어져 시간이 절약될 것 같다.

- 지금 한 이야기를 사실로 받아들이기 전에 몇 가지 확인하는 편이 좋을 것 같아.

즉, 요점을 메모하는 실력이 늘거나, 방향을 잘 잡거나, 깊이 파기 포인트를 알아채기 쉬워진다는 것이다. 자, 그럼 첫 번째 예시를 사용해 자세히 살펴보도록 하자.

상대의 이야기를 들으면서 '지금 이야기의 ○○에 관한 부분은 나중에 다시 확인하고 싶으니 잊지 않도록 적어두자!'라고 생각하고 행동으로 옮기려면, 다음과 같이 자신의 인지를 인지하는, 즉 메타 인지를 해야 한다.

- 지금 이야기의 ○○에 관한 부분은 조사 목적에 직결될 듯하여 중요하다고 깨닫는다.

- 다만 ○○ 이외의 이야기도 조사 목적으로 이어지고, 자신이 모르는 것이기도 하므로 들어 두고 싶다고 생각한다.

- ○○에 관한 화제를 나중에 다시 꺼내야 한다고 기억하거나 계기 없이 떠올릴 자신이 없음을 인정한다.

- 계기 없이 떠올리기는 어려워도, 봤을 때 생각나게 해두면 떠올릴 수 있을 것이라 생각한다.

이러한 메타 인지가 작용하도록 하려면 자신이 임하고 있는 과제(유저 인터뷰)의 목적이나 목표에 대한 지식과 이해가 전제되어야 한다. 그렇지 않으면 앞서 언급한 것 중 전자 두 개, 즉 '○○에 관한 부분은 조사 목적에 직결될 듯하다'거나 '○○ 이외의 이야기도 조사 목적으로 이어질 것 같다'라는 것이 애초에 불가능하기 때문이다. 조사 목적을 항상 의식할 수 있도록 해두는 것은 사용자와 대치했을 때 메타 인지를 확실히 작용시킬 수 있도록 하기 위함이기도 한다.

두 번째로 중요한 것은 자신이 아는 것과 모르는 것으로 나누어 파악하고 있느냐다. 상대의 이야기를 들으면서 '이것은 알고 있으니 짧게 끝맺어도 괜찮다'라거나 '이것은 모르는 이야기이니 확실히 이해할 때까지 끈질기게 물어야 한다'라는 식으로 판단하며 대화를 진행할 수 있게 되려면 메타 인지가 빠질 수 없다.

아는 것과 모르는 것 사이에 '안다고 생각하는 것'이 있을 수도 있으니 반드시 주의해야 한다. 정말로 '안다'고 단언할 수 있는 수준으로 이해하고 있는가 추측이 섞이거나 선입견에 휩쓸리지는 않았는가? 자신의 인지를 의심하며 상대의 이야기를 들을 수 있게 될 정도의 메타 인지가 없으면, 왜곡된 질문 방법이나 해석으로 흘러갈 위험이 좀처럼 줄지 않는다.

세 번째로 중요한 것은 인간의 인지 특성에 대해 이해하는 것이다. 머릿속에 있는 기억에서 필요한 것을 꺼내는 일을 '재생', 제시된 것을 인식하고 떠올리는 일을 '재인식'이라고 하는데, 후자가 압도적으로 간단하다. 이를 알면 '계기 없이 떠올리는(재생하는) 것은 어렵더라도 보면 생각나도록(재인식할 수 있도록) 해두면 떠올릴 수 있을 것'이라 생각하여 스스로에게 메모하도록 행동을 촉구할 수 있다.

혹은 유저 인터뷰 현장에서는 상대방의 이야기를 듣고 이해하는 데 인지능력의 대부분을 사용하게 되므로, 기억력이 작용하기 어려워진다는 자신의 인지 경향을 메타 인지하고 있으면 스스로의 기억력을 과신하지 않고 메모를 해야겠다고 판단할 수 있다. 인간의 인지가 어떤 특징을 가지는지, 자신의 인지에 어떤 경향과 약점이 있는지를 인식하고 유저 인터뷰에 임하면, 취약점을 보완하는 작전을 세우고 이를 행사할 수 있게 된다.

이러한 메타 인지가 유저 인터뷰라는 맥락에서 어떻게 기능하는지 조금 더 구체적으로 알아보기 위해 다음 대화를 살펴보자. 온라인 쇼핑 이용 현황을 파악하기 위한 태스크 분석형 인터뷰 예시다.

> 자신: 온라인 쇼핑을 자주 한다고 하셨는데, 어떤 식으로 이용하나요?
>
> 상대: 책 같은 경우는 모두 아마존에서 구매해요.
>
> 자신: 그렇군요. 책 구매는 아마존이군요……. 그럼 책 이외의 쇼핑은 어떤가요?
>
> 상대: 책이 아니면 보통 곧바로 아마존에 들어가지 않고, 구글에서 검색

해서 나온 판매처들을 위에서부터 차례로 살펴봐요.

자신: 네, 그렇군요. 그럼 먼저 구글 검색부터 시작해서 쇼핑을 하는 상
황을 자세히 여쭤볼게요.

이 조사의 목적은 책을 구매할 때를 포함하여 전반적으로 온라인 쇼
핑을 어떻게 하는지 파악하는 것이므로, 책을 구매할 때에 초점을 맞
춰 이야기를 들어야 할지를 잠시 멈춰 고민해야 한다. "아마존이군
요⋯⋯"라고 중얼거리면서 이대로 책을 구매할 때의 이용 상황을 알
아내야 할지, 뒤로 미루어야 할지 생각해본다. 이때는 뒤로 미루기로
했다고 하자. 그리고 잊지 않고 책 이야기로 돌아올 수 있도록 '★책
=Amazon'이라고 메모를 하면 메타 인지가 작용하고 있다는 증거다.

독자 중에는 질문을 뽑아 진행하는 데만 이 정도로 두뇌를 풀 회전해야 하는지 걱정이 되는 사람도 있을 것이다. 그러나 메타 인지는 누구나 가지고 있는 내적인 힘이며, 어릴 때부터 조금씩 단련해왔다. 의식하고 훈련하면 더 향상시킬 수 있는 능력이다. 그 방법을 생각해보자.

우선 간단하게 할 수 있는 것은 인간의 인지 특성에 관한 지식의 증강이다. 이 책을 통해 벌써 상당량을 손에 넣었을 텐데 한 걸음, 두 걸음 더 나아가 공부하고 싶다면 다양한 자료를 참고하기 바란다.

선인의 연구 성과를 발표한 문헌을 읽으면 인간의 인지가 어떻게 작용하는지, 어떤 편향이 숨어 있는지를 알 수 있다. 하지만 자기 자신의 인지 경향을 아는 것은 그리 쉽지 않다. 사람에게는 '편향 맹점bias blind spot'이라는 인지 편향이 존재하기 때문이다. 다른 사람의 인지 편향은 알아도 자기 자신의 인지 편향은 알아채기 어렵고, 무의식적으로 자신의 인지 편향은 다른 사람보다 적다고 믿는 경향을 말한다. 게다가 자신의 능력은 평균을 웃돈다고 믿는 '평균 이상 효과above-average effect'라는 인지 편향도 가지고 있다. 통틀어서 일반적인 말로 대체하면 '우쭐함'이다.

인간이라면 누구나 가지고 있는 이러한 인지 편향을 바탕으로 자신의 인지 경향을 올바르게 파악하는 것은 결코 쉽지 않다. 하지만 방법은 있다. 편향의 맹점을 역이용하여 다른 사람의 힘을 빌리면 된다. 자신의 인터뷰를 다른 사람에게 보여주고 확증 편향에 빠져 유도하는 질문 방식을 취한 상황은 없는지, 더 깊이 파헤칠 수 있었는데 얕은 대화로 끝낸 부분은 없는지 등을 확인받도록 하자.

게다가 인터뷰를 담당하는 역할과 이를 객관적으로 보고 지적하는 역할을 번갈아가며 주관과 객관을 함께 경험하고 나면 다음과 같이 관점을 나누어 되돌아볼 수 있다.

- 타인이 지적하여 알아차린 점
- 자신도 알아차렸지만 잘 대응하지 못한 점

양자를 나누어 파악하는 것이 바로 메타 인지다. 이처럼 되돌아보기를 확실히 하면 다음에 반드시 활용할 수 있다. 사용자와 대치한 자리에서 메타 인지를 작용시키기 어려울 듯하면 준비에 더욱 시간을 들이자. 자신이 아는 것과 모르는 것을 공들여 구분하면서 조사를 설계하고, 질문을 준비하고, 보면 알 수 있도록 가이드에 적어두는 등 할 수 있는 방법은 여러 가지가 있다.

상대의 메타 인지도 의식하자

자신의 메타 인지에 정신이 팔려 있으면 상대에게도 메타 인지가 있다는 사실을 잊기 쉽다. 물론 '메타 인지를 작용시키면서 인터뷰에 임하자'라고 생각하는 것은 자신뿐으로, 상대는 '메타 인지'라는 말이나 그것이 의미하는 바까지는 모를 것이다. 안다고 해도 인터뷰할 때 이를 의식하는 사람은 없다.

인터뷰를 실시하는 측이 상대의 메타 인지까지 의식할 수 있으면 대화를 진행하기 쉬워진다. 예를 들어 질문에 대한 상대방의 대답이 정곡을 찌르지 않은 경우, 상대방이 질문의 의미를 제대로 이해하지 못하고 있다고 생각하는 것은 어렵지 않다. 거기서 한 걸음 더 나아가 상대의 메타 인지를 의식하면 다음 두 가지 상황이 있을 수 있음을 깨달을 수 있다.

- **질문의 의미를 이해하지 못하고 있다.**

- **질문의 의미를 이해하지 못했지만 이해한 척하고 있다.**

질문자의 대응은 당연히 달라진다. 전자라면 질문의 의미를 이해하지 못하는 상대방을 책망하는 분위기가 되지 않도록 질문을 고쳐 말하거나, 말로 듣기만 해서는 이해할 수 없을 듯하면 종이에 적어 보여주는 식으로 앞서 소개한 작전을 취할 필요가 있다.

후자인 경우도 상대방의 태도를 탓하는 분위기가 되지 않도록 주의해야 한다. 아울러 상대방이 이해한 척하고 얼버무리며 넘어가려 하는 이유를 생각해보아야 한다. 질문을 이해하지 못하는 사람으로 여겨지기 싫다는 마음 때문일 수도 있고, 일부러 질문을 되묻고 진지하게 임할 정도는 아니라고 생각하고 있을 수도 있다.

여하튼 그 질문에 집착하면 시간만 잡아먹을 뿐 얻는 것은 적을 것이다. 이 화제는 미루기로 하고 초점을 바꾸는 작전을 취해야 한다.

그렇게 대화를 반복하다 보면 상대방의 인지 경향이 조금씩 보인다. 쉽게 지레짐작하는 타입인 듯하니 질문을 반복하는 편이 좋겠다든지, 어떠한 질문을 받으면 깊이 생각하지 않고 대답하는 타입인 듯하니 질문을 분할하여 대답한 내용을 요약해 확인해야겠다든지, 하고 싶은 말을 머릿속으로 정리하고 말하는 타입인 듯하니 시간을 조금 주는 편이 좋겠다든지와 같은 판단을 할 수 있게 된다. 인터뷰를 통해 상대방의 사고 특징을 파악하면 데이터를 해석할 때 큰 도움이 된다.

상대방의 마음을 파고들어 느끼고 경험한다

본연의 '공감' 형태를 파악하자

상대방에게 공감하면서 이야기를 듣는 태도와 파고들 각오로 인터뷰에 임하면 상대방이 말하는 내용을 이해하기 쉬워진다. 그러려면 먼저 '공감'의 의미를 확인할 필요가 있다.

많은 사람이 '공감'이라고 하면 'sympathy(이하 '심퍼시')'라는 영어 표현을 떠올릴 것이다. 케임브리지 영영사전 사이트(https://dictionary.cambridge.org/)에 있는 정의를 번역하면, 심퍼시란 '고민이나 문제를 안고 불우함을 느끼는 타인을 이해하고, 염려하는 감정과 그 표출'이다. 눈치챘는가? 심퍼시는 원래부터 내려다보는 관점이다. 괴로운 환경에 있거나 문제가 있어 바람직하지 않은 상황에 부닥친 사람에게 "괴롭겠네요", "그것참 큰일이네!" 하고 품는 감정이나 그것을 말로, 혹은 표정으로 나타내는 것이 심퍼시다. '공감'보다는 '동정'이 더욱 적합할 듯하다. 자칫 잘못하면 내려다보는 관점에서 동정을 강요하는 느낌이 들고, 인터뷰의 질을 높이기는커녕 라포르를 망가뜨리는 계기가 될 수도 있으니 심퍼시형 공감을 해서는 절대 안 된다.

유저 인터뷰에서 바람직한 공감은 'empathy(이하 '엠퍼시')'다. 마찬가지로 영영사전 사이트를 확인해보니 '다른 사람의 감정이나 경험을 그 사람의 상황에서 상상함으로써 공유하는 능력'이라고 정의 내려져 있었다. 이야기를 듣고 저절로 끓어오르는 감정이 아니라 상상하고 이해하는 힘을 엠퍼시라고 한다.

심퍼시는 상대가 곤란한 상황에 처해 있는 것이 전제가 되는데, 엠퍼시는 그렇지 않다. 무척 행복할 수도 있고, 막다른 곳까지 몰릴 정도로 난처할 수도 있다. 그런 의미에서도 유저 인터뷰에서 요구되는 공감 형태는 엠퍼시임을 알 수 있다.

공감력을 기르자

그렇다면 엠퍼시형 공감력을 어떻게 끌어올릴 수 있을까? 메타 인지와 마찬가지로 하루아침에 되는 것은 아니지만, 앞서 이야기했듯 감정이 아니라 상상하고 이해하는 능력이 공감력이다. 갈고닦으면 빛나게 된다.

그 첫 번째 방법은 평소에 다양한 제품과 서비스의 사용자가 되어 사용자의 입장을 몸소 경험해두는 것이다. 사용자의 신발을 신고 (사용자가 되어) 사물을 바라보면 무엇이 보이는지, 어떤 때에 불만 혹은 행복을 느끼는지 상상하는 것이 엠퍼시다. 즉, 조사 대상인 제품이나 서비스를 사용해본 경험이 있으면 사용자에게 쉽게 공감할 수 있다는 단순한 이야기다. 조사를 하기로 결정하고 난 뒤 사용해봐도 늦지 않지만, 평소에 조금씩 쌓아둔 것이 비로소 효과를 발휘하는 법이다. 왕성한 호기심으로 신상품을 관찰하도록 하자.

하지만 사용해 보려면 돈도 들고, 사용자로 나설 수 없는 제품과 서비스도 있다. 예를 들어 의료인이나 음악가 같은 전문직 사람들이 사용한다고 가정한 스마트폰 앱은 사용자 등록까지는 할 수 있다 해도 기능을 사용하는 데 필요한 전문지식이 없으면 사용자가 될 수 없다. 그럴 때 이용할 수 있는 작전으로 소설 읽기를 추천한다.

양질의 이야기 세계를 파고들며 등장인물이 사는 사회를 간접 경험하는 일이 공감력 향상에 기여한다는 사실을 과학적으로 증명하려는 연구도 이루어지고 있다. 우수한 작품을 만들어내는 작가는 공들인 취재와 리서치를 바탕으로 현실 같은 세계를 그린다. 의료 현장이나 음악 세계를 그린 이야기를 읽으면 전문지식을 가진 등장인물들의 눈을 통해 그 세계를 들여다볼 수 있다. 이를 공감의 계기로 활용하도록 하자.

'공감할 수 없음'을 인정하자

전문직을 대상으로 하는 경우에 한하지 않고, 도무지 공감할 수 없을 때가 있다. 가치관이 다른 사람이나 자신은 상상하기 어려운 세계관을 가진 사람을 인터뷰하는 경우도 있고, 스스로 경험하기 어려운 세계나 대상을 다루는 경우도 있기 때문이다.

이때 중요한 것은 공감할 수 없음을 깨닫는 메타 인지와 그것을 솔직하게 인정하는 용기다. 공감한 척하는 것은 라포르를 유지하는 데도 바람직하지 않다. 필자 역시 실패한 경험이 있다. 간병에 관해 조사했을 때의 일이다.

> 자신: 이해해요. 그 마음 잘 알아요. 역시 함께 사는 가족의 부담은 헤아릴 수 없네요.
>
> 상대: 정말 이해하시나요?
>
> 자신: 이해한다고 생각하는데요.
>
> 상대: 부모님 연세가 어떻게 되나요?
>
> 자신: 70세 정도요.
>
> 상대: 건강하세요?
>
> 자신: 네, 짱짱하세요.
>
> 상대: 같이 사세요?
>
> 자신: 아니요…….

상대: 아까부터 이해한다고 말씀하시는데 직접 간병을 해보지 않고는 그 힘겨움을 알 수 없어요.

자신: …….

공감된다는 생각에 계속해서 "이해해요", "그렇군요", "그렇죠", "확실히 그래요"라고 맞장구를 쳤는데 그 공감이 진짜가 아님을 상대에게 간파당하고 말았다. 이후 무너진 라포르를 다시 세우느라 엄청나게 고생해야 했다.

간병 사례처럼 스스로 경험해본 적 없는 미지의 주제에 관해 인터뷰할 때는 억지로 공감하는 것을 목표로 하지 말고, 경험이 없어 공감할 수 없다는 사실을 솔직하게 인정하는 편이 훨씬 더 의미 있다. 경험자가 들려주는 이야기가 얼마나 귀하고 공부가 되는지 강조하며 "더 자세히 듣고 싶어요", "초보자들도 알 수 있도록 구체적으로 가르쳐주세요" 하고 제자 같은 태도로 임해야 한다.

그리고 공감이 진행되면 자기 마음속에서 '안다고 생각하는' 상태가 되어버릴 위험이 있다는 사실을 잊지 말자. 안다는 생각이 들면 '묻지 않아도 아니까 생략하자'라고 판단하기 쉽다. '정말 이해했나?', '착각이 지나친 것은 아닐까?' 자문하며 질문을 끌어내는 신중함을 잊지 말아야 한다. 그러려면 조사의 주제가 무엇이든, 상대방이 어떤 사람이든 공감은 쉽게 할 수 있는 일이 아님을 염두에 두는 것이 중요하다. 공감하기를 지향하면서 공감하기를 전제로 하지 않는 조심성이 깊은 대화를 실현하는 비결이다.

| 뒤돌아보고 '다음'에 대비한다

뒤돌아보고 '다음 세션'에 대비하자

시간을 들여 다듬은 인터뷰 가이드를 바탕으로 한다 해도 실제로 인터뷰를 실시해보면, '이 흐름에서는 상대가 이해하기 어려울 것 같다', '이 질문은 발전적인 이야기로 나아갈 수 없을 것 같다', '애초에 전체 시간에 비해 질문 수가 너무 많다' 등 깨닫게 되는 것이 많다. 이전 세션의 성과와 반성을 활용하여 다음 세션을 보다 정밀하게 만들기 위해 진행하면서 느낀 점, 기록하면서 깨달은 점, 관찰하면서 궁금했던 점 등을 상대와 공유하는 것이 좋다.

그 자리에서 동석자나 관찰자가 추가한 질문이 있다면 다음 사항을 확인하자.

- 그 내용은 적절했는가?
- 그 질문은 적절했는가?
- 질문하는 타이밍은 적절했는가?

경우에 따라서는 다음 세션부터 반드시 질문하자는 결정이 날 수도 있고, 반대로 이번 조사에서는 그 점에 대해서는 언급하지 말자는 결정이 날 수도 있다. 어쨌든 질문은 한 사람의 의도와 배경을 확인하지 않고는 어떻게 해야 할지 답이 나오지 않으며, 다음 세션이 시작되기 전에 논의해두지 않으면 이전과 마찬가지로 부적절한 질문이 라포르에 영향을 주거나, 타이밍이 어긋난 개입이 인터뷰의 흐름을 망가뜨릴 수도 있다. 이러한 사태를 방지하려면 보다 확실하게 논의하는 것이 중요하다. 그 중요성을 잘 설명하고 이를 위해 시간을 내도록 주변에 당부하자.

되돌아보며 '후속 활동'에 대비하자

인터뷰가 종료되었다고 해서 끝이 아니다. 예를 들어 기회 탐색형 인터뷰라면 얻은 정보를 정리하고 읽어내 어디에 사용자의 니즈가 숨어 있는지, 어떤 서비스를 제공하면 이를 메우는 비즈니스가 될 수 있는지 등을 논의하고 형태로 만드는 작전을 짜는 일이 뒤따른다. 그런 분석과 고찰에 관해서는 이후에 다루겠지만 그 전에 인터뷰를 통해 각자가 얻은 깨달음을 기억이 새로울 때 공유하는 자리가 '되돌아보기'다. 하루의 마지막, 혹은 세션 사이에, 방문 조사라면 다음 방문지로 이동하는 시간 등을 효과적으로 이용하여 되돌아보기('디브리핑'이라고도 한다)를 실시하자.

다른 사람이 알아챈 것을 앎으로써, 혹은 다른 사람이 특히 궁금해하는 부분을 확인함으로써 다음 세션에서는 조금 다른 관점에서 보거나 질문할 수 있게 된다.

깨달음을 공유함으로써 가설을 세우거나, 잘하면 그 가설을 검증할 질문을 새롭게 포함시키는 일도 가능할 수 있다. 다만, 불쑥 나온 가설을 검증할 때는 주의해야 한다. 기회 탐색형 인터뷰를 의도했음에도 이른 단계에서 가설이 생기면 그 가설에 얽매여 시야가 좁아지거나, 그 가설을 옹호하는 질문이나 질문 방법이 많아질 위험이 있다. 확증 편향이 작용할 가능성을 시야에 넣고, 즉석 가설 검증을 도입할지 신중하게 판단하자.

되돌아보고 '다음 조사'에 대비하자

평범하게 생활하다 보면 자신이 말하는 것을 객관적으로 들을 기회가 거의 없다. 자신의 목소리가 어떻게 들리는지, 자신이 말하는 방식이 상대방에게 어떻게 전달되는지 아는 것은 인터뷰를 배울 때 중요한 첫 단계다. 용기를 내 녹음을 들어보자. 생각했던 것보다 알아듣기 어렵다면 그 원인을 분석하자. 알아듣기 어려운 원인을 예로 들면 다음과 같다.

- 목소리가 작다.
- 발음이 좋지 않다.
- 목소리가 불분명하다.
- 목소리가 낮고 어둡다.

원인을 알고 대책을 강구하면 그만이다. 다음부터는 입꼬리를 올리도록 유념하면서 분위기를 조금 끌어올려 밝고 즐겁게 이야기해보자. 그렇게 의식할 수 있게 되는 것만으로도 큰 발전이다. 대화 속도가 적절하지 않다고 느껴지는 부분은 맞장구치는 방법과 침묵을 취하는 방법을 되돌아보자.

불필요한 서론이나 유도하는 말투가 되어버린 곳은 없는가? '조금 더 깊이 파낼 수 있었는데……' 하고 후회하는 부분은? 상대방이 한 질문에 질문으로 대답할 수는 없었는가?

처음에는 느긋하게 여유를 가지고 열심히 라포르를 만들었는데, 후반에는 말하는 속도가 몹시 빨라졌다는 점을 알아차릴 수도 있다. 시간 관리의 미숙함을 자각하는 순간이다.

메타 인지 부분에서 언급했던 내용인데, 타인의 관점이 더해지면 메타로 보기가 용이해진다. 자기 혼자 되돌아보는 것도 의미 있지만, 가능하면 다른 사람을 끌어들여 하나의 팀이 되어 조사의 질 향상하기를 목표로 하자.

Chapter 4

고찰

야마사키 마코토, 미사와 나오카

'고찰'할 때의 체크 포인트

기회 탐색에서의 고찰

☐ 프로젝트 상황을 고려하여 적절한 탐색 범위를 인식한다.

☐ 요소를 써내고 친화도법을 이용하여 분석하고 해석한다.

☐ 개인별 분석과 전체 분석을 조합한다.

☐ 창조적인 해석을 하면서 논리적인 설명을 짠다.

태스크 분석에서의 고찰

☐ 사람들의 행동과 사고 흐름을 파악한다.

☐ 태스크의 계층구조를 의식하고, 기술의 입도(추상도나 상세도의 수준)를
　통일한다.

☐ 고객 여정 지도 등으로 가시화하며 분석한다.

가설 검증에서의 고찰

☐ 가설이 올바른지 검증하고 개선 힌트를 찾는다.

☐ 답변 내용을 고려하여 가설의 긍정 및 부정 여부를 검토한다.

보고와 공유

☐ 알기 쉬운 말과 도표를 이용하여 신속하게 보고한다.

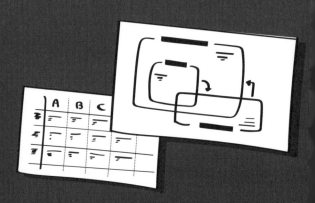

1. 기회 탐색에서의 고찰

| 목적

기회 탐색을 목적으로 실시하는 인터뷰에서는 얻은 정보를 정리 및 해석하여 인터뷰한 사람들이 생활하는 세계, 혹은 니즈를 고찰한다. 또는 대상 사물에 관한 새로운 깨달음 및 통찰을 발견하거나 이를 근거로 한 기회 영역, 즉 사람들에게 새로운 가치를 제공할 수 있는 가능성이 있는 방법을 제시한다.

얻은 정보를 정리만 해서는 기회 영역이 나타나는 일은 없다. 정보를 보면서 그 배경에 어떠한 과제나 니즈가 존재하는 것은 아닌가 하는 가설을 세워나가는, 혹은 상황을 개선하는 아이디어를 생각하고, 그 아이디어를 뒷받침해줄 수 있는 정보를 살펴보는 창조적인 자세가 요구된다.

탐색이 허용된 범위(예상되는 문제 공간 및 해답 공간)에 따라 작업은 크게 달라진다. 예를 들면 '특정 유연제에 관해 사용자가 기대하는 이미지'처럼 비교적 좁은 범위에서의 탐색이 될 수도 있고, '시니어 세대 여성이 처음으로 안경을 구매할 때 겪는 과제를 해소할 새로운 매장 공간의 콘셉트'처럼 비교적 넓은 범위에서의 탐색(게다가 해결책 제안까지)이 될 수도 있다. 프로젝트가 처한 상황, 관계자의 의향을 충분히 이해하고 적절한 탐색 범위를 찾는 것이 요구된다.

'그 사람들이 처한 상황과 직면한 문제에 대해 아직 잘 모르는' 상태에서 진행한 조사에서는 관계자의 이해가 깊어지거나 새로운 깨달음을 얻는 것이 비교적 용이하다. 그러나 그동안 전문적으로 관여해 이미 너무 잘 알고 있는 관계자가 '기존의 인식에서 벗어난 새로운 것'을 얻기는 상당히 힘들다. 발상 능력과 다양한 조사 능력을 종합적으로 사용하는 복잡한 사고가 요구되며, 그 과정에서 인터뷰를 이용한다.

'탐색'이라는 것은 무엇인가 새로운 것, 독특한 발상을 노리는데, 독특하고 신빙성이 높은 깨달음은 쉽게 발견되지 않는다. 신빙성이 높은 사고방식은 설득력이 있지만, 다른 사람도 알아차리기 쉬워 그 기회를 활용한 비즈니스에 타사가 참가할 가능성도 높아진다. 한편 독창성을 요구하는 경우는 현실을 보면서도 일부러 현실을 떠나 '성립할지도 모르는 해석', '어쩌면 가능성이 있는 기회 영역'의 가설을 낳기 때문에 관계자의 이해를 얻는 데 어려움을 겪는다.

얻어진 데이터에서 '다른 사람이 눈치채지 못한 니즈' 등을 특정할 수 있으면 유효하지만, 그것도 분명한 사실의 발견이라기보다는 '미미한 발로'를 잡아 그 타당성을 논증하는 경우도 많다. '관계자에게 받아들여지지 않을 가능성'을 어느 정도 각오하고 작업해야 한다.

| 방법

여기서는 일반적인 친화도법을 사용한 분석에 관해 설명하겠다. 먼저 인터뷰한 대상에게서 얻은 정보를 적는다. 이때 중복된 말은 제외하거나 생략된 부분은 보충해도 상관없지만, 가능한 한 사실(발언과 관찰)에 근거해 기술한다.

인상 깊은 발견이 하나라도 있으면 마음이 사로잡히기 쉽다. 하지만 그 이외의 발견에도 재미있는 시사가 숨어 있을지도 모른다. 귀찮아도 얻은 정보와 깨달음을 요소('절편'이라고도 한다)로써 가능한 한 폭넓고, 여러 가지 관점에서 추출해야 한다. 각 요소는 포스트잇 등에 적어 한 번에 볼 수 있도록 모조지나 벽에 붙여나가는 것이 좋다. 여러 상대를 대상으로 실시한 인터뷰 결과를 합쳐 분석할 때는 포스트잇이 너무 많아져 수습이 안 될 수도 있으므로 화제별로 나누어 분석한다. 깨달음은 다음과 같은 세 가지 카테고리에 속하는 것이 포함된다.

a) **사용자의 상황과 행위**: '○○를 가지고 있다', '○○가 있다', '○○하다' 등

b) **현재의 과제 및 요구**: '○○가 조금 불편하다', '○○를 바란다', '○○라고 느낀다' 등

c) **가치관과 소망**: '이렇게 되고 싶다', '이런 존재이고 싶다' 등

b, c는 명확하게 이야기하지 않아 해석에 의존하는 경우가 많다. 요소를 쓰기 시작하는 단계에서 아무래도 '분명히 이런 생각을 하고 있겠지' 하고 사람들의 심리를 쓰고 싶어지는데, 그러면 무엇이 근거가 되는지 명시하기가 어려워진다. 우선 구체적인 발언으로 제시된 사실을

정리한 다음 그에 근거하여(적어도 모순 없이 설명할 수 있는) 통찰을 추가해나감으로써 검증과 음미가 가능해진다. 다시 말해, 각자의 생각에 근거해 논의하는 것이 아니라, 공통 정보를 바탕으로 적절히 배움이 진행된다는 것이다.

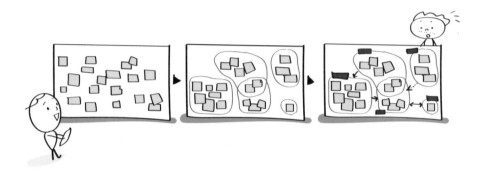

요소를 얻었다면 진열된 포스트잇을 보고 왠지 모르게 비슷하다고 느끼는 것들을 붙인다. 머리로 '이런 그룹이 있을 것 같다'라고 생각해 분류 및 카테고리를 나누는 것이 아니라 우선은 비슷한 것을 모은다. 하나하나의 요소를 읽고, 그로부터 떠오르는 사람의 모습이나 심정을 읽으면서(즉, 기계적인 작업이 아니라 창조성을 발휘해서), 비슷한 감각을 호소하는 요소를 그룹으로 묶는 것이다.

그리고 그룹별로 요소 모임이 무엇을 의미하는지 해석을 덧붙이고, 포스트잇에 써서 그룹 자리에 붙인다. 예를 들어 '그런 행동을 하는 이유는 어떤 가치관을 가지고 있기 때문인지', '현재의 제품이나 서비스가 어떤 제약(니즈가 충족되지 않는 상황)을 걸기 때문인지' 등을 쓰는 것이다. 그리고 그 사람의 가치관이나 소망, 상위 목표를 이야기처럼 읽어나간다. 중간중간에 다양한 해석이 나올 수 있지만, 쓰여진 요소를 보며 사실과의 일관성과 정당성을 확인함으로써 어떤 해석이 타당한지를 결정한다.

어느 하나의 발언이 아니라 발언과 행동의 조합이나 다른 상황에서의 여러 발언을 보고 있으면, 그 사람이 생각하는 것이 왠지 모르게 이해되는 일이 많다. 또 어떤 발언에서 떠오르는 소망과 다른 주제에서의 발언이 어긋나 보일 수도 있다. 그런 경우에는 자신에게는 같은 화제로 보여도 상대에게는 어떠한 차이가 있었음을 추측할 수 있다. 그럼 무엇이 그 차이를 발생시키는지 생각해 그룹을 세분화해보면 무언가 힌트를 얻을 수 있다.

게다가 하나의 그룹만 보는 것이 아니라 여러 그룹을 보면서 알게 모르게 알아차릴 수도 있으므로, 비슷한 그룹을 모으거나 그룹 간 관계(대비나 병렬, 시간적 변화 등)를 화살표로 가시화하며 깊이 생각하는 것이 좋다.

분석에는 크게 개인별 분석과 전체(횡적) 분석이 있다. 전체 분석은 모든 인터뷰 대상자에게서 얻은 정보를 대상자별로 나누지 않고 하나로 모아 분석하는 것이다. 이에 따라 개인별 분석으로는 잘 보이지 않던 사실이 드러난다. 이때는 일관된 가치관으로 설명할 수 있는 개인의 행동이나 의식은 일단 놔두고, 개인별 문맥에서 분리된 것으로 데이터를 취급하여 전체로 다시 구성하게 된다. 탈문맥화 및 재문맥화를 통해 새로운 관점에서 발견을 얻을 가능성도 높아지지만, 무의미한 분석이 될 위험도 있다.

가짜 뉴스를 만드는 사람은 어떤 사람의 발언에서 한 부분만 발췌하여 다른 문맥과 연결해 해석을 비트는데, 인터뷰 분석도 마찬가지로 자신만의 생각으로 대충 읽으면 사실과 다른 결론을 도출할 수 있다. 분석자의 생각에 따른 자의적인 그룹화를 피하고 데이터가 자연스럽게 시사하는 정리를 만들어나가도록 유의해야 한다.

대부분의 경우, 결국에는 개인별 분석과 전체 분석을 모두 하게 된다. 확실하게 수긍할 수 있는 발견이라는 것은 개인별 분석으로도, 전체 분석으로도 나타날 수 있기 때문이다. 그 흐름은 다음과 같이 쌍방향으로 이루어진다.

1) 개인별 분석에서 얻은 어떠한 가설을 전체에도 적용할 수 있는지 확인한다.

2) 전체 분석에서 얻은 가설이 개인별 분석과 모순되지 않는지 확인한다.

각 가설을 검토하면서 어떻게 이해하고 설명하면 좋을지를 살펴본다. 예를 들면 개인별 분석을 횡단적으로 보면, 개인 분석에서 제시된 것이 전체에 동일하게 적용되지 않고, 전체를 몇 개의 군으로 나눌 수 있을 듯한 경우도 있다. 엑셀Excel 등을 사용할 경우, 주제별로 각각의 인터뷰 상대가 어떤 의견을 말했는지를 나열해서 적는 것도 좋다. 그런 다음 비슷한 의식이나 의견을 가진 사람들을 그룹화하고, 조사 결과 전체를 몇 개의 그룹으로 종합할 수 있다.

여기서 기술한 방법뿐 아니라 본격적인 KJ법, KA법에 따른 분석도 효과적이다. 최적의 분석 방법은 주제나 분석 담당자에 따라서도 달라진다. 예를 들어 다양한 사람이 함께 데이터를 보면서 분석하고 싶다면 가급적 쉽게 접할 수 있는 방법을 선택한다.

온라인 화이트보드(미로Miro 등)를 이용하는 것도 효과적이다. 종이 포스트잇에 글씨를 써서 많은 양의 요소를 만드는 것은 힘들고 어느 정도 공간도 필요하다. 미로에는 엑셀의 셀에 적힌 텍스트군을 한 번에 포스트잇으로 변환해주는 기능이 있어 일일이 손으로 쓰는 방법에 비해 단연 효율적이다. 더불어 줌 조작이 직관적이고, 많은 포스트잇을 나란히 나열하여 작업하는 것도 어렵지 않다. 다만 디지털로 하는 경우에는 무심코 한 장의 포스트잇에 많은 글자를 채워 넣거나 포스트잇을 잔뜩 만들기 쉽다. 그로 인해 전체를 내려다보며 사고하기 어려워지는 등의 문제가 생길 수도 있으므로 주의해야 한다.

기회 탐색에서는 인터뷰에서 얻은 공감이 식기 전에 분석하는 것이 중요하다. 개인별 요소 추출과 기본적인 분석은 인터뷰 당일, 혹은 다음 날에 하자.

기회 탐색은 지금까지 보이지 않았던 것을 발견하게 해준다. 다시 말해 지금까지와는 다른 세계의 관점을 얻을 수 있다는 것이다. 지금까지 몰랐던 것을 알고, 이를 지금까지 알던 것과 꼭 들어맞도록 자리매김하고 전체적으로 새로운 이해를 얻으면, 억지로 발상 등을 하지 않아도 제공해야 할 새로운 가치가 자연스럽게 눈에 들어온다. 이때 독자적인 분석 방법이나 표현 형식이 필요할 수도 있다. 기존 방법이나 틀은 참고 예시로 사용하고, 자신들이 납득할 수 있는 이해나 표현 방법을 찾아내는 것이 가장 좋다.

조사 결과로부터 조금 앞의 미래를 예견하는, 지금까지 없던 발상의 씨앗을 발견했다면 얻은 정보를 그대로 솔직하게 해석할 뿐만 아니라 조금 깊이 읽어 '어쩌면 이럴지도 모른다'라는, 모든 사람이 찬동하지는 않는 해석을 전개하기도 한다.

탐색이란 하나의 올바른 답이 아니라 여러 개의 가설을 찾아내는 것이다. 이러한 창조적인 해석을 할 때도 그 해석을 관계자가 수긍할 수 있도록 설명해야 한다. 가능하면 논리적으로 근거와 사고의 줄거리를 제시하며 자신의 가설(이렇게 해석할 수 있다, 이러한 기회 영역을 생각할 수 있다 등)을 제안해야 한다. 필요에 따라 전문가의 기사 및 논문, 설문조사 결과, 통계 자료 등 생각의 뒷받침이 되는 정보를 조사하여 근거로 제시하면 더욱 설득력을 얻을 수 있다.

근거가 없다면 '그렇게 생각함으로써 이런 아이디어를 생각할 수 있다'처럼 아이디어를 먼저 제시하는 것도 효과적이다. 여하튼 당신이 발견한 가설이 희귀(다른 사람이 알아채기 어렵다)할수록 다른 사람들은 이해하지 못할 수도 있으니 열심히 설명하자.

동시에 검증되지 않은 생각은 어디까지나 가설이므로, 아무리 자신 있어도 절대로 그렇다고 단정 짓지 말자. 가설과 그 전개 가능성을 보여주는 것만으로도 기회 탐색으로서는 성과를 거둔 것이다. 팀이 파악하는 인식을 넓힌 셈이니 말이다. 달리 말하면, 해석과 아이디어는 아무리 모험적이어도 나중에 검증하면 된다. 특히 기회 탐색 단계에서는 인터뷰에서 얻은 정보로부터 이미지를 부풀려 자유롭게 생각해보는 것도 필요하다.

창조적인 분석은 다양한 관점을 가져오므로 가능하면 여러 분석자가 실시하는 것이 이상적이다. 더불어 분석 과정은 말로 전하기 어려운 면도 있으므로, 제품 책임자 등 핵심 관계자를 참가시켜 함께 분석하면 그 자리의 상황을 바탕으로 자신의 생각도 이해받을 수 있어 작업이 훨씬 수월해진다.

2. 태스크 분석에서의 고찰

| 목적

태스크 분석에서의 고찰에서는 어떤 사람들이 실시하는, 혹은 실시할 필요가 있는 활동을 모두 밝혀내고 제품이나 서비스가 제공해야 할 기능과 정보를 밝히는 것이 목적이다.

새로운 제품이나 서비스의 디자인에는 사용자가 현재 하는 활동을 파악하여 새로운 상황에서도 동일하게 할 수 있도록 기능을 정돈한다. 다만 똑같은 일을 할 필요는 없고, 한 단계 추상화하여 행동의 목적과 가치 차원에서 생각한다. 예를 들어 문서를 작성할 때 '독자의 이해하기 쉬운 정도'를 신경 쓰거나 '문서를 빠르게 만들 수 있을 것'으로 기대하고 있다는 사실을 알게 되면, 문서 작성 소프트웨어를 디자인할 때 사용자가 알기 쉬운 문서를 만들거나 효율적으로 작업할 수 있도록 하는 기능을 생각할 수 있다.

| 방법

태스크 분석에서는 사람들이 구체적으로 어떤 활동(사고나 행동)을 하는지를 밝혀내고 정리한다. 사람이 하는 활동을 '태스크task'라고 한다. 태스크에는 생각하기, 떠올리기 같은 (좁은 의미에서의) 인지적인 활동과 운반하기, 가져오기 같은 신체적인 활동, 말하기, 조사하기 같은 양쪽을 포함한 활동 등 여러 가지가 포함된다. 태스크는 시간적인 단계(스테이지)나 목적-수단 관계가 있는 다층 계층을 가진다. 예를 들어 '여행한다'라는 활동에는 계획하기, 준비하기, 출발하기, 이동하기, 숙박하기, 돌아오기, 뒷정리하기 등의 스테이지가 포함된다. 준비하기에는 이동 수단과 숙박 예약하기, 짐 정리하기 등의 활동이 포함된다.

이 때문에 다루는 태스크의 입도를 통일하기가 의외로 어렵다. 다양한 수준을 가진 활동 중 사람들이 활동을 의식할 때 적당한 수준의 것을 '태스크'로 취급한다. 명확한 기준이 아니기에 어렵지만, 모든 면에서 수준 통일을 의식하며 작업의 전체 모습을 정리해나간다. 프로젝트에서 현재 어떤 해상도의 정보가 요구되는지에 따라서도 적절한 입도가 달라진다. 예를 들면 프로젝트 초기 단계에서 '애초에 어떤 활동이 이루어지고 있는가'를 알고 싶을 때는 거친 입도, 상세한 UI 디자인을 다듬는 단계에서는 어떤 조작을 어느 정도의 빈도로 실시하는가 하는 세세한 입도로 분석이 요구된다.

활동 내용은 개인별로 다를 수 있지만 비교적 상위 목적을 고려하여 전체상을 파악하는 것이 중요하다. 기능을 검토할 때는 현재 실시하는 활동과 완전히 같은 일을 할 수 있도록 하는 것이 아니라, 현재의 활동을 추상화한 수준으로 다시 파악한 다음 이를 보다 효율이 높은 수단으로 대체하는 것을 생각한다. 그렇기에 추상도가 낮은 개별 구체적인 내용보다는 결국 어떤 상태가 요구되는가 하는 상위 목적을 알아야 한다. 동시에 단독 기능이 아닌 전체를 파악하여 기능의 가중치를 특정할 필요가 있으므로 전체관이 요구된다. 다양한 활동에서 태스크의 정리를 찾아낼 때는 '기회 탐색에서의 고찰(295쪽)'에서도 언급한 친화도나 활동을 목적의 계층에 따라 정리하는 계층도를 이용하여 분석한다.

활동의 흐름에 주목하고 분석할 때는 여러 사람에게서 들은 활동의 흐름을 종합하여 전형적인 것을 만들어 고객 여정 지도나 UML의 활동 다이어그램 형식으로 표현한다. 고객 여정 지도는 주로 단독인 사람의 활동 흐름을 행동, 사고, 감정의 관점에서 기술하는 표현 형식으로, 경험의 흐름을 알기 쉽게 나타내거나 분석할 수 있다. 활동 다이어그램은 여러 사람이 의견을 주고받으며 활동이 진행되는 모습을 표현할 때는 적합하지만, 감정을 표현하는 기법은 없다. 분석 목적에 맞는 방법을 선택하거나 기법을 조합하여 목적에 맞는 독자적인 도표를 작성하면서 가능한 한 활동 모습을 보고 알 수 있도록 가시화하자.

말로만 표현된 정보를 보면서 분석하기보다 가시화된 것을 보고 분석하는 것이 중요하다. 이를 통해 활동을 파악하기 쉬워질 뿐만 아니라, 여러 사람이 활동 모습을 공유하고 논의하면서 여러 관점에서 분석하기도 쉬워진다. 업무 앱을 디자인할 때는 BPMN^{Business Process Model and Notation}과 같은 복잡한 업무의 흐름을 상세하게 기술할 수 있는 방법도 사용된다.

업무에 관한 정보나 지역 커뮤니티에서 이루어지고 있는 활동을 조사할 때는 각각의 태스크를 누가 수행하고 있는지, 각각의 사람이 어떤 타이밍에 어떤 식으로 주고받고 있는지, 주고받는 수단은 무엇인지 하는 점도 중요하다. 여러 사람이 관계하는 일련의 활동을 조사할 때는 이해관계자를 써내고, 각 이해관계자들 사이에 어떤 관계(정보, 가치, 권력관계 등)가 있는지 도표로 나타내며 분석한다. 구체적으로는 이해관계자 간의 가치 교환(비교적 장기에 걸친 관계)과 특정 작업을 실행할 때의 교류(정보나 물건의 흐름)를 각각 나누어 분석한다.

다만, 얻은 조사 데이터에서 결론적으로 어떤 활동 구조나 흐름을 나타내는가 하는 문제는 제품이나 서비스를 이용했을 때의 조작 플로우 설계, 제공하는 기능 설계에 영향을 주는 질문이다. 사람에 따라 활동이 다른 경우 누구의(예를 들면 숙련자의, 또는 초보자의) 활동 흐름을 기준으로 생각할 것인가 하는 판단이 중요한데, 이는 제품이나 서비스의 방침을 고려하여 생각해야 한다.

3. 가설 검증에서의 고찰

| 목적

가설 검증형 조사의 목적은 처음에 가설로 생각했던 것이 옳은지 명확하게 하는 것이다. 나아가 자신들의 가설이 옳았다면 어떻게 하면 더 나아질지, 잘못됐다면 사실은 어떻게 생각했어야 하는지를 보여주고 다음 단계로 나아갈 수 있는 단서를 제공한다.

| 방법

인터뷰에서는 각각의 가설을 확인하는 질문을 한다. 그러므로 기본적으로는 각 질문에 대한 답변이 가설을 긍정하는 것이었는지, 부정하는 것이었는지를 판정하면서 정리해나간다. Chapter 1 '가설 검증 인터뷰를 설계한다(90쪽)'에서 설명한 바와 같이 어떤 아이디어에 대해 폭넓은 사람들이 긍정적인 평가를 제시하는 경우도 있고, 어떤 특정 상황에서 특정 사용자들이 아이디어를 지지한다는 결론이 나오는 경우도 있다.

10명을 인터뷰하고 10명에게서 아이디어를 지지하는 답변을 얻는다면 고민할 필요가 없다. 하지만 4명은 긍정적, 2명은 부정적, 나머지 4명은 긍정도 부정도 아닌 경우에는 어떻게 해야 할까? 적은 인원수를 대상으로 실시한 조사에서는 인원수의 비율은 그다지 결정적이지 않고, 발언의 내용을 보고 고찰해야 한다. 애초에 한 명의 발언에도 긍정적인 의견과 부정적인 의견이 섞여 있을 수 있기에 사람의 수나 비율은 기준일 뿐이다. 잘못된 인식으로 이어질 위험도 있으니 응답자의 태도, 언어 외로 표명한 의견을 바탕으로 각각의 답변이 어떤 배경에서 온 것인지, 주관적 평가를 나타낼 때 어떤 사고 과정이 이루어졌다고 해석할 수 있는지를 분석한다.

응답에 따라 응답자를 카테고리로 나누어본다. 그리고 참가자의 행동 경향과 프로필을 통해 카테고리별로 어떤 경향을 보이는지 알아본다. 예를 들어 남녀의 응답이 다른 경향을 보인다면, '남성에게는 ○○와 같은 이유로 지지를 얻었지만, 여성에게는 △△ 때문에 부정적인 의견이 많이 나왔다'와 같이 정리할 수 있다. 덧붙여 긍정도 부정도 아니라는 의견이 많을 때는 질문이 참가자에게 와닿지 않았거나 아무래도 좋은 질문이었을 가능성이 있다.

상대적으로 소수가 부정적인 의견을 제시했다 해도 그 내용이 치명적이거나 보편적인 과제라면 주의해야 한다. 소수 인원을 대상으로 한 인터뷰에서 그런 의견이 나왔다는 것은 대상을 확대하면 부정적인 평가가 더 많아 손해로 이어질 가능성이 있다는 의미다. 아이디어를 재검토해야 할 수도 있다.

가설 검증 인터뷰를 할 때 프로젝트 중에 자신들의 제품 및 서비스가

매우 좋다는 신념을 가진 사람이 있을 수 있다. 프로젝트에 대한 가설을 부정하는 결과를 이야기해야 할 때는 상대를 배려하는 표현을 사용하는 것이 좋다. 그래야 불필요한 반발을 막을 수 있다. 무신경하게 잘못을 지적하면 조사 실시자의 부족함을 공격하며 "그런 조사는 믿을 수 없다!"라고 반발하여 서로 손해를 보게 될 수도 있다.

4. 보고와 공유

| 형식을 갖춘다

보고 방법에는 보고서로 정리해서 송부하기, 회의에서 프레젠테이션하기, 인터뷰 모습이 녹화된 비디오를 보여주고 해설하기 등 목적이나 상황에 따라 다양한 방법이 있다. 보고 형식에 따라 표현 차이는 있으나 기본적으로 갖춰야 할 항목은 다음과 같다.

- **배경**(제품이나 서비스의 개요, 인터뷰가 필요한 이유, 관계자, 일정 등)
- **인터뷰 목적**
- **인터뷰를 통해 얻은 주요 시사점**
- **방법**(주요 화제, 인터뷰 참가자의 조건과 인원, 기타 방법)
- **결과**(알게 된 것)
- **고찰/분석**
- **결론, 시사**(제안 등)

이러한 형식이 갖추어진다면 보고서 및 프레젠테이션으로서의 조건을 하나 충족한 것이다.

| 신속하게 보고한다

인터뷰에 다른 관계자가 동석하면 그 사람이 단편적인 정보에 기반한 이해나 지레짐작으로 편향된 해석을 메일 등으로 퍼뜨릴 수 있다. 잘못된 해석이라도 '인터뷰를 통해 알게 된 점'으로 먼저 보고되면, 이를 읽은 사람들은 '그렇구나' 하고 믿으며, 나중에 비슷한 (그러나 내용은 다른) 보고서를 받아도 '이 인터뷰에 관해서는 얼마 전에 읽었으니까' 하고 무시할 수도 있다. 나중에 "제 해석이 더 적절해요"라고 말해도 이를 증명하기는 어렵다. 이런 일이 없도록 하려면 누구보다 먼저 보고하는 수밖에 없다. 전체의 행복을 생각하면 적절하게 분석할 수 있는 사람이 올바른 정보를 빠르게 보고하는 것이 최선이다.

인터뷰 결과와 진행 상황을 기다리는 관계자에게는 그날 얻은 정보를 간략하게 정리한 '속보'를 전달하는 것이 좋다. 작업을 하고 있다는 말을 전하며 기대감을 유지할 수 있다. 이후에 일련의 조사 결과를 가능한 한 빨리 분석하여 최종 성과물을 제출한다. 분석은 얼마든지 깊이 있게 할 수 있고, 얼마든지 시간이 걸린다. 그렇다고 시간에 비례해 품질(데이터를 유효하게 활용한 정도)이 향상되지는 않는다. 인터뷰 규모에 따라 다르지만, 인터뷰 실시 후 3일~1주일을 목표로 최초 보고서를 제출해야 한다.

알기 쉬운 말로 다듬는다

인터뷰의 주요 데이터는 말이다. 앞서 이야기했듯 말은 문맥 속에서 해석된다는 성질을 가진다. 직접 인터뷰하고 분석의 흐름을 아는 사람은 쉽게 이해할 수도 있지만 다른 사람들은 도통 무슨 말인지 알지 못할 수도 있다. 인터뷰 결과를 적어낼 때는 의도를 헤아려 정보를 보완하고 신중하게 말을 다듬어 인터뷰에 대해 전혀 몰랐던 사람도 이해할 수 있게 해야 한다.

보고서를 폭넓은 관계자에게 공표하기 전에 프로젝트 내용을 잘 모르는 동료에게 대충 읽어보게 하거나 프레젠테이션을 들어 보게 하여 이해하기 어려운 부분, 의문스럽게 느껴지는 부분을 알려달라고 요청하

자. 부서 내에서 리뷰를 하면 자신이 하고 있는 일을 주위에서도 이해할 수 있어 일석이조다.

| 다이어그램을 사용한다

인터뷰 분석은 얻어진 복잡한 정보를 어떻게 이해했는지, 이를 바탕으로 무엇이 시사되는지를 이끄는 작업이다. 제대로 단계를 밟아 논리의 비약 없이 이해할 수 있다면 그 분석의 흐름(논리 구조)을 도표로 그릴 수 있다. 복잡한 전체 조사 결과를 전달할 때도 도표로 정리하면 이해하기 쉬워진다. 정보 간의 관계를 나타내는 다이어그램은 한눈에 확실히 알 수 있고, 이후에도 검토 등을 할 때 사용하기 쉬워 유효한 표현 형식이다. 친화도나 고객 여정 지도 등 분석 성과물도 활용하자.

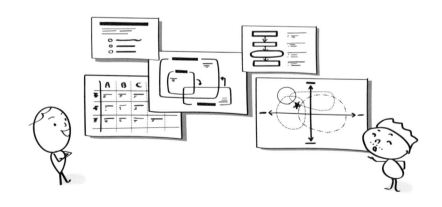

참가자의 생생한 목소리와
사진을 활용한다

인터뷰 모습을 촬영한 사진과 상대방이 했던 인상적인 발언을 그대로 인용하면 보고서를 읽는 사람에게 현실감이 전달된다. 보고를 받은 사람은 어렵게 다듬은 분석 결과 표현보다 참가자가 직접 한 말을 기억하고 이를 더 많이 활용하기도 한다. 엄격하게 지적할 때의 상대방 표정, 자료를 가리키며 정중하게 가르쳐주는 모습, 아이디어를 화이트보드에 써서 설명해주는 모습 등 사진은 인터뷰한 자신에게도 좋은 기록이 된다.

부록

야마사키 마코토,
오쿠이즈미 나오코,
미사와 나오카

1. 인터뷰 활용 예시

여기서는 인터뷰를 통해 서비스 콘셉트를 만들어내는 프로젝트의 모습을 그려볼 수 있도록 가공의 사례를 제시하고자 한다.

┃ 기회 탐색

최근 들어 포장 및 배달 서비스를 제공하는 음식점이 늘어나고 있다. 그만큼 배달과 용기 때문에 음식점의 부담은 커지고, 버려지는 플라스틱 쓰레기의 양도 늘고 있어, 지구 환경에 대해 높은 의식을 가진 소비자와 자치 단체가 크게 우려하고 있다. 하지만 이 단계에서는 '다양한 사람에게 무언가 문제가 있는 듯하다'라는 사실만 알고 있을 뿐 구체적으로 누구의 어떤 문제를 해결해야 하는지 확실하지 않다. 사태를 바꾸기 위해서는 문제를 명확히 해야 한다.

포장과 배달에 관련된 주요 이해관계자는 음식점, 음식점 이용자, 쓰레기 처리 관련 자치 단체다. 현재 상황을 파악하고자 각 대상자에게 기회 탐색형 인터뷰 조사를 실시한다.

음식점은 포장과 배달이라는 새로운 스타일에 원활하게 대응할 수 있을까. 어떤 점에서 고생하거나 어려움이 뒤따를까. 잘 대응하지 못하는 가게가 있다면 어떤 가게일까. 예를 들면 가게에 따라 식사를 제공할 뿐만 아니라 인근 주민들이 모이는 장소(커뮤니티 허브)로서의 역할을 하는 곳도 있을 것이다. 코로나19 영향으로 업태가 바뀌고 있는 가운데 그러한 음식점에서는 스스로의 역할을 어떻게 파악하고 있을까. 이처럼 화제의 폭을 조금 넓히고 이야기를 나누면서 배달이라는 화제 주변에서 무슨 일이 일어나고 있는지, 어떤 문제들이 있는지 살펴보고자 한다. 음식점 관계자들로부터 이야기를 듣는 인터뷰 가이드는 다음과 같다.

1. 업무 내용: 우선은 가게의 개요를 살펴본다. 가게의 독자성이나 특징이라고 생각되는 점은 깊이 파고든다.

- 어떤 것을 제공하는 가게인가요? 몇 분이 일하고 계신가요?

- 메뉴를 알려주세요. 가장 인기 있는(팔리는) 메뉴는 무엇인가요?

2. 배달(딜리버리)

- 배달을 하시나요?

[배달을 하는 경우]
- 언제부터 하고 계신가요? 무슨 배달을 하나요?
- 배달은 누가 하나요? (점원, 다른 업체에 위탁 등)

[배달을 하지 않는 경우]
- 배달을 하지 않는 이유는 무엇인가요?

3. 포장(테이크아웃)

• 음식을 포장 판매하시나요?

[포장 판매를 하는 경우]

• 언제부터 하고 계신가요? 어떤 것을 포장으로 판매하시나요?

• 주문이 많은 날과 적은 날의 판매 수량은 얼마나 되나요? 전체 매출의 어느 정도 비중을 차지하나요?

[포장 판매를 하지 않는 경우]

• 포장 판매를 하지 않는 이유는 무엇인가요?

4. 배달 및 포장에 관한 생각

• 배달이나 포장을 할 때 특히 신경 쓰시는 점이 있나요?

• 배달이나 포장을 한 후로 좋은 일(가게나 자신에게 도움이 되는 일)이 있었나요?

• 반대로 배달이나 포장으로 인해 힘들거나, 불편하거나, 걱정되는 점 등이 있으면 알려주세요.

• 용기는 어떤 것을 사용하나요? 그 용기를 사용하는 이유가 있나요?

• 지역 사람들에게 배달이나 포장 서비스에 관한 의견이나 요청을 받은 적이 있나요? 있다면 알려주세요.

• 플라스틱 쓰레기가 증가하는 것을 우려하는 사람들도 있습니다. 한편 비용이나 사용 편의 면에서 플라스틱은 매우 유용한 소재입니다. 일회

용 플라스틱 용기 사용에 대해 어떻게 생각하시나요?

플라스틱 쓰레기를 처음부터 화제로 삼지 않고, 우선 현재 상황에 대한 이야기를 들어보기로 했다. 사람들에게 음식을 제공하는 것은 어떤 일인가. 힘든 점이나 관심사 등을 물어보다 보면 음식을 포장 판매한다는 것이 어떤 의미를 갖는지 차츰 알게 되지 않을까. 우려 사항을 듣는 가운데 플라스틱 쓰레기와 관련된 이슈가 나온다면 그 주제를 궁금해하는 것으로 해석할 수 있다.

반면 그런 이슈가 나오지 않았다면 그다지 중요하지 않다고 생각하거나 무언가가 켕겨 화제로 삼고 싶지 않아 할 수도 있다. 이는 배경을 이해하지 않으면 자신들 나름대로 해석할 수 없다. 이러한 조사에서는 외부에서 질문을 던지고, 그에 대한 직접적인 답에 기대하지 않아야 한다. 그 세계의 문화, 그 문화에서의 당연함(말하지 않은 것)을 이해하고, 그 안에서 생각한다는 자세를 가져야 한다.

인터뷰는 사전에 허락을 받은 가게에 방문하여 진행한다. 필자는 그들이 일하는 현장을 직접 보고 싶었다. 음식점 카테고리별(일식, 중식, 양식 등)로 두 군데씩 협조를 받아 점장 등 관리자 입장인 사람들에게 30분 정도 이야기를 들었다. 가게의 크기는 달라도 비슷한 화제를 들을 수 있고, 전혀 다른 의견을 듣는 일도 있다. 조사를 진행하면서 자신들의 사고방식, 파악하는 방식도 달라지기 때문에 질문의 관점이나 질문 방식도 달라진다.

인터뷰에서 얻은 정보는 조사 실시와 병행하며 가능한 한 빨리 텍스트로 써 내려간다. 그 텍스트를 요소별로 나누어 포스트잇에 옮겨 적고,

비슷한 화제마다 친화도로 정리해나가면, 예를 들어 소규모 가게에서는 판매 수는 적지만 인근 재구매 고객을 중심으로 배달 대신 포장 판매를 하고 있다는 사실을 알 수 있다. 역 앞 등 시내 중심부 음식점들은 용기 비용과 배달 비용이 늘어나 수익을 압박당하고 있었다. 많은 음식점들이 시민들의 식생활을 뒷받침하는 존재로서 자부심을 갖고 어려운 상황에서도 경영을 유지하려는 모습을 보였다.

| 태스크 분석

기회 탐색형 조사 결과를 자치 단체 직원들과 이야기하는 도중에 지원 사업 아이디어가 나왔다. 지역 음식점들이 사용하는 도시락 용기를 규격화해 등록한 여러 음식점에서 돌려쓰고, 이를 자치 단체가 지원하는 사업이다. 배달과 식품 배달, 용기 회수 및 세척도 자치 단체가 현지 기업과 제휴하여 확실하게 실시한다. 공적자금의 도움을 받아 음식점 비용을 낮추면서 가맹점을 홍보하고, 경영에 어려움을 겪고 있는 음식점이 존속하도록 돕고, 일회용 용기 폐기로 인한 플라스틱 쓰레기 증대를 막는 것을 목표로 한다.

꽤 좋아 보이는 아이디어이기는 하지만, 구체적으로 어떻게 해야 할까. 정말 실현 가능할까. 이 사업의 보다 구체적인 내용을 검토하는 데 관심을 보인 자치 단체 직원들과 함께 태스크 분석형 인터뷰 조사를 진행하고자 했다.

그 전에 먼저 자치 단체의 과제와 관련하여 이 사업에서 상정하는 음식점과 쓰레기 처리 실태를 확인하고 싶었다. 예를 들어 폐기되는 플라스틱의 양은 증가하고 있는가. 그중 포장이나 배달 증가로 인해 늘었다고 할 수 있는 양은 어느 정도인가. 자치 단체 입장에서의 사업 가치를 간단하게 견적으로 내보기 위해 이와 같은 전제가 되는 정보를 자치 단체 내 담당자에게 확인해둘 필요가 있다.

자, 구체적으로 어떤 서비스를 운영해야 할까. 많은 음식점이 참가할 수 있도록 하려면 어떤 조건을 해결해야 할까. 식품을 넣는 용기는 어떤 것을 몇 종류 갖추어야 할까. 이에 대해 생각하려면 배달이나 포장 판매를 실시하고 있는 음식점의 업무를 더욱 자세하게 파악할 필요가 있다.

예를 들면 업무의 흐름과 작업 장소, 조심하고 있는 점 등을 이해한다. 인터뷰 가이드는 사전 청취를 실시하면서 상세한 내용을 준비했는데, 그 일부를 제시하자면 다음과 같다.

- **작업의 흐름을 가르쳐주세요.** (예를 들면 판매 예측, 구입, 용기 준비, 수주, 조리, 상자 포장, 배달 및 전달 등 각 단계를 상정해 듣는다.)

- **배달은 누가, 어떻게 하나요?** (점원, 다른 업자에게 위탁 등)

- **가열해서 만드는 요리는 조리하고 용기에 담기까지 얼마나 시간을 두나요? 어떤 경우 식혀야 하나요? 식힐 때는 어떻게 하나요?**

- **배달이나 포장에 필요한 작업에서 특히 실수하기 쉬운 것, 조심하고 있**

는 것이 있나요?

- 비즈니스 관점에서 걱정되는 문제를 예로 들어 설명해주실 수 있나요?

- 용기를 고를 때 어떤 점을 고려했나요?

인터뷰 실시 후 각 음식점에서 이루어지고 있는 작업과 그 흐름을 플로차트flow chart와 같은 그림으로 정리해보았다. 가게에 따라 세세한 차이는 있었지만, 공통점에 주목하며 작업의 흐름을 집약해보니 단골 고객이 중심인 가게와 폭넓은 고객을 상대하는 가게는 일하는 방법이나 생각이 달랐다. 다양한 고객 상대로는 음식이 눈에 띄어 즉시 구매할 수 있는 투명한 일회용 용기가 아니면 대응하기 어려운 모습이었다. 반면 단골 고객을 상대하는 가게에서는 상대방에 따라 내용물을 담는 방식을 바꾸거나 약간의 대화를 즐기며 판매하는 듯해 그 자리에서 음식을 담는 방식도 받아들여질 가능성이 보였다. 또 주문을 받는 부분이나 배달, 수금, 용기 회수 등에 비용이 많이 들어가고 있어 최적의 업무 상태라고 할 수 없을 듯했다.

조사 결과를 토대로 서비스의 개요를 다음과 같이 정했다.

- 용기는 도시락용, 국물용, 요리용, 반찬용을 사용한다. 내용물이 보이도록 투명한 뚜껑을 선택한다. 가게 브랜드와 내용물을 보여줄 수 있도록 뚜껑에 떼어낼 수 있는 스티커를 붙일 곳을 마련한다. 떨어지지 않도록 견고하며 각각 다른 2차원 바코드를 부착한다. 이는 시의 요청에 응한 가맹점이 공유하여 이용한다.

- 사용자는 전용 스마트폰 앱에 주문 내용과 배송지 주소를 입력한다. 음식점은 그 내용을 음식점용 앱을 통해 확인한다.

- 가게에서 용기에 음식을 담을 때 용기의 2차원 바코드를 스캔하면 어느 가게에서 누구에게 전달할 어떤 요리가 들어 있는지 관계자들이 확인할 수 있다.

- 음식이 제대로 배달되었는지 확인하기 위해 사용자의 스마트폰에 2차원 바코드를 표시하고, 배달원이 이를 자신의 스마트폰으로 스캔한다.

- 가게별 용기의 재고와 보충 타이밍을 디지털로 관리하여 용기가 부족한 상황이 생기지 않도록 한다.

- 사용자는 배달 상황(조리 종료 타이밍, 배달 실시간 위치 정보)을 스마트폰 앱에서 확인할 수 있다. 더불어 앱을 통해 맛과 배달에 대한 평가를 입력함으로써 할인 포인트를 획득할 수 있다. 용기는 사용자가 가맹점 중 편한 곳에 직접 반납하거나 앱을 통해 회수 요청을 하여 반납한다. 용기 반납 시 온라인으로 할인을 받을 수 있다.

| 가설 검증

여기까지 생각해도 가설은 가설이다. 아는 범위에서 예상되는 우려 사항에 대한 대응 방법을 생각했지만, 분명 놓친 부분도 있을 것이다. 예를 들면 사용자가 마음에 들어 하지 않아 서비스 보급이 원활하게 이루어지지 않을 수도 있다. 다음 조사에서는 현재 생각 중인 사업의 주요 특징을 이해관계자들에게 보여주며 반응을 살피고, 이 사업이 받아들여질지, 간과한 점은 없는지, 어떤 사람이 가장 마음에 들어 할지 등을 조사하기로 했다.

가설 검증 인터뷰에서 생각하고 있는 제품이나 서비스의 모든 기능 및 특징에 대해 확인하기는 어렵다.

인터뷰에는 시간적 제한이 있어 앞으로 만들 것에 대해 현시점에서 자세히 설명하고 의견을 듣기가 어렵다. 제작자가 잘 전달할 수 없는 상태에서 상대도 제대로 상상할 수 없는 것에 대해 조사하고, 그 답변을 신용하기에는 위험도 따른다. 그보다 현시점에서 여기가 잘못되면 나중에 수정이 힘들다거나, 대상 이해관계자와 비즈니스 모델이 크게 바뀔 듯하다거나, 이 부분은 어떻게 할까 고민하다 이렇게 했는데 정말로 이렇게 하는 편이 좋은지 망설여진다는 등 중요한 포인트를 좁혀 배경과 이유를 포함하여 확실하게 확인하는 것이 중요하다. 새로운 일을 할 때는 항상 리스크가 있는 점을 논의하고 특정하여 해당 부분의 불확실성을 줄여나가는 것이 필수다.

상기 서비스에서 큰 리스크는 '일회용기를 사용하지 않는다'라는 콘셉트 자체에 대한 평가였다. 용기를 씻어 돌려 사용함으로써 사용자의 수고나 위생적으로 관리해야 할 점이 늘어나는 등 여러 가지로 번거로 워진다. 용기를 버리지 않는다고만 하면 음식점에서 독자적으로 용기를 정하고, 사용한 후에 되돌려 받아도 된다. 지역의 음식점이 연계하여 다 함께 임한다는 사실에는 어느 정도 찬동해줄까?

작성한 인터뷰 가이드 중 이 점과 관련된 질문은 다음과 같았다.

- 먼저 일하고 계신 가게에 대해 여쭤보고자 합니다.

- 이곳에서 가게를 시작하신 지 얼마나 됐나요?

- 가장 인기 있는 메뉴는 무엇인가요?

- 가게에서 중요하게 여기는 것은 무엇인가요?

- 배달을 하시나요? 포장을 원하는 고객에게도 판매하시나요?

- 쓰레기를 줄이기 위해 가게에서 노력하고 있는 일이 있나요?

- 이 사업은 배달과 포장에 사용하는 식품 용기를 여러 음식점이 공유하고 세척하여 재사용하는 것입니다.

- 질문이 있으신가요? 이에 대해 어떻게 생각하시나요?

- 이 사업에서는 가게를 대신하여 자치 단체가 정한 기업이 용기 회수 및 세척을 맡아서 하고, 그 비용도 자치 단체가 부담합니다.

- 질문이 있으신가요? 이에 대해 어떻게 생각하시나요?

- 이 사업에 참여한 음식점은 이 지역의 플라스틱 쓰레기 감축에 기여하는 가게로, 자치 단체가 홍보 협력 등을 합니다.

- 질문이 있으신가요? 이에 대해 어떻게 생각하시나요?

- 전체적으로 이와 같은 시스템에 대해 어떻게 생각하시나요?

- 질문이 있으신가요?

- 이와 같은 시스템에 참여할 의사가 있으신가요? 혹시 우려되는 점이 있으신가요?

단순히 서비스 내용을 이야기하고 "이 시스템에 참여할 의사가 있나요?"라고 물으면 이 사업의 어느 부분에 가치가 있다고 느꼈는지 알 수 없다. 만약 그 질문에 "그렇다"라고 대답한 사람이 많았다 해도 회의적인 사람이 "그건 사업 내용을 잘 이해하지 못해 특별히 좋다고 생각하지 않지만, 부정할 만한 요인도 발견하지 못한 상태에서 그런 거 아닐까?"와 같이 트집을 잡으면 할 말이 없다.

예상되는 다양한 특징을 각각 의식하도록 한 후에 개별적으로 의견을 요구해야 한다. 더불어 예상되는 위험성도 명시하고 이를 고려하여 최종적으로 참가 가능성을 답하게 해야 한다. 종합 평가를 받고 싶다면, 처음에는 어떤 인상을 받았는지 묻고, 질문을 받아 무엇이 가장 궁금했는지를 이해하고, 보다 자세히 설명한 다음 의견을 묻고, 마지막으로 다시 한 번 전체적인 평가를 받는 것이 좋다.

그리고 이 서비스의 최대 목적인 플라스틱 쓰레기 감축은 일반적으로 좋은 일로 여겨지기에 자신은 그다지 의식하고 있지 않았어도 "좋네요. 저도 참가하고 싶어요" 등과 같이 적극적으로 반응할 수도 있다. 가게의 개요를 살펴보며 은근슬쩍 쓰레기 감축을 위해 실제로 하고 있는 일이 있는지, 정말 관심이 많은지 알아둔다. 쓰레기 문제에 관심이 많은 가게가 얼마나 되는지, 그러한 가게가 이 사업을 어떻게 평가하는지를 파악하기 위함이다.

덧붙여 콘셉트를 검증할 때, 질문자가 서비스의 목적과 생각을 설명하고 평가를 받으면 논리적으로 수긍해버리거나 제공자의 생각에 공감하여 더 좋은 서비스 자체에 대한 평가가 관대해져버린다. 그래서는 조사의 정확도가 떨어져 더 좋은 서비스를 만드는 데 도움이 되지 않는다. 노리는 바와 가치관은 기능과 특징에서 배어 나오도록 설계하는 것이 이상적이다.

질문자가 의도는 설명하지 않고 내용(기능과 특징, 활동의 흐름 등)만 전달하며 이로써 흥미를 가질 수 있는지, 원하는 가치가 전달되는지를 먼저 시험한다. 가치가 전달되지 않은 듯하면 주최자의 의도를 설명하고 그에 대해 상대방이 어떻게 평가하는지 알아본다. 이렇게 함으로써 목적 자체가 좋지 않은지, 목적이 전달되지 않았을 뿐인지, 혹은 그 이전에 설계 자체가 잘못되었는지 알 수 있다.

조사 결과, 음식점에 따라 반응이 다른 것으로 나타났다. 경영 상황이나 인건비를 포함한 비용을 특히 신경 쓰는 가게는 용기의 회수 및 세척에 대해 우려하며 고객에게 회수에 수반되는 수고를 끼치고 싶지 않다고 평가했다. 그 마음도 충분히 이해한다. 한편 사업 목적을 공감하고 높이 평가해준 가게는 전체의 4분의 1 정도에 이르렀다. 지역 사람들과의 관계를 소중히 생각하고, 쓰레기 문제에 관해서도 스스로 할 수 있는 일을 하고 있는 가게들이었다. 일회용기를 사용하는 것이 바람직하지 않다고 생각하면서도 비용 등의 문제로 어쩔 수 없이 사용해 왔는데, 이번에 구상 중인 시스템에 의해 문제가 해결될 수 있을 것 같다며 높이 평가해주었다.

'지역의 다른 가게와 거주하는 사람들과 협력하며 보다 바람직한 사회 모습을 형성하고 싶다'라고 생각하는 음식점이 많다는 사실을 알게 된 점은 큰 수확이었다. 지역 변화를 위한 작은 걸음에 동참해줄 일부 음식점과 우선 출발하고 싶다. 그러면서 시민들의 이해를 넓히고, 참가 음식점 수를 늘리고, 자치 단체가 지지하며 모두가 순환형 사회 실현에 공헌해나가자는 향후 활동 로드맵을 그려나가고 싶다.

인터뷰를 진행하다 보면 부정적인 의견을 듣기도 하지만, 긍정적인 의견을 듣기도 해 자신들의 생각에 자신감이 생긴다. 혹은 생각 이상으로 가치 있는 것처럼 여겨져 프로젝트에 기세가 붙는 일도 자주 경험하게 된다.

2. 인터뷰 조사 계획서

Chapter 1 '계획서를 작성한다(61쪽)'에서 설명한 계획서 예시다. 지금까지 살펴본 '인터뷰 활용 예시(318쪽)'의 화제와 관련 있는데, 이 계획서는 음식점이 아니라 배달이나 포장을 이용하는 일반 소비자를 대상으로 한 인터뷰를 가정한 것이다. 이후에 살펴볼 '인터뷰 가이드(335쪽)'는 이 계획서를 전제로 작성되었다.

인터뷰 조사 계획서

■ 목적

음식점이 제공하는 음식 배달, 또는 포장 서비스에 사용되는 일회용 플라스틱 용기의 양을 줄이고 싶다. 이를 위해 어떤 정책이 적절한지 검토하고자 인터뷰 조사를 실시하여 주요 이해관계자라고 생각되는 사용자의 상황과 니즈를 이해한다.

■ 배경

코로나19 확산으로 음식점들은 영업시간을 단축하고, 매장 내에서 식사하는 고객을 줄이는 조치를 취해야 한다. 이에 따라 배달(딜리버리)이나 포장(테이크아웃)에서 활로를 찾는 음식점이 늘고 있다.

한편 자치 단체에서는 해양과 대기오염 상태 개선, 탄소 중립에 대한 대처로 플라스틱 쓰레기 감축을 추진해야 한다. 플라스틱 쓰레기 전

체에서 식품 용기가 차지하는 비율이 늘고 있다. 그 원인 중 하나로 여겨지는 음식 배달과 포장에 사용되는 일회용 플라스틱 용기에 대해 대책을 강구해야 한다. 지역 음식점의 지속 가능성과 플라스틱 쓰레기 감축을 동시에 고려하여 음식점을 이용하는 시민들에게도 부담 없는 시스템이 요구되어야 한다.

우선 음식 배달, 포장에 관한 사용자의 상황을 파악하고 적절한 대응 정책(서비스 사업)을 검토하고자 한다.

■ **방법**(조사 대상자의 속성과 수, 장소, 사례 등)

조사 대상자: 음식 배달이나 포장을 일상적으로 이용하는 10명 정도의 사람
시간: 1건당 약 60분(사무 절차 등 포함)
장소: 온라인 인터뷰
사례: 1건당 5만 원

■ **주요 화제**

- 사람들이 음식점의 배달, 포장을 어떻게 이용하고 있는가. (빈도, 이용 목적, 주문 방법, 이용하는 이유, 이용하는 음식점의 특징 등)

- 이용 시 어떠한 과제가 있고, 어떤 점을 염려하고 있는가.

- 일회용 플라스틱 용기가 사용되는 경우, 사용자는 이에 대해 신경 쓰는가. 만약 그렇다면 그 이유는 무엇인가. 특히 어떤 속성을 가진 사람들이 신경 쓰는가. 이에 대한 대처로 어떤 행동을 하고 있는가.

- 일회용 플라스틱 용기를 대체할 수 있는 수단으로 음식을 가져다

주거나/가져간다고 할 경우, 어떤 점이 우려되는가.

■ 얻을 수 있는 성과의 개요

- 사람들이 어떤 목적을 가지고 음식점의 배달 및 포장 서비스를 이용하고 있는지(음식을 담는 용기에 요구되는 조건), 플라스틱 일회용 용기에 대해 어떤 의식을 가지고 있는지 파악할 수 있다.

- 플라스틱 일회용 용기를 싫어하는 사용자가 이를 이유로 이용할 음식점을 선택할 수 있는 상태인지 이해할 수 있다.

- 일회용 플라스틱 용기를 대체할 수단을 고려할 때 어떤 점을 유의해야 하는지 알 수 있다.

■ 일정

조사 설계 및 스크리너 개발: 2021년 7월
참가자 모집: 2021년 8월 상순~중순
인터뷰 실시: 2021년 8월 중순~하순
보고: 2021년 9월 상순(속보는 수시 발행)

■ 용어

- 배달: 용기에 담긴 음식을 사용자가 지정한 장소까지 가져다주어(배달) 판매하는 서비스. 이번 조사에서는 개인영업 음식점이 조리한 음식을 용기에 담아 배달하는 경우에 주목한다.

- 포장: 용기에 담긴 음식을 판매하고 사용자가 가져가는 형식의 서비스. 이번에는 개인영업 음식점이 하는 포장 판매에 주목한다.

- 음식점: 음식을 제공하고 사용자가 매장에서 먹도록 하는 서비스를 제공하는 사업자, 또는 그 매장

- 플라스틱 일회용 용기: 배달 서비스, 포장 판매 시 조리한 음식을 담는 용기. 소재로는 폴리에틸렌, 폴리프로필렌, 폴리스티렌 등이 사용된다.

3. 인터뷰 가이드

'인터뷰 조사 계획서(331쪽)'를 바탕으로 작성한 인터뷰 가이드 예시다.
필자들이 조사 목적과 질문 의도 등을 확인하며 완성했다.

인터뷰 가이드

A) 본 조사의 목적

음식점이 제공하는 음식 배달, 또는 포장 서비스에 사용되는 일회용
플라스틱 용기의 양을 줄이고 싶다. 이를 위해 어떤 정책이 적절한지
검토하고자 인터뷰 조사를 실시하여 주요 이해관계자라고 생각되는
사용자의 상황과 니즈를 이해한다.

B) 주요 화제

- 사람들이 음식점의 배달, 포장을 어떻게 이용하고 있는가. (빈도, 이
  용 목적, 주문 방법, 이용하는 이유, 이용하는 음식점의 특징 등)

- 이용 시 어떠한 과제가 있고, 어떤 점을 염려하고 있는가.

- 일회용 플라스틱 용기가 사용되는 경우, 사용자는 이에 대해 신경
  쓰는가. 만약 그렇다면 그 이유는 무엇인가. 특히 어떤 속성을 가
  진 사람들이 신경 쓰는가. 이에 대한 대처로 어떤 행동을 하고 있
  는가.

- 일회용 플라스틱 용기를 대체할 수 있는 수단으로 음식을 가져다 주거나/가져간다고 할 경우, 어떤 점이 우려되는가.

C) 소개(5분/ 총 5분)

오늘 조사에 협조해주셔서 감사합니다.

본래 직접 만나 이야기를 나누고 싶었지만, 코로나19 사태로 인해 서로 안심하고 안전하게 진행하기 위해 온라인 인터뷰 형식을 취하게 되었습니다. 저는 진행을 맡은 ○○○라고 합니다. 잘 부탁드립니다.

코로나19로 인해 우리의 생활에 많은 변화가 생겼습니다. 부담 없이 외식을 즐길 기회가 줄어든 대신 포장이나 배달 서비스 이용이 늘어났습니다. 오늘은 포장과 배달 서비스 이용에 중점을 두고 이야기를 듣고자 시간을 내주시기를 부탁드렸습니다. 인터뷰 예정 소요 시간은 60분입니다. 마지막까지 잘 부탁드립니다.

본격적으로 인터뷰를 진행하기 전에 몇 가지 양해해주셨으면 하는 점이 있습니다. 먼저 녹화와 녹음인데요. 이후 분석 작업을 위해 인터뷰 상황을 녹화 및 녹음하는 점을 양해해주셨으면 합니다. 이 조사 이외에는 다른 용도로 사용하는 일이 절대 없으며, 이 조사의 의뢰인에게 조사 결과를 보고할 때는 익명으로 보고합니다. 개인을 특정할 수 있는 형태로 녹화가 열람되지 않을 것임을 약속드립니다. 양해해주시겠습니까?

【승낙을 얻고 녹화 및 녹음 시작】

그리고 몇 사람이 더 이 자리에 참여할 예정입니다. 이들은 저와 함께 일하는 조사팀 멤버입니다. 제가 인터뷰에 집중할 수 있도록 저 대신 메모 작업을 하기 위해 참석했습니다. ○○씨는 저와의 대화에만 집중해주시면 되는데, 다른 사람이 듣고 있다는 점은 양해해주시기 바랍니다.

마지막으로, 저는 요식 업계 전문 리서처가 아닙니다. 소비자 여러분에게 제품이나 서비스를 제공하는 기업의 의뢰를 받아 이러한 사용자 조사를 돕고 있습니다. 같은 한 사람의 소비자로서 저도 포장과 배달 서비스를 이용하고 있는데, 이용 방법은 생활 환경이나 취향에 따라 사람마다 다르며, 의견과 태도에는 좋은 것도 나쁜 것도, 정답도 오답도 없다고 생각합니다. 오늘은 또 다른 소비자인 ○○씨에게 여러 가지를 배우고 똑똑한 소비자가 될 수 있는 방법을 공부하고자 하오니 부디 솔직한 의견을 많이 들려주시기 바랍니다.

걱정되는 점이나 질문이 있으신가요? 괜찮습니까? 그럼 시작하겠습니다.

D) 참가자 프로필(10분/ 총 15분)

1. 먼저 자기소개를 부탁드립니다. 성함과 나이, 가족 구성을 알려주세요.

2. 사시는 곳은 어디인가요? 가장 가까운 역은 어디인가요?
   ※ 포장 서비스를 이용할 가능성이 있는 지역을 대략 파악한다.

3. 사시는 곳은 단독주택인가요, 공동주택인가요?
   a. (연립주택인 경우) 공동현관에 잠금장치가 있는 아파트인가요?

4. 일을 하시나요? 어떤 일을 하시나요?
   ※ 포장 서비스를 이용할 가능성이 있는 지역을 대략 파악한다.
   a. 업무로 통근하거나 외출하시는 일이 있나요?
   b. 이때 자주 이용하시는 역이 있나요?

5. [배우자가 있는 경우] 부인(남편)은 일을 하시나요?

    a. 부인(남편)은 업무로 통근하거나 외출하시는 일이 있나요?

    b. 부인(남편)께서 자주 이용하시는 역이 있나요?

6. 가족(혼자 산다면 본인)의 식생활에 관한 질문입니다.

    a. 식생활 전반에서 주의하거나 신경 쓰시는 것이 있나요?

        i. 언제부터였나요?

        ii. 어떤 계기가 있었나요?

    b. 코로나19 사태로 인해 상황이나 마음이 달라진 점이 있나요?

    c. 그 밖에 식생활과 관련하여 코로나19 사태로 인한 변화가 있었나요?

        ※ 배달이나 포장 서비스를 언급하지 않고 화제에 오르는지 확인한다.

    d. 외식을 하는 일이 늘거나 줄었나요? 그 이유는 무엇인가요?

    e. 배달을 하는 일이 늘거나 줄었나요? 그 이유는 무엇인가요?

        ※ 배달: 딜리버리 서비스

        ※ 설문조사 결과도 고려하여 이용 빈도의 변화를 확인한다.

    f. 포장을 하는 일이 늘거나 줄었나요? 그 이유는 무엇인가요?

        ※ 포장: 음식점에서 제공하는 식사의 포장 판매(편의점 도시락 등은 제외)

        ※ 설문조사 결과도 고려하여 이용 빈도의 변화를 확인한다.

    g. 배달과 포장 중 어느 쪽을 더 많이 이용하나요? 특별한 이유가 있나요?

E) 배달 이용 상황(15분/ 총 30분)

배달 이용 상황을 조금 더 구체적으로 질문드리도록 하겠습니다.

    ※ 포장 이용 빈도가 더 높으면 그쪽을 먼저 실시한다.

7. 최근 배달을 이용했을 때의 상황을 알려주세요.

    a. 언제?

    b. 무엇을?

    c. 주문 방법은 누가, 어떻게 정했나요?

        d. 왜 그 가게의 서비스를 이용하기로 했나요?

        e. 사용해보니 어땠나요?

8. (Q7을 반복하고 다른 에피소드를 캐내며) 어떻게 구분하여 이용하나요?

   ※ 점심과 저녁의 차분, 평일과 휴일의 차분 등

   ※ 포장 이야기가 나오면 가볍게 끌어올린다.

9. 당신은 왜 배달을 이용한다고 생각하시나요?

10. 배달 시 불만스럽거나 불편한 점이 있나요?

11. 배달에 사용되는 용기와 포장에 대해 좋거나 나쁘게 생각하시는 바가 있나요?

12. 고객이 용기를 선택할 수 있는 가게도 있던데, 알고 계셨나요? 그런 가게를 이용해본 경험이 있나요? 있다면 어떤 용기를 고르셨나요? 그 이유는 무엇인가요?

        □ 회수 용기   □ 일회용 용기

   ※ 회수 용기를 선택하지 않은 이유와 우려하는 바 확인

13. (이용 경험이 없는 사람인 경우) 용기를 선택할 수 있다면 어떤 것을 선택하시겠어요? 그 이유는 무엇인가요?

        □ 회수 용기   □ 일회용 용기

   ※ 이용 경험이 없는 사람에게는 초밥집 예시를 사진으로 제시

F) 포장 이용 상황(15분/ 총 45분)

포장 이용 상황을 조금 더 구체적으로 질문드리도록 하겠습니다.

14. 최근 포장을 이용했을 때의 상황을 알려주세요.

a. 언제?

b. 무엇을?

c. 주문 방법은 누가, 어떻게 정했나요?

d. 왜 그 가게의 서비스를 이용하기로 했나요?

e. 사용해보니 어땠나요?

15. (Q14를 반복하고 다른 에피소드를 캐내며) 어떻게 구분하여 이용하나요?

※ 점심과 저녁의 차분, 평일과 휴일의 차분 등

※ 배달 이야기가 나오면 가볍게 끌어올린다.

16. 당신은 왜 포장을 이용한다고 생각하시나요?

17. 포장 시 불만스럽거나 불편한 점이 있나요?

18. 포장에 사용되는 용기와 포장에 대해 좋거나 나쁘게 생각하시는 바가 있나요?

19. 고객이 지참한 용기에 음식을 담아 주거나 가게 용기를 나중에 회수하는 곳도 있던데, 그런 가게를 이용해본 경험이 있나요? 용기를 지참해본 적이 있나요? 그 이유는 무엇인가요?

□ 지참한 용기   □ 회수 용기   □ 일회용 용기

※ 용기를 지참하지 않는 이유와 우려하는 바 확인

20. (이용 경험이 없는 사람인 경우) 일회용 용기 이외의 것을 사용할 수 있다면 사용하시겠어요? 그 이유는 무엇인가요?

□ 지참한 용기   □ 회수 용기

※ 이용 경험이 없는 사람에게는 사진으로 예시 제시

G) 플라스틱 쓰레기와 용기에 대해(10분/ 총 55분)

21. 배달 및 포장 이용이 증가하면서 가정에서 배출하는 플라스틱 쓰레기양이 늘거나 줄었나요?

　　　　□ 늘었다.　　　　　□ 변함없다.　　　　　□ 줄었다.

22. 어떻게 생각하시나요?

23. 그 상황을 어떻게든 하고 싶으신 마음이 있나요? 어떻게 하고 싶으신가요?

24. 개선하기 위해 자신이나 가족이 신경 쓰고 있는 일이 있나요?
　　※ 비닐봉지, 빨대, 커트러리, 페트병 등

H) 마무리(5분/ 총 60분)

25. (관찰자가 추가 질문을 한 경우)

질문은 여기까지입니다. 귀중한 이야기를 들려주셔서 감사합니다.

4. 인터뷰 템플릿

인터뷰 템플릿은 유저 인터뷰에서 사용하며, 실용적으로 기입할 수 있는 시트다.

효과적인 인터뷰를 할 수 있도록 계획 및 실시 시점에 맞추어 시트를 총 아홉 가지 준비했다.

■ **계획을 위한 시트**

  A. 인터뷰 계획 시트

    A-1. 기회 탐색형

    A-2. 태스크 분석형

    A-3. 가설 검증형

■ **실시를 위한 시트**

  B. 프로필 시트

  C. 24H 라이프 스타일 시트

  D. 뇌 속 지도 시트

  E. 케이스 추출 시트

  F. 현황 파악 시트

  G. 주관 평가 시트

인터뷰의 조사 목적에 맞게 적합한 시트를 선택하여 마케팅 및 상품 기획을 위한 힌트를 파악하자.

시트 오른쪽 아래에 표시된 원저작자의 크레딧을 표기하면 재배포와 수정 등이 가능하다.

확인 항목이나 질문 방법 등을 인터뷰 자리에서 사용하기 용이하게 수정하여 이용하기 바란다.

인터뷰 계획 시트

템플릿 이용 타이밍: 상품의 특징이나 타깃이 미정이어서 모색할 때
인터뷰 목적: 시장과 고객의 니즈를 알아본다.

TOTAL
분

인터뷰 대상자:

인터뷰에서 알아내고 싶은 것:

① 소개

안녕하세요. 오늘 시간을 내주셔서 감사합니다.
앞으로   에 대해서
이야기를 듣고자 합니다. 소요 시간은 _____ 분입니다.
○○씨의 평소 모습과 개인적인 의견에 대해 듣고 싶습니다.
부디 기탄없는 의견 부탁드립니다.

분

② 프로필 확인

여기서 사용할 수 있는 인터뷰 템플릿
B 프로필   C 24h 라이프 스타일   D 뇌 속 지도

☐ 기본 정보(나이/성별/가족/직업)
☐ 경험(이용 경력/이용량/이용 빈도)
☐ 일(업무 내용/미션)
☐ 라이프 스타일(시간 사용법/생각하는 것)
☐ 성격과 인품

분

③ 상품과 관련되는 방식과 생각을 확인한다.

E 케이스 추출

사실(하고 있는 일)
☐ 어떤 때   ☐ 어떻게   ☐ 무엇을 하는가?

배경(이유/목적)
☐ 이용하는 이유/목적   ☐ 의식하고 있는 것   ☐ 다른 것을 이용하지 않는 이유

감성(느끼는 점)
☐ 실은 잘하는 점   ☐ 마음에 드는 점   ☐ 좋아하는 점
☐ 젊은 점과 불만인 점

>>> 다른 경우를 폭넓게 파악하려면?
☐ 상황이 다른 경우는?
☐ 다른 것과 구분하는 것은?
☐ 최근 몇 년간의 변화는?
☐ 이용하게 될 계기는?
☐ 이것만은 피했으면 하는 것은?
☐ 이것을 할 수 있으면 좋겠다 싶은 이상적인 형태는?

④ 마무리

☐ 누락/추가 질문 확인
☐ 피드백

오늘 인터뷰는 이상으로 마치겠습니다. 자리해주셔서 감사합니다.

분

인터뷰 계획 시트

테스크 분석형

인터뷰 이용 타이밍: 상품의 구체적인 기능성 및 타깃의 행동 이미지가 잡혀 있을 때
인터뷰 목적: 최적의 조건을 찾는다.

TOTAL

_____

인터뷰 대상자:

인터뷰에서 알아내고 싶은 것:

① 소개

안녕하세요. 오늘 시간을 내주셔서 감사합니다.

_____ 을(를) 이용하는 _____에 대해서 이야기를 듣고자 합니다. 소요 시간은 _____ 분입니다.

○○씨의 평소 모습과 개인적인 의견에 대해 듣고 싶습니다.
부디 기탄없는 의견 부탁드립니다.

_____ 분

② 프로필 확인

여기서 사용할 수 있는 인터뷰 템플릿

- B 프로필
- C 24h 라이프 스타일
- D 뇌 속 지도

□ 기본 정보(나이/성별/가족/직업)
□ 경험(이용 경력/이용량/이용 빈도)
□ 일(업무 내용/미션)
□ 라이프 스타일(시간 사용법/생각하는 것)
□ 성격과 인품

_____ 분

③ 상품과 관련되는 방식과 생각을 확인한다.

E 케이스 추출

사실(하고 있는 일)
□ 어떤 때   □ 무엇을 하는가?

배경(이유/목적)
□ 이용하는 이유/목적   □ 다른 것을 이용하지 않는 이유
□ 의식하고 있는 것

감성(느끼는 점)
□ 싫은 점과 불만인 점   □ 마음에 드는 점   □ 좋아하는 점

_____ 분

④ 특정 상품 및 아이디어에 대한 의견을 듣는다.

G 주관 평가

평가
□ 아이디어 평가
□ 생활에 대한 적합도
□ 구체하고 싶은가(얼마라면 사겠는가?),

이유
□ 평가 이유(무엇이 좋은가, 나쁜가?)

_____ 분

⑤ 마무리

□ 누락/추가 질문 확인
□ 피드백

오늘 인터뷰는 이상으로 마치겠습니다. 자리해주셔서 감사합니다.

_____ 분

인터뷰 계획 시트 가설 검증형

템플릿 이용 타이밍: 상품에 대한 아이디어가 있으며 타깃이 정해져 있을 때
인터뷰 목적: 아이디어의 수용성을 확인한다.

상품/아이디어에 관해 설명하고 싶은 특징:

인터뷰 대상자:

인터뷰에서 알아내고 싶은 것:

TOTAL
분

① 소개

안녕하세요. 오늘 시간을 내주셔서 감사합니다.
앞으로 ＿＿＿ 에 대해서
이야기를 듣고자 합니다. 소요 시간은 ＿＿＿ 분입니다.
○○씨의 평소 모습과 개인적인 의견에 대해 듣고 싶습니다.
부디 기탄없는 의견 부탁드립니다.

분

② 프로필 확인

여기서 사용할 수 있는 인터뷰 템플릿 **B 프로필**

□ 기본 정보(나이/성별/가족/직업)
□ 경험(이용 경력/이용량/이용 빈도)
□ 일(업무 내용/미션)
□ 라이프 스타일(시간 사용법/생각하는 것)
□ 성격과 인증

분

③ 상품과 관련되는 방식과 생각을 확인한다. **F 현황 파악**

사실(하고 있는 일)
□ 어떤 때   □ 어떻게   □ 무엇을 하는가?

배경(이유/목적)
□ 이용하는 이유/목적   □ 의식하고 있는 것   □ 다른 것을 이용하지 않는 이유

감성(느끼는 점)
□ 좋은 점과 불만인 점   □ 마음에 드는 점   □ 좋아하는 점

분

④ 특정 상품 및 아이디어에 대한 의견을 듣는다. **G 주관 평가**

평가
□ 아이디어 평가
□ 생활에 대한 적합도
□ 구매하고 싶은가(얼마라면 사겠는가?)

이유
□ 평가 이유(무엇이 좋은가, 나쁜가?)

분

⑤ 마무리

□ 누락/추가 질문 확인
□ 피드백

오늘 인터뷰는 이상으로 마치겠습니다. 자리해주셔서 감사합니다.

분

주식회사 Glagrid

인터뷰 대상자:

일시: / / :

기록 목적: 인터뷰 대상자의 특징을 기록한다.

여기서 사용할 수 있는 인터뷰 템플릿

기본 정보

□ 연령
□ 거주 지역
□ 직업(직종/직업 경력)

□ 성별
□ 가족 구성(동거인/자녀 나이)

경험

□ 과거(이용 경력/경험)
□ 현재(이용 상품/이용량/빈도)
□ 미래(향후 계획/미래 전망)

일

□ 업무 내용(미션/임무)
□ 일터/환경
□ 도구와 정보 및 문서
□ 기치관/규칙

□ 관계 인물과 조직
□ 활동과 그 흐름(부서 내 연계/개인)

라이프 스타일

□ 시간 사용법(평일/휴일)
□ 생각하고 있는 것
□ 열중할 수 있는 것
□ 중요한 판단 기준/가치 기준
□ 자기실현을 위해 하고 있는 일

성격과 인물

□ 사람 됨됨이/인상
□ 패션 스타일/소지품

C **24H 라이프 스타일 시트**

인터뷰 대상자: 일시: /   /   :

하루를 보내는 법

평일 A

6:00	9:00	12:00	15:00	18:00	21:00	0:00	3:00

평일 B

6:00	9:00	12:00	15:00	18:00	21:00	0:00	3:00

휴일 A

6:00	9:00	12:00	15:00	18:00	21:00	0:00	3:00

휴일 B

6:00	9:00	12:00	15:00	18:00	21:00	0:00	3:00

당신의 머릿속에 있는 것(흥미가 있는 것/생각하는 것)은?

인터뷰 대상자: 일시: /   /   :

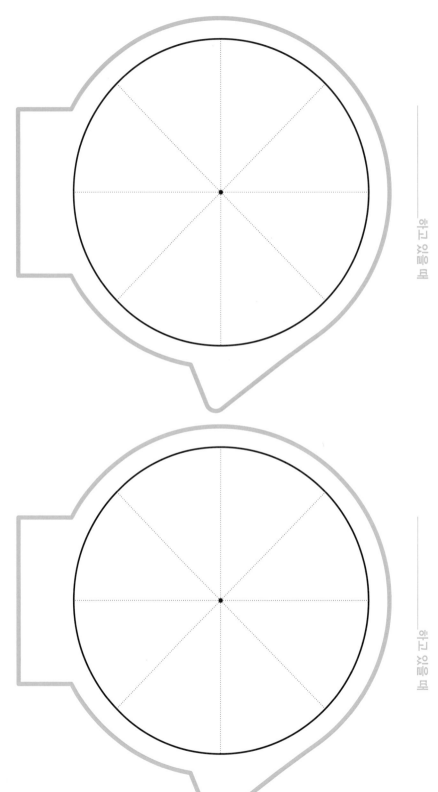

하고 있을 때

하고 있을 때

E 케이스 추출 시트

인터뷰 대상자: 일시: /   /   /   :

케이스 NO.	하고 있는 일			이유/목적	느낀 것
	어떤 때?	어떻게?	무엇을 하는가?	무엇을 위해서?	불만은? 바라는 것은?
예: 0	예: 아침에 출근할 때	예: 아이폰에 이어폰을 꽂고	예: 하드 록 음악을 듣는다.	예: 만원 전철로 인한 불쾌함을 잊기 위해서	예: 더 큰 소리로 듣고 싶지만, 소리가 새어 나올까 봐 참는다.

주식회사 Glagrid

F 현상 파악 시트

인터뷰 대상자: 일시: /   /   :

활동	하고 있는 일	이유/목적	느낀 것
묻고 싶은 활동 예: 음악을 듣는다.	어떤 것으로/어떤 일을 하고 있는가. 예: 전철 안에서 하는 록 음악을 듣는다.	이용하는 이유와 목적/다른 것을 이용하지 않는 이유/의식하고 있는 것 예: 만원 전철로 인한 불쾌한 기분을 달랜다.	싫은 점/불만인 점 ↔ 마음에 드는 점/좋은 점 예: 상쾌한 기분이 들었으면 한다.

주관 평가 시트

인터뷰 대상자: 일시:

는 _____ 입니까?

이유 :

☺ ──┬──────┬──────┬──────┬──────┬──────┬── ☹

항목 예

아이디어 평가
- □ 괜찮은 것 같나요?
- □ 새로운가요?
- □ 사용해보고 싶은가요?
- □ 구매하고 싶은가요?

생활에 대한 적합도
- □ 당신의 생활에 딱 맞나요?
- □ 사용할 상황이 있나요?
- □ 당신의 생활에 변화를 줄 수 있나요?

사용 편리성
- □ 그 활동에 효과가 있나요?
- □ 이것이 있으면 효율이 좋아지나요?
- □ 당신의 불만을 해결할 수 있나요?
- □ 얼마나 만족스러운가요?

이해 용이성
- □ 원하는 것을 찾기 쉬운가요?
- □ 그 상황 및 문맥에 적합하다고 생각하나요?
- □ 어디에 무엇이 있는지 파악하기 쉬운가요?
- □ 말투와 용어는 이해하기 쉬운가요?
- □ 조작한 결과는 확인하기 쉬운가요?

유저 인터뷰를 계획하고, 준비를 거듭하여 실시하고, 얻은 데이터를 고찰하고, 바람직한 형태로 보고할 때까지의 흐름을 순서대로 살펴봤습니다. 공들여 계획을 세우고, 신중을 기해 인터뷰를 실시하고, 끈질길 정도로 분석과 고찰을 해야 한다는 점이 전해졌다면, 이 책의 목적 중 하나는 달성한 것입니다.

또 다른 목표는 코로나19 사태에도 포기하지 않고 유저 인터뷰를 계획하고 실시하기 위한 길을 제시하는 것이었습니다. 이 책이 출간될 무렵에는 코로나19 사태가 과거가 되기를 바라는 마음도 있었지만, 안타깝게도 종식되지 않았습니다. 하지만 돌이켜보면 나쁜 일만 있었던 것은 아닙니다. 온라인으로 인터뷰하는 수단이 확립됨에 따라 사용자 모집 범위를 전국으로, 세계로 넓힐 수 있게 된 점은 큰 수확입니다. 물론 인터넷에 접속할 수 없는 사람이나 온라인 회의 시스템을 이용하는 것이 불안한 사람 등을 대상으로 할 수 없다는 과제는 남아 있습니다. 하지만 수도권을 비롯한 도시 지역 사용자만을 대상으로 삼고 생각했던 방식은 과거의 것이 되었습니다.

또 코로나19 사태 이전에는 사용자의 생생한 목소리를 들으려면 조사

실시 장소에 찾아가는 것을 당연하게 여겼습니다. '높은 자리에 있는 바쁘신 분을 어떻게 하면 모실 수 있을까?', '견학룸에 몇 명까지 들어갈 수 있을까?' 정말 고민이 많았는데, 원격 근무 중에 집에서도 조사 상황을 견학할 수 있게 되면서 관심을 갖는 사람이 점점 늘어나고 있습니다.

이러한 변화는 사용자의 목소리를 제품이나 서비스를 만드는 데 활용하려는 활동을 더욱 든든하게 지원해줄 것입니다.

앞으로는 기존에 하던 대면 인터뷰와 온라인 인터뷰를 병용하는 것이 당연시될 것입니다. 필자들의 경험이 담긴 이 책이 현장의 고민을 해결하고, 더 나은 제품과 서비스를 만드는 데 조금이나마 도움이 되기를 진심으로 기원합니다.

유저 인터뷰 교과서

UX 리서치를 위한 사용자 면담의 기술

초판 발행	2023년 4월 3일
펴낸곳	유엑스리뷰
발행인	현호영
지은이	오쿠이즈미 나오코, 야마사키 마코토, 미사와 나오카, 후루타 가즈요시, 이토 히데아키
옮긴이	박수현
편 집	김동화
디자인	장은영
주 소	서울시 마포구 백범로 35, 서강대학교 곤자가홀 1층
팩 스	070.8224.4322
이메일	uxreviewkorea@gmail.com

ISBN 979-11-92143-82-8

USER INTERVIEW NO YASASHII KYOKASHO

テンプレート作成：三澤 直加
本文・カバーイラスト：三澤 直加
ブックデザイン：大悟法 淳一、武田 理沙（ごぼうデザイン事務所）